〔北齊〕魏收 撰

點校本二十四史修訂本

魏書

第一册

卷一至卷一二

中華書局

圖書在版編目（CIP）數據

魏書/（北齊）魏收撰. —北京：中華書局，2018.8
（點校本二十四史修訂本）
ISBN 978-7-101-13362-2

Ⅰ.魏… Ⅱ.魏… Ⅲ.中國歷史-北魏-紀傳體
Ⅳ.K239.210.42

中國版本圖書館 CIP 數據核字（2018）第 161869 號

責任編輯：王　勇
特約編輯：張文强
責任校對：宋梅鵬

點校本二十四史修訂本

魏　書

（全八册）

〔北齊〕魏　收　撰

*

中 華 書 局 出 版 發 行
（北京市豐臺區太平橋西里 38 號　100073）

http://www.zhbc.com.cn
E-mail：zhbc@zhbc.com.cn

北京瑞古冠中印刷廠印刷

*

880×1230 毫米 1/32・106⅞印張・20 插頁・1800 千字
2018 年 8 月北京第 1 版　　2018 年 8 月北京第 1 次印刷
印數：1-5000 册　　定價：380.00 元

ISBN 978-7-101-13362-2

世祖紀第四上

世祖太武皇帝諱燾太宗明元皇帝之長子也
母曰杜貴嬪天賜五年生於東宮體貌瓌異太
祖奇而悅之曰成吾業者必此子也泰常七年
四月封泰平王五月為監國太宗有疾命帝總
攝百揆聰明大度意寄如也八年十月壬申即
皇帝位大赦天下十有二月追尊皇妣為密
皇太后進司徒長孫嵩爵為北平王司空奚斤為
宜城王立監田公長孫翰為平陽王其餘普增爵

序紀第一

魏書一

昔黃帝有子二十五人或內列諸華或外分荒
服昌意少子受封北土國有大鮮卑山因以為
號其後世為君長統幽都之北廣漠之野畜牧
遷徙射獵為業淳樸為俗簡易為化不為文字
刻木紀契而已世事遠近人相傳授如史官之
紀錄焉黃帝以土德王北俗謂土為托謂后為
跋故以為氏其裔始均入仕堯世逐女魃於弱
水之北民賴其勤帝舜嘉之命為田祖爰歷三

三百九十　　魏書記一

皇后列傳第一　　　　　魏書十三

漢因秦制帝之祖母曰太皇太后母曰皇太后妃曰皇
后餘則多稱夫人隨世增損非如周禮有夫人嬪御
妻之定數焉魏晉相因時有昇降前史言之其具矣魏氏
王業之兆雖始於神元至於昭成之前世崇儉質妃嬙
嬪御率多闕焉惟以次第爲稱而章平思昭穆惠煬烈
八帝妃后無聞太祖追尊祖妣皆從帝謚爲皇后始立
中宮餘妾或稱夫人多少無限然皆有品次世祖稍增
左右昭儀及貴人椒房中式數等後庭漸已多矣魏
故事將立皇后必令手鑄金人以成者爲吉不成則不

康熙二十五年重修

大人有作司牧生民結繩以徃書契所絕故靡得而知
焉自羲軒已還至於三代其神言秘策蘊圖緯之文範
世率民垂墳典之迹秦肆其毒滅於灰燼漢採遺籍復
若丘山司馬遷區別異同有陰陽儒墨名法道德六家
之義劉歆著七略班固志藝文釋氏之學所未曾紀案
漢武元狩中遣霍去病討匈奴至臯蘭過居延斬首大

列傳第二十三　　齊　　魏　收　撰

崔浩

崔浩字伯淵清河人也白馬公玄伯之長子少好文學
博覽經史玄象陰陽百家之言無不關綜研精義理時
人莫及弱冠爲通直郎天興中給事祕書轉著作郎太
祖以其工書常置左右太祖季年威嚴頗峻宮省左右
多以微過得罪莫不逃隱避目下之變浩獨恭勤不息
或終日不歸太祖知之輒命賜以御粥其砥直任時不

前上十志啟

臣收等啟昔子長命世偉才孟堅冠時特秀憲章前誥裁勒墳史

紀傳之間申以書志緒言餘迹可得而聞叔峻刪輯後劉紹統削

摭李漢十志實範遷固表蓋闕焉曹氏一代之籍了無其體典午

終世之筆午云間

巽考之雅舊咸乖實錄自永嘉坯中原淪然偽小書殆無可

聯魏有天下跨蹤前載順末克讓善始令終陛下極聖窮神奉天

屈巳顧眄百王指掌萬世深存有魏撫運之業永念神州人倫之

緒臣等蕭奉明詔刊著魏籍編紀次傳備聞天旨竊謂志之爲用

綱羅遺逸載紀不可附傳非宜理切必在甄明事重尤應標著搜

獵上下總括代終道之眾篇之後一統天人之迹褊心末識輒在

於此是以晚始撰錄彌歷炎涼採舊增新今乃斷筆時移世易理

魏書整理人員名録

原點校者　唐長孺　陳仲安

　　　　　王永興　汪紹楹　魏連科

修訂負責人　何德章

修訂組成員　何德章　鍾盛明　建

編輯組成員　馮寶志　張文强　王勇　劉彦捷　王勖　王芳軍

「北朝四史」修訂組名録

修訂主持人　朱　雷　凍國棟

修訂承擔單位　武漢大學

修訂組成員　朱　雷　凍國棟　何德章　劉安志　魏　斌　姜望來　黄　樓

　　　　　朱　海

點校本二十四史及清史稿修訂緣起

以「二十四史」及清史稿為代表的紀傳體史書，記載了中國古代從傳說中的黃帝到辛亥革命結束清朝統治前各個朝代的歷史概貌，以歷代王朝的興亡更替為先後，反映了中國的歷史進程，構成了關於中國古代政治、經濟、軍事、科技、思想文化、社會風俗等各個方面最為重要的基本史料，使中國和中華民族成為世界上惟一擁有數千年連貫、完整歷史記載的國家和民族。這是中華民族引以為榮並值得進一步發揚光大的寶貴歷史文化遺產。

為了更好地傳承與保護這份珍貴的歷史文化遺產，二十世紀五十至七十年代，在毛澤東主席、周恩來總理的親自部署和國家有關部門的直接領導下，由中華書局承擔組織落實和編輯出版工作，集中全國學術界、出版界的力量，完成了「二十四史」及清史稿的點校整理和出版。從一九五八年九月標點「前四史」及改繪楊守敬地圖工作會議召開，次年九月點校本史記問世，到一九七八年點校本宋史完成出版，整理工作歷時二十年，其間不

斷完善點校體例，逐史加以標點、分段、校勘、正誤、補闕，所積累的科學整理方法和豐富的實踐經驗，爲傳統文獻的整理做出了寶貴的探索，確立了現代古籍整理的基本範式和標準。點校本出版之後，以其優秀的學術品質和適宜閱讀的現代形式，逐漸取代了此前的各種舊本，爲學術界和廣大讀者普遍採用，成爲使用最廣泛的權威性通行本。

點校本「二十四史」及清史稿從開始出版，至今已超過半個世紀，上距一九七八年宋史出版，點校工作完成，也已經過去了三十多年。點校本「二十四史」及清史稿的整理出版工作，由於受到當時種種客觀條件的制約，加之整理出版過程歷時綿長，時間跨度大，參與點校者時有變動，點校體例未能統一，或底本選擇不夠精當，或校勘過於簡略，或標點間有失誤，各史都存在着不同程度的缺憾。爲適應新時代學術發展和讀者使用的需求，亟需予以全面修訂。

中華書局於二〇〇五年開始籌備「二十四史」及清史稿的修訂工作，梳理學術界關於點校本的意見建議，清理點校工作原始檔案，進一步明確修訂工作重點。二〇〇六年四月召開專論證會，得到了學術界的積極響應。其後，在新聞出版總署、中國出版集團公司和社會各界學術力量的支持下，正式組建了點校本「二十四史」及清史稿修訂工程組織機構，擬定了修訂工作的各項具體規定，包括修訂工作總則、修訂工作流程，以及標點分

段辦法舉例、校勘記寫法細則舉例等一系列規範性文件，並在全國範圍内通過廣泛調研，遴選確定了各史修訂承擔單位和主持人。

點校本「二十四史」及清史稿，是二十世紀中國古籍整理的標誌性成果，修訂本是原點校本在新的歷史時期的延續。修訂工作在原有點校本基礎上展開，嚴格遵守在點校本基礎上進行適度、適當修訂和完善的原則，通過全面系統的版本覆核、文本校訂，解決原點校本存在的問題，彌補不足，力求在原有基礎上，形成一個體例統一、標點準確、校勘精審、閱讀方便的新的升級版本。

修訂工作的總體目標，主要包括兩個方面：一，保持點校本已取得的整理成果和學術優勢，通過各個修訂環節，消弭點校本存在的缺憾，並認真吸收前人與時賢的研究成果，包括當代學術研究的新發現（文物、文獻資料）、新結論（學術定論），使修訂本成爲符合現代古籍整理規範、代表當代學術水準、能夠體現二十一世紀新的時代特點的典範之作。二，解決原點校本各史體例不一的問題，做到體例基本統一，包括：規範取校範圍、校勘取捨標準、分段及校勘記、標點方式；撰寫各史修訂本前言、凡例；編製主要參考文獻目録及其他附録、索引。

早在一九六〇年，時任國務院古籍整理出版規劃小組組長的齊燕銘同志，就曾對點

校本「二十四史」提出過兩點明確的要求，其一是在學術成果上「超越前人」；其二是經過重版修訂使之「成爲定本」。點校本的學術業績，獲得了學術界和廣大讀者的高度評價和廣泛採用，經過全面修訂，希望能在保持原有學術優勢的基礎上完善提高，進一步確立並鞏固點校本「二十四史」及清史稿的現代通行本地位，「成爲定本」還需要廣大讀者的檢驗和今後不斷的努力。

點校本「二十四史」及清史稿整理工作自二十世紀五十年代起始，至本世紀全面修訂再版，五十餘年間，一代又一代學者如同接力賽跑，前赴後繼，爲之默默奉獻，傾盡心力。點校本的學術成就和首創之功，以及其間展現的幾代人鍥而不捨的爲學精神，將澤被學林，彪炳史册！值此修訂本出版之際，我們向所有參加過點校工作的前輩學者和出版工作者，表示崇高的敬意，對已故前輩表達深切的懷念，向承擔本次修訂的各位學者專家表示誠摯的謝意，向國家出版基金管理委員會及其辦公室、各史點校和修訂承擔單位、各相關圖書收藏機構，以及關注和支持本次修訂工作的社會各界人士，謹致由衷的謝忱。

中華書局編輯部　二〇一三年七月

點校本魏書修訂前言

一

魏書一百三十卷（如不分子卷，則是一百二十四卷），內本紀十二卷，列傳九十八卷，志二十卷。記錄北魏及東魏時期的歷史。

北魏政權建立之初，就曾由鄧淵編寫代記十餘卷，以編年體記錄拓跋氏部落時代至北魏創立時期的史實。今本魏書之序紀，存其梗概。太武帝拓跋燾時，命崔浩主持續寫編年體魏史，成三十卷，稱爲國書，又稱國記，鄧淵所撰代記當亦採入。國記曾刻石公佈，終因「備而不典」，崔浩被誅，「祕書郎吏已下盡死」（魏書崔浩傳）。其後至孝文帝初二十餘年中，高允長期兼掌史職，「大較續崔浩故事，準春秋之體，而時有刊正」（魏書高允傳）。然國史之獄，「東觀中圮，冊勳有闕」，「遺落時事，三無一存」（魏書李彪傳）。

孝文帝太和十一年（四八七）命祕書丞李彪、著作郎崔光按紀傳體體改寫國記，分爲

紀、志、表、傳之目。據李彪於宣武帝初年請復修史表文，所編魏史旨在突出拓跋氏統治中原的成就，頌揚孝文帝之功業。太和中北魏定行次，李彪、秘書郎崔光主張北魏承西晉金德為水德，斥十六國及東晉南朝為僭偽，因其「職掌國籍」（魏書禮志），於理有據，朝議採納。今本魏書將十六國政權及東晉、宋、齊、梁視為北魏附庸，編次於列傳之末，當屬李彪舊規，然並無表之一目，或是李彪終無所成，魏收遂棄而不取。

及至宣武、孝明二朝，崔光為當時文宗，久領史任，「徒有卷目，初未考正，闕略尤多」（魏書崔光傳）。其間儒者孫惠蔚領史任五年，「無所撰著，唯自披其傳注數行而已」（魏書孫惠蔚傳）。而邢巒、崔鴻、王遵業等先後撰孝文、宣武、孝明起居注，「事甚委悉」（魏書自序），今本魏書於此三朝記事稍詳，當由於此。

魏末政亂，武夫掌權，綦儁、山偉等領著作之任，「以為國書正應代人修緝，不宜委之餘人」，然諸人並無史才，「二十許載，時事蕩然，萬不記一」，後人執筆，無所憑據」（魏書山偉傳）。

北齊天保二年（五五一），設置史局編寫魏史，太保、錄尚書事高隆之監修。中書令魏收等六人在上述北魏國史基礎上，「辨定名稱，隨條甄舉，又搜採亡遺，綴續後事」（魏書自序）。北魏宗室元暉業所撰辨宗室錄、崔鴻所撰十六國春秋，以及孫盛晉陽秋、檀道鸞

二

續晉陽秋、沈約宋書等，亦屬採撰範圍。天保五年三月，完成紀、傳，十一月，又成十志，「其史三十五例，二十五序，九十四論，前後二表一啓，皆獨出於收」（北史魏收傳）。因題名魏收撰。

二

魏收（五〇五—五七二），字伯起，鉅鹿下曲陽（今河北晉州）人。少而能文，長「以文華顯」（魏書自序）。北魏末，年二十六，即官至散騎常侍，典起居注，兼修國史。東魏、北齊時，官職不斷晉升，至尚書右僕射，長期兼領國史之任。其人恃才傲物，不拘行檢，曾宣稱：「何物小子，敢共魏收作色，舉之則使上天，按之當使入地！」（北齊書魏收傳）甚至其時輕忽文人的「諸貴」，也爭相饋贈飲食，求爲佳傳。史稱「修史諸人，宗祖姻戚，多被書録，飾以美言」（北史魏收傳）。確非虛語。魏書卷一〇四自序，以專傳述其家世；於卷九三恩倖王椿傳又附載椿妻魏氏，乃魏收之姑，卷九二列女傳則載鉅鹿魏溥妻房氏事尤詳；卷三六李順傳附李騫傳，其人不入文苑，又非隱逸，傳文不過録其釋情賦及「贈親友盧元明、魏收詩」，亦當出於魏收飾姻戚以美言之私心；卷九八蕭衍傳所載檄梁文，幾佔

全傳一半篇幅,並無實際內容,則屬矜己而不能割愛。

北齊初修撰魏書,重要目的乃是證北齊爲正統,斥西魏及南朝爲僭僞,「曲筆」在所難免。且魏收等「綴續後事」,多涉魏末,時代相接,前朝人物子弟,布列朝廷,即便據實而錄,亦難人人盡歡。魏收又好逞口辯,每以傷人,德望不足服衆。書成進上之後,「衆口諠然,號爲『穢史』」(北齊書魏收傳)。投訴著史不平者百有餘人,「云遺其家世職位,或云其家不見記錄,或云妄有非毀」。攻訐尤甚者史如范陽盧斐、頓丘李庶等獲罪,「各被鞭配甲坊,或因以致死」,仍難塞衆口,其書不得公行。齊孝昭帝時,命「更加研審」,魏收「頗有改正」,並主動請求付外施行,「任人寫之」,然仍有人指責魏史不實。齊武成帝時,命魏收「更審」,又有數處改動,遂成定本。齊亡後,「收家被發,棄其骨于外」(北齊書魏收傳)。

仍因「史筆」而「多憾於人」,兩次改動俱爲塞攻訐者之口,未必更爲準確,魏收至隋文帝以魏收書「褒貶失實」(隋書魏澹傳),令魏澹另撰魏史,成本紀十二卷、列傳七十八卷,加上史論、史例及目錄,共九十二卷,亦稱魏書。其書「甚簡要」「大矯」魏收之失,然不過抄錄魏收書,僅在義例、史論上大做文章,以西魏爲正統而已。隋煬帝、唐太宗也都曾命重修魏書,俱無所成,蓋亦因除魏收書外,別無更多史料可供撰著。唐代又有盧彥卿後魏紀二十卷,張太素後魏書一百卷,元行沖魏典三十卷,裴安時元魏書三十

卷。此類後代改編自魏收書之北魏史,當時即不受重視,史通正史篇所謂「稱魏史者猶以收本爲主」。故除張太素書之二卷天象志、疑似魏澹書之太宗紀,因魏收書亡佚回補外,亦俱不存。

三

魏書存一代之史,北史卷五六魏收傳評論説:「勒成魏籍,追蹤班、馬。婉而有則,繁而不蕪,持論序言,鈎深致遠。但意存實録,好抵陰私,至於親故之家,一無所説,不平之議,見於斯矣。」所説較爲平實。

魏收所作三十五例,乃全書之綱領與編寫原則,今已不存。史通序例謂其「全取蔚宗」,即效法范曄後漢書。然魏書傳、志之目,在前史基礎上亦有創新。

魏書類傳分目更細,次序謹嚴。凡十二目,外戚爲首,儒林、文苑、孝感、節義次之,良吏、酷吏、逸士、術藝、列女又次之,恩倖、閹官終焉。如史記有佞幸傳,不列宦者,漢書仍佞幸之名,附宦者於其中,魏書分宦者、恩倖爲二目,更爲合理;史記有日者、龜筴,後漢書有方術,魏書改稱術藝,所收人物更廣;宋書有孝義,魏書分作孝感、節義,唐代所修晉

書、隋書、北史，皆仿魏書，惟微異其名，後漢書始設列女一目，置於類傳之末，魏書則置

於恩倖、閹官之前，也頗見史識。

魏書十志，天象、地形、律曆、禮、樂、食貨、刑罰、靈徵八者皆前史所有，惟易天文曰天

象，地理曰地形，刑法曰刑罰，五行曰靈徵。然天象居首，地形次之，次以律曆、禮、樂、食

貨、刑罰，排列齊整有序，較前史爲優。內容亦見史識。如地形志三卷，北魏百餘年，政區

變動不居，以任何具體時間述錄，俱不免疏略之譏。魏收以東魏政區爲綱目，形勢使然，

不得不爾，復以小注述漢代以來及北魏之置廢分合，使後人得以考知魏時情形，功不可

沒。食貨志不記徭役，然備錄均田令之文，亦有卓識。官氏志不記官府部門、官吏職司，

此爲其失，然排列北族部落、氏族名號及所改姓氏，頗見時代特徵。釋老一目，後之排詆

佛老者，屢加訴病，後繼乏響，然記錄了當時佛道二教興盛情形，實爲創見。

魏書多錄當時詔令、奏議及單篇著述。如卷三八刁雍傳、卷四一源懷傳錄二人關於

北鎮情形的表文，卷四八高允傳錄其徵士頌，卷五三李安世傳錄其請行均田疏，卷五八楊

椿傳錄其誡子孫書，卷六二李彪傳節錄其上封事七條，又錄其請修魏史表，卷六五邢巒傳

錄其請進平益州表；又如卷九一術藝傳備載張淵觀象賦、殷紹上四序堪輿表、江式請撰

字書表，律曆志照錄正光曆與興和曆，官氏志錄太和前、後官品令，刑罰志詳載費羊皮賣

女一案諸人議論，雖致篇幅臃腫，但亦因此存留了大量不可多得的原始文獻，俱是瞭解北魏歷史的重要史料。

四

北史中魏史部分雖主要是刪削魏書而成，然文省而事增，其書既出，魏書研讀傳寫者寡，漸至殘闕。至宋嘉祐六年（一〇六一），始命館閣官加以校勘。傳本魏書前有目錄敍，署名劉攽、劉恕、安燾和范祖禹，不記年月，大致當在治平四年至熙寧三年（一〇六七——一〇七〇）間。經其細緻校勘，查出魏書「亡逸不完者，無慮三十卷」。玉海引中興書目謂「紀闕二卷，傳闕二十二卷，不全者三卷，志闕二卷」，陳振孫直齋書錄解題並指明所闕之志二卷爲天象。

劉攽等比對北史、修文殿御覽及唐人各種史鈔、史目，將補闕各卷之情形「各疏於逐篇之末」，又於目錄相應各卷注明「闕」或「不全」。據其校語，卷三太宗紀疑似出於魏澹魏書，卷一〇五天象志之三、之四兩卷出自張太素後魏書，其他殘闕各卷主要補以北史相關部分，而取高氏小史及修文殿御覽增益之。卷一四末所附校語末句云：「後卷魏收舊

史亡者皆放此。」故有數卷，校語只言「亡」或「闕」，更無說明。

劉攽、劉恕、范祖禹乃宋代著名史家，劉恕尤其精熟南北朝史事，其時修文殿御覽、高氏小史等書尚存，他們比對之後所作結論應當可信。然傳本目錄錯誤，卷三三、卷九〇校語謂闕，而目錄不注。卷三四、卷八九目錄注闕而無校語。今比勘傳本目錄及卷末宋人校語，及於卷中文字證據，參以余嘉錫之考證，查得闕者實二十七卷。其中本紀二卷：卷三、卷一二；列傳二十三卷：卷一三——一五、卷一七、卷一八、卷一九上、卷二〇、卷二一、卷二五、卷三三、卷八一、卷八二、卷八三（含上、下二卷）、卷八五——八七、卷八九、卷九〇、卷一〇一——一〇四；志二卷：卷一〇五天象志之三、之四。不全者三卷：卷八四、卷九一、卷九二。尚有卷三四，闕否存疑。此與劉攽等「亡逸不完者，無慮三十卷」之語合。傳本目錄注「闕」，原點校本已改爲「補」，今仍之，以明其實。

劉攽等查實之殘闕各卷，當時已然爲「後人」補足。惟何時、何人所補，不得而知。

除上述被認定宋初即已殘闕，不全且已補足各卷外，傳本魏書卷中文字注「闕」而未經補綴者，復有二十九卷之多。亦有後人補以他書而未明言者，如卷四〇自陸叡傳以上，早期刻本殘缺過甚，至北監本方據北史補足。傳世諸本樂志、禮志、刑罰志各脫一葉，先後分別由盧文弨、陳垣及點校本魏書據冊府元龜、通典補足。

總之，今本魏書或全卷、或卷中部分文字補自北史等書。除紀、志及補者明言之外，何傳果用何書，所補情形如何，已難一一辨明。

五

魏書初刻之確切年代，據晁公武郡齋讀書志，至遲不晚於北宋政和（一一一一——一一一八）中，此一初刻本當時即流傳不廣。南宋紹興十四年（一一四四）曾在四川眉山翻刻，亦未流傳下來。現存最早刻本也是南宋翻刻本，並幾乎都經元、明二朝補版，即所謂「三朝本」。後來各種版本，俱直接或間接同屬南宋翻刻本系統，也都作了一些校改，這些校改有得有失，新增訛誤也在所難免。其中南監本臆改處較多，因其早出，對後來各本影響亦大。二十世紀三十年代商務印書館影印百衲本二十四史，其中採用之「宋蜀大字本」魏書，其實也就是這種三朝本，但主要據殿本校改了許多訛誤，間有誤改。

中華書局點校本魏書，唐長孺等點校整理，一九七四年六月出版。點校本採取不主一本的校勘方式，通校了商務印書館百衲本二十四史本（簡稱百衲本）、明萬曆南京國子監本（簡稱南監本）、清乾隆四年（一七三九）武英殿本（簡稱殿本）、清同治十一年（一八

七二）金陵書局本（簡稱局本）四種版本，並參校明萬曆北京國子監本（簡稱北監本）及明末汲古閣本（簡稱汲本）兩種版本，擇善而從，一般不出校記。同時比對了太平御覽所引後魏書和册府元龜、北史、資治通鑑中有關部分，參考了通典、通志，吸收了錢大昕、李慈銘、張森楷等人的校勘成果。凡據他書改字或提出疑問，均有校記說明。後來數次重印，又對正文文字及校記有所改動。

點校本魏書分段精善，校勘審慎，標點妥貼，尤其是所出近二千條校記，大都是學術性極強的考訂，出版後受到學界推崇和廣大讀者好評，成爲近半個世紀以來最爲通行的整理本。

此次對點校本魏書的修訂，遵循點校本二十四史及清史稿修訂工作總則和工作程序，對原點校本作適當修訂和完善，統一體例，彌補不足。

此次修訂採用底本校勘的辦法，以百衲本爲底本，以三朝本（中華再造善本魏書）、南監本、北監本、殿本爲通校本，以汲本、局本爲參校本。充分運用本校、他校，審慎使用理校，參考他書及類書引文，全面檢核了點校本按「擇善而從」原則對底本所作的校改、徑改。已釐正者從之，存疑者回改從底本，錯誤者予以糾正，凡底本文字改動、存疑，俱以校勘記說明。對點校本校勘記作了適當增删與改寫。

對點校本標點明顯欠妥者，作了適當

一〇

改動。對點校本按句讀習慣所作的標點，若不影響閱讀及文義理解，不予改動。

點校本魏書出版以來，學術界和廣大讀者提出了不少校勘或標點方面的意見，我們盡可能搜求參考，列於主要參考文獻。限於體例，不能於校勘記中一一標示，謹此一併致謝。

點校本魏書修訂組　二〇一六年十月

點校本魏書修訂凡例

一　中華書局一九七四年印行之點校本魏書，通校了百衲本、南監本、殿本、局本，參校北監本、汲古閣本「擇善而從」，事實上仍主百衲本。此次修訂，以百衲本二十四史影印北平圖書館、江安傅氏雙鑑樓、吳興劉氏嘉業堂及上海涵芬樓藏南宋刻宋元明遞修本爲底本，重新校勘。

二　修訂所用通校本及簡稱如下：

（一）三朝本：中華再造善本影印中國國家圖書館藏南宋刻宋元明遞修本；

（二）南監本：明萬曆南京國子監本；

（三）北監本：明萬曆北京國子監刻、清康熙補刻本；

（四）殿本：清乾隆四年武英殿本。

三　修訂所用參校本及簡稱如下：

（一）汲本：明崇禎九年毛氏汲古閣本；

（二）局本：清同治十一年金陵書局本。

四　校勘記以「諸本」指稱底本及校本，以「他本」指稱底本之外六種校本。

五　修訂使用的主要他校典籍，按於本書點校之重要性排序如下：北史、太平御覽（簡稱御覽）、册府元龜（明本簡稱册府，宋本簡稱宋本册府）、資治通鑑（簡稱通鑑）、通典、通志、北齊書、周書、宋書、南齊書、梁書、元和郡縣圖志（簡稱元和志）、太平寰宇記（簡稱寰宇記）、水經注。

六　本書殘闕各卷或大段脫文，確知補自北史、册府相關部分者，則視同底本。

原點校本校勘成就世所公認，此次修訂充分尊重原點校本成果，全面覆核原點校本所作校改及校記引證，無疑者保留，根據底本校勘原則及修訂總則，作技術性處理；存疑者慎重斟酌，確有不當者加以改寫，確然誤失者予以删除。凡原點校本按「擇善而從」原則改動之文字，與底本相歧而無校語者，確定其版本依據，判斷其取捨由，可從者補充校記，存疑者仍從底本。

七　原點校本保留傳本目録基本結構，對列傳卷目内容，據傳文所述人物關係有所調整、補充，對附傳入目録者，復按傳文情況，以字號大小分明層級，便於讀者檢閲。此次

修訂除個別修正外，仍予沿用。傳本目録注「闕」各卷，業已由前人補足，修訂本仍改「闕」爲「補」，以明其實。

八 原點校本分段、標點成就卓著，若非錯誤或不合新規要求，此次修訂不加改動。原點校本本紀部分按季分段，又有變通，此次採用逐月分段辦法，個別月份敍事較多，原點校本按日成段，便於閱讀，仍從之。

九 此次修訂以版本對校爲基礎，充分運用本校、他校，審慎使用理校。在原點校本基礎上對底本所作改動及新發現的問題，俱一一出校説明。原則上不作史實考訂，但原點校本已經存在的史實考訂校記，學術影響巨大，仍予保留。

一〇 凡底本訛、衍、脱、倒、舛亂，予以改正，出校説明。底本中的古今字、異體字、俗體字、避諱字，原則上不校不改，原點校本已釐定改正者，則不據底本回改。凡北族人名、部族名音譯之異，若非明顯字訛，不校不改。底本本紀凡遇皇帝名俱以「諱」字指代，今依原點校本，據他本書名。

一一 底本闕頁，原點校本已據他書補足者，仍沿舊規，不予回改。新查實的疑脱文字，出校説明，不予補入。

一二 此次修訂，徵引墓誌採用「某年某誌」方式，出處見於本書末主要參考文獻。底本

一三　魏書校勘研究文獻，較重要者有錢大昕廿二史考異（簡稱錢大昕考異）、李慈銘越
縵堂讀史札記（簡稱李慈銘云）、張森楷魏書校勘記（簡稱張森楷云）。張氏校勘
記原點校本校記曾甄別採用，此次修訂基本沿用。專志校勘則有盧文弨魏書樂志
校補（簡稱盧校）、溫曰鑑魏書地形志校録（簡稱溫校）、張穆延昌地形志（簡稱延
昌志）、楊守敬北魏地形志札記（簡稱楊校）。原點校本印行後，周一良、陳金戈、
孟志偉、錢松、牛繼清、張林祥、孔祥軍、彭益林、劉次沅、真大成等或就全書、或就
專篇提出校勘意見。單則零札及史事研究論著中之隨文校正，也有不少。此次修
訂俱予斟酌採擷，附列於主要參考文獻。

人名、世系、官職、爵號、謚號、史事，有疑或本書、他書有異文者，參證取捨，出校説
明。史、誌互異，不予考訂。

魏書目録

四

魏書目錄

三五

〔二〕忠子暉　按暉乃忠弟德之子，本傳及目皆誤。參見本書卷一五校記〔一七〕。

〔三〕嘉子淵　原目及本傳「淵」都作「深」。按其人本名「淵」，此傳以北史補，北史例避唐諱改「深」，本書紀傳屢見都作「淵」，今改作「淵」。

魏書卷一

序紀第一

昔黃帝有子二十五人，或內列諸華，或外分荒服，昌意少子，受封北土，國有大鮮卑山，因以爲號。其後，世爲君長，統幽都之北，廣漠之野，畜牧遷徙，射獵爲業，淳樸爲俗，簡易爲化，不爲文字，刻木紀契而已，世事遠近，人相傳授，如史官之紀錄焉。黃帝以土德王，北俗謂土爲托，謂后爲跋，故以爲氏。其裔始均，入仕堯世，逐女魃於弱水之北，民賴其勤，帝舜嘉之，命爲田祖。爰歷三代，以及秦漢，獫狁、獯鬻、山戎、匈奴之屬，累代殘暴，作害中州，而始均之裔，不交南夏，是以載籍無聞焉。

積六十七世，至成皇帝諱毛立〔一〕。聰明武略，遠近所推，統國三十六，大姓九十九，威振北方，莫不率服。崩。

節皇帝諱貸立，崩。

莊皇帝諱觀立，崩。

明皇帝諱樓立，崩。

安皇帝諱越立，崩。

宣皇帝諱推寅立。南遷大澤，方千餘里，厥土昏冥沮洳。謀更南徙，未行而崩。

景皇帝諱利立，崩。

元皇帝諱俟立，崩。

和皇帝諱肆立，崩。

定皇帝諱機立，崩。

僖皇帝諱蓋立，崩。

威皇帝諱儈立，崩。

獻皇帝諱隣立。時有神人言於國曰：「此土荒遐，未足以建都邑，宜復徙居。」帝時年衰老，乃以位授子。

聖武皇帝諱詰汾。獻帝命南移，山谷高深，九難八阻，於是欲止。有神獸，其形似馬，其聲類牛，先行導引，歷年乃出。始居匈奴之故地。其遷徙策略，多出宣、獻二帝，故人並號曰「推寅」，蓋俗云「鑽研」之義。初，聖武帝嘗率數萬騎田於山澤，欻見輜軿自天而下。

既至，見美婦人，侍衞甚盛。帝異而問之，對曰：「我，天女也，受命相偶。」遂同寢宿。旦，請還，曰：「明年周時，復會此處。」言終而別，去如風雨。及期，帝至先所田處，果復相見。天女以所生男授帝曰：「此君之子也，善養視之。子孫相承，當世為帝王。」語訖而去。子即始祖也。故時人謠曰：「詰汾皇帝無婦家，力微皇帝無舅家。」帝崩。

始祖神元皇帝諱力微立。生而英叡。

元年，歲在庚子。先是，西部內侵，國民離散，依於沒鹿回部大人竇賓。始祖有雄傑之度，時人莫測。後與竇攻西部，軍敗，失馬步走，始祖使人以所乘駿馬給之。竇歸，令其部內求與馬之人，當加重賞，始祖隱而不言。久之，竇乃知，大驚，將分國之半，以奉始祖，始祖不受，乃進其愛女。竇猶思報恩，固問所欲。始祖請率所部北居長川，竇乃敬從。積十數歲，德化大洽，諸舊部民，咸來歸附。

二十九年，竇臨終，戒其二子使謹奉始祖。其子不從，乃陰謀為逆。始祖召殺之，盡并其衆，諸部大人悉皆欵服，控弦上馬二十餘萬。

三十九年，遷於定襄之盛樂。夏四月，祭天，諸部君長皆來助祭，唯白部大人觀望不至，於是徵而戮之，遠近肅然，莫不震懾。始祖乃告諸大人曰：「我歷觀前世匈奴、蹋頓之

徒，苟貪財利，抄掠邊民，雖有所得，而其死傷不足相補，更招寇讎，百姓塗炭，非長計也。」

於是與魏和親。

四十二年，遣子文帝如魏，且觀風土。魏景元二年也。

文皇帝諱沙漠汗，以國太子留洛陽，為魏賓之冠。聘問交市，往來不絕，魏人奉遺金帛繒絮，歲以萬計。始祖與鄰國交接，篤信推誠，不為倚伏以要一時之利，寬恕任真，而遠邇歸仰。魏晉禪代，和好仍密。始祖春秋已邁，帝以父老求歸，晉武帝具禮護送。

四十八年，帝至自晉。

五十六年，帝復如晉。其年冬，還國。晉遺帝錦罽綵綿絹諸物，咸出豐厚，車牛百乘。行達并州，晉征北將軍衞瓘，以帝為人雄異，恐為後患，乃密啟晉帝，請留不遣。晉帝難於失信，不許。瓘復請以金錦賂國之大人，令致間隙，使相危害。晉帝從之，遂留帝。於是國之執事及外部大人，皆受瓘貨。

五十八年，方遣帝。始祖聞帝歸，大悅，使諸部大人詣陰館迎之。酒酣，帝仰視飛鳥，謂諸大人曰：「我為汝曹取之。」援彈飛丸，應弦而落。時國俗無彈，衆咸大驚，乃相謂曰：「太子風彩被服，同於南夏，兼奇術絕世，若繼國統，變易舊俗，吾等必不得志，不若在國諸子，習本淳樸。」咸以為然。且離間素行，乃謀危害，並先馳還。始祖問曰：「我子既

歷他國，進德何如？」皆對曰：「太子才藝非常，引空弓而落飛鳥，是似得晉人異法怪術，亂國害民之兆，惟願察之。」自帝在晉之後，諸子愛寵日進，始祖年踰期頤，頗有所惑，聞諸大人之語，意乃有疑。因曰：「不可容者，便當除之。」於是諸大人乃馳詣塞南，矯害帝。既而，始祖甚悔之。帝身長八尺，英姿瓌偉，在晉之日，朝士英俊多與親善，雅爲人物歸仰。後乃追謚焉。

其年，始祖不豫。烏丸王庫賢親近任勢，先受衞瓘之貨，故欲沮動諸部，因在庭中礪鉞斧，諸大人問欲何爲，答曰：「上恨汝曹讒殺太子，今欲盡收諸大人長子殺之。」大人皆信，各各散走。始祖尋崩。凡饗國五十八年，年一百四歲。太祖即位，尊爲始祖。

章皇帝諱悉鹿立，始祖之子也。諸部離叛，國內紛擾。饗國九年而崩。

平皇帝諱綽立，章帝之少弟也。雄武有智略，威德復舉。七年，匈奴宇文部大人莫槐爲其下所殺，更立莫槐弟普撥爲大人。帝以女妻撥子丘不懃。帝饗國七年而崩。

思皇帝諱弗立，文帝之少子也。聰哲有大度，爲諸父兄所重。政崇寬簡，百姓懷服。饗國一年而崩。

昭皇帝諱祿官立，始祖之子也。分國為三部〔二〕：帝自以一部居東，在上谷北，濡源之西，東接宇文部；以文帝之長子桓皇帝諱猗㐌統一部，居代郡之參合陂北；以桓帝之弟穆皇帝諱猗盧統一部，居定襄之盛樂故城。自始祖以來，與晉和好，百姓义安，財畜富實，控弦騎士四十餘萬。是歲，穆帝始出并州，遷雜胡，北徙雲中、五原、朔方。又西渡河，擊匈奴、烏桓諸部。自杏城以北八十里，迄長城原，夾道立碣，與晉分界。

二年，葬文帝及皇后封氏。初，思帝欲改葬，未果而崩。至是，述成前意焉。晉成都王司馬穎遣從事中郎田思，河間王司馬顒遣司馬靳利，并州刺史司馬騰遣主簿梁天，並來會葬。遠近赴者二十萬人。

三年〔三〕，桓帝度漠北巡，因西略諸國。

四年，東部未耐婁大人倍斤入居遼東。

五年，宇文莫廆之子遜昵延朝貢。帝嘉其誠款，以長女妻焉。

七年，桓帝至自西略，諸降附者二十餘國〔四〕，凡積五歲，今始東還。

十年，晉惠帝為成都王穎逼留在鄴。匈奴別種劉淵反於離石，自號漢王。并州刺史司馬騰來乞師，桓帝率十餘萬騎，帝亦同時大舉以助之，大破淵衆於西河、上黨。會惠帝還洛，騰乃辭師。桓帝與騰盟於汾東而還。乃使輔相衞雄、段繁，於參合陂西累石為亭，

樹碑以記行焉。

十一年，劉淵攻司馬騰，騰復乞師。桓帝以輕騎數千救之，斬淵將綦毋豚，淵南走蒲子。

晉假桓帝大單于，金印紫綬。

是歲，桓帝崩。帝英傑魁岸，馬不能勝。常乘安車，駕大牛，牛角容一石。帝曾中蠱，歐吐之地仍生榆木。參合陂土無榆樹，故世人異之，至今傳記。帝統部凡十一年。後定襄侯衛操樹碑於大邗城，以頌功德。子普根代立。

十二年，賨人李雄僭帝號於蜀，自稱大成。

十三年，昭帝崩。徒何大單于慕容廆遣使朝貢。是歲，羯胡石勒與晉馬牧帥汲桑反。

穆皇帝天姿英特，勇略過人，昭帝崩後，遂總攝三部，以為一統。

元年，劉淵僭帝號，自稱大漢。

三年，晉并州刺史劉琨遣使，攻琨新興、雁門二郡。琨來乞師，帝使弟子平文皇帝將騎二萬，助琨擊之，大破白部；次攻劉虎，屠其營落。虎收其餘燼，西走度河，竄居朔方。以子遵爲質。帝嘉其意，厚報饋之。白部大人叛入西河，鐵弗劉虎舉眾於雁門以應之，

晉懷帝進帝大單于，封代公。帝以封邑去國懸遠，民不相接，乃從琨求句注陘北之地〔五〕。琨自以託附，聞之大喜，乃徙馬邑、陰館、樓煩、繁畤、崞五縣之民於陘南，更立城邑，盡獻其地。東接代郡，西連西河、朔方〔六〕，方數百里。帝乃徙十萬家以充之。劉琨又遣使乞師救洛陽，帝遣步騎二萬助之，晉太傅東海王司馬越辭以洛中飢饉，師乃還。是年，劉淵死，子聰僭立。

四年，劉琨牙門將邢延據新興叛〔七〕，招引劉聰。帝遣軍討之，聰退走。

五年，劉琨遣使乞師以討劉聰、石勒。帝以琨忠義，矜而許之。會聰遣其子粲襲晉陽，害琨父母而據其城，琨來告難，帝大怒，遣長子六脩、桓帝子普根，及衞雄、范班、姬澹等為前鋒，帝躬統大眾二十萬為後繼。粲懼，焚輜重，突圍遁走。縱騎追之，斬其將劉儒、劉豐、簡令、張平、邢延、伏尸數百里。琨來拜謝，帝以禮待之。琨固請進軍，帝曰：「吾不早來，致卿父母見害，誠以相愧。今卿已復州境，然吾遠來，士馬疲弊，且待終舉。賊矣可盡乎〔八〕？」饋琨馬牛羊各千餘，車令百乘〔九〕，又留勁銳戍之而還〔一〇〕。

是年，晉雍州刺史賈疋、京兆太守閻鼎，以晉懷帝為劉聰所執，共立懷帝兄子秦王業為太子，於長安稱行臺。帝復戒嚴，與琨更剋大舉。命琨自列晉行臺，部分諸軍，帝將遣十萬騎從西河鑒谷南出，晉軍從蒲坂東度，會於平陽，就食聰粟，迎復晉帝。事不果待。

六年，城盛樂以爲北都，脩故平城以爲南都。帝登平城西山，觀望地勢，乃更南百里，於灅水之陽黃瓜堆築新平城，晉人謂之小平城，使長子六脩鎮之，統領南部。

七年，帝復與劉琨約，期會於平陽。會石勒擒王浚，國有匈奴雜胡萬餘家，多勒種類，聞勒破幽州，乃謀爲亂，欲以應勒，發覺，伏誅，討聰之計，於是中止。

八年，晉愍帝進帝爲代王，置官屬，食代、常山二郡。帝忿聰、勒之亂，志欲平之。先是，國俗寬簡，民未知禁。至是，明刑峻法，諸部民多以違命得罪。或有室家相攜而赴死所，人問「何之」，答曰「當往就誅」。其威嚴伏物，皆此類也。

九年，帝召六脩，六脩不至。帝怒，討之，失利，乃微服民間，遂崩。普根先守外境，聞難來赴，攻六脩，滅之。衛雄、姬澹率晉人及烏丸三百餘家，隨劉遵南奔并州〔二〕。普根立月餘而薨。普根子始生，桓帝后立之。其冬，普根子又薨。是年，李雄遣使朝貢。

元年，歲在丁丑。

平文皇帝諱鬱律立，思帝之子也〔三〕。姿質雄壯，甚有威略。

二年，劉虎據朔方，來侵西部，帝逆擊，大破之，虎單騎逃走。其從弟路孤率部落內附，帝以女妻之。西兼烏孫故地，東吞勿吉以西，控弦上馬將有百萬。劉聰死，子粲僭立，

為其將靳準所殺，淵族子曜僭立。帝聞晉愍帝為曜所害，顧謂大臣曰：「今中原無主，天其資我乎？」劉曜遣使請和，帝不納。是年，司馬叡僭稱大位於江南。

三年，石勒自稱趙王，遣使乞和，請為兄弟。帝斬其使以絕之。

四年，私署涼州刺史張茂遣使朝貢。

五年，僭晉司馬叡遣使韓暢加崇爵服，帝絕之。治兵講武，有平南夏之意。桓帝后以帝得眾心，恐不利於己子，害帝，遂崩，大人死者數十人。天興初，尊曰太祖。

惠皇帝諱賀傉立，桓帝之中子也。以五年為元年。未親政事，太后臨朝，遣使與石勒通和，時人謂之女國使。

二年，司馬叡死，子紹僭立。

四年，帝始臨朝。以諸部人情未悉歡順，乃築城於東木根山，徙都之。是年，張茂死，兄寔子駿立，遣使朝貢。

五年，帝崩。是年，司馬紹死，子衍僭立。

煬皇帝諱紇那立，惠帝之弟也。以五年為元年。

三年，石勒遣石虎率騎五千來寇邊部，帝禦之於句注陘北，不利，遷於大寧。時烈帝居於舅賀蘭部，帝遣使求之，賀蘭部帥藹頭擁護不遣。帝怒，召宇文部并勢擊藹頭。宇文衆敗，帝還大寧。

四年，石勒擒劉曜。

五年，帝出居於宇文部。賀蘭及諸部大人共立烈帝。

烈皇帝諱翳槐立，平文之長子也。以五年爲元年。石勒遣使求和，帝遣弟昭成皇帝如襄國，從者五千餘家。

二年，石勒僭立，自稱大趙王。

五年，勒死，子大雅僭立。慕容廆死，子元真代立。

六年，石虎廢大雅，僭立。李雄死，兄子班立。雄子期殺班自立。

七年，藹頭不修臣職，召而戮之，國人復貳。煬帝自宇文部還入，諸部大人復奉之。烈帝出居於鄴，石虎奉第宅、伎妾、奴婢、什物。烈帝復立，以七年爲後元年。

三年，石虎遣將李穆率騎五千納烈帝於大寧，國人六千餘落叛煬帝，煬帝出居於慕容部。

烈皇帝復立，以三年爲後元年。城新盛樂城，在故城東南十里。一年而崩。

昭成皇帝諱什翼犍立，平文之次子也〔三〕。生而奇偉，寬仁大度，喜怒不形于色。身長八尺，隆準龍顏，立髮委地，臥則乳垂至席。烈帝臨崩顧命曰：「必迎立什翼犍〔四〕，社稷可安。」烈帝崩，帝弟孤乃自詣鄴奉迎，與帝俱還。事在孤傳。十一月，帝即位於繁峙之北，時年十九，稱建國元年。是歲，李雄從弟壽殺期僭立，自號曰漢。

二年春，始置百官，分掌衆職。東自濊貊，西及破洛那，莫不款附。夏五月，朝諸大人於參合陂，議欲定都灅源川，連日不決，乃從太后計而止。語在皇后傳。娉慕容元真妹爲皇后。

三年，移都於雲中之盛樂宮。

四年秋九月，築盛樂城於故城南八里。皇后慕容氏崩。冬十月，劉虎寇西境。帝遣軍逆討，大破之，虎僅以身免。虎死，子務桓立，始來歸順，帝以女妻之。十二月，慕容元真遣使朝貢，并薦其宗女。

五年夏五月，幸參合陂。秋七月七日，諸部畢集，設壇埒，講武馳射，因以爲常。八月，還雲中。是年秋，司馬衍死，弟岳僭立。

六年秋八月，慕容元真遣使請薦女。是年，李壽死，子勢僭立，遣使朝貢。

七年春二月，遣大人長孫秩迎后慕容氏元真之女於境。夏六月，皇后至自和龍。秋七月，慕容元真遣使奉聘，求交婚，帝許之，九月，以烈帝女妻之。其年，司馬岳死，子聃僭立。

八年，慕容元真遣使朝貢。是年，張駿私署假涼王〔一五〕。

九年，石虎遣使朝貢。是年，張駿死，子重華代立。

十年，遣使詣鄴觀釁。是年，司馬聃擒李勢。張重華遣使朝貢。

十一年，慕容元真死，子儁代立。

十二年，西巡，至河而還。是年，石虎死，子世立。世兄遵，殺世自立。遵兄鑒，殺遵自立。

十三年，魏郡人冉閔殺石鑒僭立。

十四年，帝曰：「石胡衰滅，冉閔肆禍，中州紛梗，莫有匡救，吾將親率六軍，廓定四海。」乃敕諸部，各率所統，以俟大期。諸大人諫曰：「今中州大亂，誠宜進取，如聞豪彊並起，不可一舉而定，若或留連，經歷歲稔，恐無永逸之利，或有虧損之憂。」帝乃止。是歲，氐苻健僭稱大位，自號大秦。

十五年，慕容儁滅冉閔，僭尊號。

十六年，慕容儁遣使朝貢。是年，張重華死，子曜靈立。重華庶兄祚殺曜靈而自立，稱涼公。

十七年，遣使於慕容儁。張祚復稱涼王，置百官，遣使朝貢。

十八年，太后王氏崩。是年，苻健死，子生僭立。羌姚襄自稱大將軍、大單于。張瓘、宋混殺張祚，立重華少子玄靖，稱涼王。

十九年春正月，劉務桓死，其弟閼頭立，潛謀反叛。二月，帝西巡，因而臨河，使人招喻，閼頭從命。冬，慕容儁來請婚，許之。

二十年夏五月，慕容儁奉納禮幣。是年，苻堅殺苻生而僭立。姚襄為苻眉所殺。

二十一年，閼頭部民多叛，懼而東走。渡河，半濟而冰陷，後眾盡歸閼頭兄子悉勿祈。

初，閼頭之叛，悉勿祈兄弟十二人在帝左右，盡遣歸，欲其自相猜離，至是，悉勿祈奪其眾。閼頭窮而歸命，帝待之如初。

二十二年春，帝東巡，至於桑乾川。三月，慕容儁遣使朝貢。夏四月，帝還雲中。悉勿祈死，弟衛辰立。秋八月，衛辰遣子朝貢。

二十三年夏六月，皇后慕容氏崩。秋七月，衛辰來會葬，因而求婚，許之。是歲，慕容

僑死，子暐立，遣使致賻。

二十四年春，衞辰遣使朝聘。是年，司馬聃死，衍子千齡僭立。

二十五年，帝南巡，至君子津。冬十月，行幸代。十一月，慕容暐薦女備後宮。是年，張重華弟天錫殺玄靖而自立。

二十六年冬十月，帝討高車，大破之，獲萬口，馬牛羊百餘萬頭。是年，苻堅遣使朝貢。

是歲，司馬千齡死，弟奕僭立。

二十七年春，車駕還雲中。冬十一月，討沒歌部，破之，獲牛馬羊數百萬頭。

二十八年春正月，衞辰謀反，東渡河。帝討之，衞辰懼而遁走。冬十二月，苻堅遣使朝貢。

二十九年夏五月，遣燕鳳使苻堅。

三十年冬十月，帝征衞辰。時河冰未成，帝乃以葦組約漸，俄然冰合，猶未能堅，乃散葦於上，冰草相結，如浮橋焉。眾軍利涉，出其不意，衞辰與宗族西走，收其部落而還，俘獲生口及馬牛羊數十萬頭。

三十一年春，帝至自西伐，班賞各有差。

三十二年正月，帝南幸君子津。冬十月，幸代。

三十三年冬十一月，征高車，大破之。是年，苻堅擒慕容暐。

序紀第一

一五

三十四年春，長孫斤謀反，伏誅。斤之反也，拔刃向御座，太子獻明皇帝諱寔格之，傷脅。夏五月，薨，後追謚焉。秋七月，皇孫珪生，大赦。是年，司馬奕臣桓溫廢奕爲海西公，立昱子昱。

三十五年，司馬昱死，子昌明僭立。

三十六年夏五月，遣燕鳳使苻堅。

三十七年，帝征衞辰，衞辰南走。

三十八年，衞辰求援於苻堅。

三十九年，苻堅遣其大司馬苻洛率衆二十萬及朱肜〔一六〕、張蚝、鄧羌等諸道來寇，侵逼南境。冬十一月，白部、獨孤部禦之，敗績。南部大人劉庫仁走雲中。帝復遣庫仁率騎十萬逆戰於石子嶺，王師不利。帝時不豫，羣臣莫可任者，乃率國人避於陰山之北。高車雜種盡叛，四面寇鈔，不得芻牧。復度漠南。堅軍稍退，乃還。十二月，至雲中，旬有二日，帝崩，時年五十七。

太祖即位，尊曰高祖。

帝雅性寬厚，智勇仁恕。時國中少繒帛，代人許謙盜絹二匹，守者以告，帝匿之，謂燕鳳曰：「吾不忍視謙之面，卿勿泄言，謙或慚而自殺，爲財辱士，非也。」帝嘗擊西部叛賊，流矢中目。賊破之後，諸大臣執射者，各持錐刀欲屠割之。帝曰：「彼各爲其主，何罪

也。」乃釋之。

是歲，苻堅滅張天錫。

史臣曰：帝王之興也，必有積德累功博利，道協幽顯，方契神祇之心。有魏掩迹幽方，世居君長，淳化育民，與時無競。神元生自天女，桓、穆勤於晉室。靈心人事，夫豈徒然。昭成以雄傑之姿，包君子之量，征伐四克，威被荒遐，乃立號改都，恢隆大業。終於百六十載，光宅區中。其原固有由矣。

校勘記

〔一〕 成皇帝諱毛 「毛」，御覽卷一〇一引後魏書、册府卷一、通志卷一五上並作「屯」。

〔二〕 分國爲三部 疑此上脱「元年」二字。按御覽卷一〇一引後魏書有「九年」二字，殿本北史卷一魏本紀一有「帝元年」三字。此紀自神元皇帝力微始，諸帝並記「元年」，獨昭皇帝禄官始自「二年」，於例不合。御覽之「九年」當爲「元年」之訛，殿本北史當是據史例而補。

〔三〕 三年 原作「二年」，據殿本改。按北史卷一魏本紀一作「三年」，殿本當據北史改。據上文已見「二年」，不應重出。下文稱「七年，桓帝至自西略⋯⋯凡積五歲」，自三年至七年共五

歲，知作「三年」是。

〔四〕諸降附者二十餘國 「二十餘國」，北史卷一魏本紀一、通鑑卷八二晉紀四元康七年末並作「三十餘國」。

〔五〕句注陘 原作「句主陘」，據南監本、殿本、局本改。

〔六〕西連西河朔方 「西連」，原作「南連」，據北監本、殿本、北史卷一魏本紀一改。「西河」與上「東接」對文，且「西河、朔方」正在陘北五縣之西。

〔七〕劉琨牙門將邢延據新興叛 「邢延」，原作「邢廷」，據局本、晉書卷一〇二劉聰載記、通鑑卷八七晉紀九永嘉五年十二月改。按下文稱斬劉聰諸將中即有「邢延」。

〔八〕賊矣可盡乎 「矣」，南監本、汲本、局本並作「奚」。周一良魏晉南北朝史札記魏書札記舉證語例，疑「賊矣」二字誤倒，「矣」字屬上讀，「表輕微之命令」。

〔九〕車令百乘 「車令」，御覽卷一〇一引後魏書作「車牛」，疑是。

〔一〇〕又留勁銳戍之而還 「留勁」，原作「面動」，不可解，據御覽卷一〇一引後魏書改。

〔一一〕衞雄姬澹率晉人及烏丸三百餘家隨劉遵南奔并州 「三百餘家」，按本書卷二三衞操傳附衞雄傳云「雄、澹與劉琨任子遵率烏丸、晉人數萬衆而叛」，晉書卷六二劉琨傳稱猗盧部落四散，「遵與箕澹等帥盧衆三萬人」歸琨，箕澹即姬澹，二處所記與此大異。劉琨傳稱其得姬澹衆而「復振」，周一良魏晉南北朝史札記魏書札記因疑「本紀三百餘之『百』字當是『萬』字之

誤」。

〔二〕平文皇帝諱鬱律立思帝之子也 「思帝」，原作「惠帝」，據北監本、汲本、殿本、局本、北史卷一魏本紀一改。按册府卷一此句作「思帝子平文帝鬱律立」。據此紀下文，惠帝賀傉爲桓帝中子，上文稱穆帝「使弟子平文皇帝將騎二萬」助劉琨，桓、穆二帝俱文皇帝沙漠汗之子，屬兄弟，平文帝如是惠帝賀傉之子，於穆帝則已是孫輩，不得稱「弟子」。思帝爲沙漠汗少子，亦即穆帝猗盧之幼弟，平文帝爲其子，與稱穆帝「弟子」行輩正合。

〔三〕平文之次子 「平文」，原作「平受」，據三朝本、南監本、殿本改。按上文見「平文之長子」。

〔四〕必迎立什翼犍 「什翼犍」，原單作「什翼」，他本並作「什翼犍」。按御覽卷一〇一引後魏書、册府卷一也作「什翼犍」。百衲本於諸帝名字例書「諱」字，原書未必如此，今從他本。

〔五〕張駿私署假涼王 「王」字原闕，據北監本、汲本、殿本、局本補。按御覽卷一〇一引後魏書稱駿「私署假涼王」。

〔六〕朱肜 殿本、局本並作「朱肜」。按朱肜，又見本書卷六五邢巒傳、卷九六僭晉司馬叡傳記苻堅將朱肜率軍攻東晉梁益二州，通鑑卷一〇三晉紀二五寧康元年冬記其事，作「朱肜」，考異無説，胡注：「肜，余沖翻。」或司馬光、胡三省所見史料，其人即名朱肜。今一從底本，後不再出校。

魏書卷二

太祖紀第二

太祖道武皇帝,諱珪,昭成皇帝之嫡孫,獻明皇帝之子也。母曰獻明賀皇后。初因遷徙,遊于雲澤,既而寢息,夢日出室內,寤而見光自牖屬天,歘然有感。以建國三十四年七月七日,生太祖於參合陂北,其夜復有光明。昭成大悅,羣臣稱慶,大赦,告於祖宗。保者以帝體重倍於常兒,竊獨奇怪。明年有榆生於埋胞之坎,後遂成林。弱而能言,目有光曜,廣顙大耳,眾咸異之。年六歲,昭成崩。苻堅遣將內侮,將遷帝於長安,既而獲免。語在燕鳳傳。堅軍既還,國眾離散。堅使劉庫仁、劉衞辰分攝國事。南部大人長孫嵩及元他等,盡將故民南依庫仁,帝於是轉幸獨孤部。

元年,葬昭成皇帝於金陵,營梓宮(一),木梓盡生成林。帝雖沖幼,而嶷然不羣。庫仁

常謂其子曰：帝有高天下之志，興復洪業，光揚祖宗者，必此主也。

七年[二]，冬十月，苻堅敗于淮南。是月，慕容文等殺庫仁，庫仁弟眷攝國部。

八年，慕容暐弟沖僭立。姚萇自稱大單于、萬年秦王。慕容垂僭稱燕王。

九年，庫仁子顯殺眷而代之，乃將謀逆。商人王霸知之，履帝足於眾中，帝乃馳還。是時故大人梁蓋盆子六眷，爲顯謀主，盡知其計，密使部人穆崇馳告。帝乃陰結舊臣長孫犍、元他等。秋八月，乃幸賀蘭部。其曰，顯果使人求帝，不及。語在獻明太后傳。是歲，鮮卑乞伏國仁私署大單于。苻堅爲姚萇所殺，子丕僭立。

登國元年春正月戊申，帝即代王位，郊天，建元，大會於牛川。復以長孫嵩爲南部大人，以叔孫普洛爲北部大人。班爵敍勳，各有差。

二月，幸定襄之盛樂。息眾課農。

三月，劉顯自善無南走馬邑，其族奴真率所部來降。

夏四月，改稱魏王。

五月，車駕東幸陵石。護佛侯部帥侯辰、乙弗部帥代題叛走。諸將追之，帝曰：「侯辰等世脩職役，雖有小愆，宜且忍之。當今草剏，人情未一，愚近者固應趑趄，不足追也。」

秋七月己酉，車駕還盛樂。代題復以部落來降，旬有數日，亡奔劉顯。帝使其孫倍斤代領部落〔三〕。是月，劉顯弟肺泥率騎掠奴真部落〔三〕，既而率以來降。

初，帝叔父窟咄爲苻堅徙于長安，因隨慕容永，永以爲新興太守。八月，劉顯遣弟亢泥迎窟咄，以兵隨之，來逼南境。於是諸部騷動，人心顧望。帝左右于桓等，與諸部人謀爲逆以應之。事泄，誅造謀者五人，餘悉不問。帝慮內難，乃北踰陰山，幸賀蘭部，阻山爲固。遣行人安同、長孫賀使于慕容垂以徵師，垂遣使朝貢，并令其子賀驎帥步騎以隨同等。

冬十月，賀驎軍未至而寇已前逼，於是北部大人叔孫普洛等十三人及諸烏丸亡奔衛辰。帝自弩山遷幸牛川，屯于延水南，出代谷，會賀驎於高柳，大破窟咄。窟咄奔衛辰，衛辰殺之，帝悉收其衆。

十二月，慕容垂遣使朝貢，奉帝西單于印綬，封上谷王。帝不納。

是歲，慕容垂僭稱皇帝於中山，自號大燕。苻丕死，苻登自立於隴東。姚萇稱皇帝於

長安，自號大秦。慕容沖爲部下所殺。慕容永僭立。

二年春正月，班賜功臣長孫嵩等七十三人各有差。

二月，帝幸寧川。

夏五月，遣行人安同徵兵於慕容垂，垂使子賀驎率衆來會。

六月，帝親征劉顯於馬邑南，追至彌澤，大破之，顯南奔慕容永，盡收其部落。

秋八月，帝至自伐顯。

冬十月癸卯，幸濡源，遣外朝大人王建使於慕容垂。

十一月，遂幸赤城。

十有二月，巡松漠，還幸牛川。

三年春二月，帝東巡。

夏四月，幸東赤城。

五月癸亥，北征庫莫奚。

六月，大破之，獲其四部雜畜十餘萬，渡弱落水。班賞將士各有差。

城。

秋七月庚申，庫莫部帥鳩集遺散〔四〕，夜犯行宮。縱騎撲討，盡殺之。其月，帝還赤

八月，使九原公元儀使於慕容垂。

冬十月，慕容垂遣使朝貢。

十有二月辛卯，車駕西征，至女水，討解如部，大破之，獲男女雜畜十數萬。

是歲，乞伏國仁死，弟乾歸立，私署河南王。

四年春正月甲寅，襲高車諸部落，大破之。

二月癸巳，至女水，討叱突隣部，大破之。戊戌，賀染干兄弟率諸部來救，與大軍相遇，逆擊走之。

夏四月，行還赤城。

五月，陳留公元虔使於慕容垂。

冬十月，垂遣使朝貢。

是歲，氐呂光自稱三河王，遣使朝貢。

五年春三月甲申，帝西征，次鹿渾海，襲高車袁紇部，大破之，虜獲生口、馬牛羊二十餘萬。慕容垂遣子賀驎率眾來會。

夏四月丙寅[五]，行幸意辛山，與賀驎討賀蘭、紇突隣、紇奚諸部落，大破之。衛辰遣子直力鞮寇賀蘭部，圍之。賀訥等請降，告困。

六月，還幸牛川。帝引兵救之，至羊山，直力鞮退走。

秋七月丙子，帝引兵救之，至羊山，直力鞮退走。

八月，還幸牛川。遣秦王觚使於慕容垂。

九月壬申，討叱奴部於襄曲河，大破之。

冬十月，遷雲中，討高車豆陳部於狼山，破之。

十有一月，紇奚部大人庫寒舉部內屬。

十有二月，紇突隣大人屈地鞬舉部內屬。帝還次白漠。

六年春二月，幸紐垤川。

三月，遣九原公元儀、陳留公元虔等西討黜弗部，大破之。

夏四月，祠天。

六月，慕容賀驎破賀訥於赤城。帝引兵救之，驎退走。

秋七月壬申，講武於牛川，行還紐垤川。慕容垂止元瓩而求名馬，帝絕之。乃遣使於慕容永，永使其大鴻臚慕容鈞奉表勸進尊號。其月，衛辰遣子直力鞮出楜楊塞，侵及黑城。

九月，帝襲五原，屠之。收其積穀，還紐垤川。於楜楊塞北樹碑記功。

冬十月戊戌[六]，北征蠕蠕，追之，及於大磧南牀山下[七]，大破之，班賜從臣各有差。其東西二部主匹候跋及縕紇提[八]，斬別帥屋擊于。事具蠕蠕傳。

十有一月戊辰[九]，還幸紐垤川。戊寅，衛辰遣子直力鞮寇南部。己卯，車駕出討河。辛卯，次其所居悅跋城，衛辰父子奔遁。壬辰，詔諸將追之，擒直力鞮。壬午，大破直力鞮軍於鐵歧山南，獲其器械輜重，牛羊二十餘萬。戊子，自五原金津南渡

十有二月，獲衛辰尸，斬以徇，遂滅之。語在衛辰傳。衛辰少子屈丐，亡奔薛干部[一〇]。車駕次于鹽池。自河已南，諸部悉平。簿其珍寶畜產，名馬三十餘萬匹，牛羊四百餘萬頭。班賜大臣各有差。收衛辰子弟宗黨無少長五千餘人，盡殺之。山胡酋大幡頹、業易于等率三千餘家降附，出居于馬邑。

是歲，起河南宮。

七年春正月,幸木根山,遂次黑鹽池。饗宴羣臣,觀諸國貢使。北之美水。

三月甲子,宴羣臣於水濱,還幸河南宮。西部泣黎大人茂鮮叛走,遣南部大人長孫嵩追討,大破之。

夏五月,班賜諸官馬牛羊各有差。

秋八月,行幸漠南,仍築巡臺。

冬十有二月,慕容永遣使朝貢。

是歲,皇子嗣生。

八年春正月,帝南巡。

二月,幸殺羊原,赴白樓。

三月,車駕西征侯呂隣部〔二〕。

夏四月,至苦水,大破之。

五月,還幸白樓。慕容垂討慕容永於長子。

六月,車駕北巡。永來告急,遣陳留公元虔、將軍庾岳率騎五萬東度河救之。慕容垂遂圍長子。元虔等因屯秀容,慕容垂部帥劉曜等,徙其部落。破類拔

秋七月，車駕臨幸新壇。庚寅，宴羣臣〔一二〕，仍講武。

先是，衞辰子屈丐奔薛干部，徵之不送。

八月，帝南征薛干部帥太悉佛於三城，會其先出擊曹覆，帝乘虛屠其城，獲太悉佛子珍寶〔一三〕，徙其民而還。太悉佛聞之，來赴不及，遂奔姚興。

九月，還幸河南宮。

是歲，姚萇死。

九年春三月，帝北巡。使東平公元儀屯田於河北五原，至於稒楊塞外。

夏五月，田於河東。

秋七月，還幸河南宮。

冬十月，蠕蠕社崘等率部落西走。事具蠕蠕傳。

是歲，姚萇子興僭立，殺苻登。慕容垂滅永。

十年春正月，太悉佛自長安還嶺北，上郡以西皆應之。

夏五月，幸鹽池。

六月,還幸河南宮。

秋七月,慕容垂遣其子寶來寇五原,造舟收穀。帝遣右司馬許謙徵兵於姚興。東平公元儀徙據朔方。

八月,帝親治兵於河南。

九月,進師,臨河築臺告津,連旌沿河東西千里有餘。是時,陳留公元虔五萬騎在東,以絕其左[一四];元儀五萬騎在河北[一五],以承其後,略陽公元遵七萬騎塞其中山之路。

冬十月辛未,寶燒船夜遁。

十一月己卯,帝進軍濟河。乙酉夕,至參合陂。丙戌,大破之。語在《寶傳》。生擒其陳留王紹、魯陽王倭奴、桂林王道成、濟陰公尹國、北地王世子鍾葵、安定王世子羊兒以下文武將吏數千人,器甲輜重、軍資雜財十餘萬計。於俘虜之中擢其才識者賈彝、賈閏、晁崇等與參謀議,憲章故實。班賞大臣將校各有差。

十有二月,還幸雲中之盛樂。

皇始元年春正月,大蒐于定襄之虎山,因東幸善無北陂。

三月,慕容垂來寇桑乾川。陳留公元虔先鎮平城,時徵兵未集,虔率麾下邀擊,失利

死之。垂遂至平城西北，踰山結營，聞帝將至，乃築城自守。疾甚，遂遁走，死於上谷。子寶匿喪而還，至中山乃僭立。

夏六月癸酉，遣將軍王建等三軍討寶廣寧太守劉亢泥，斬之，徙其部落。寶上谷太守慕容普隣捐郡奔走。丁亥，皇太后賀氏崩。是月，葬獻明太后。

秋七月，右司馬許謙上書勸進尊號，帝始建天子旌旗，出入警蹕，於是改元。

八月庚寅，治兵于東郊。己亥，大舉討慕容寶，帝親勒六軍四十餘萬，南出馬邑，踰于句注，旌旗駱驛二千餘里，鼓行而前，民屋皆震。別詔將軍封真等三軍，從東道出襲幽州，圍薊。

九月戊午，次陽曲，乘西山，臨觀晉陽，命諸將引騎圍脅，已而罷還。寶并州牧遼西王農大懼，將妻子棄城夜出，東遁，并州平。初建臺省，置百官，封拜公侯、將軍、刺史、太守，尚書郎已下悉用文人[一六]。帝初拓中原，留心慰納，諸士大夫詣軍門者，無少長，皆引入賜見，存問周悉，人得自盡，苟有微能，咸蒙敍用。己未，詔輔國將軍奚牧略地晉川，獲慕容寶丹陽王買得等於平陶城。

冬十月乙酉，車駕出井陘，使冠軍將軍王建、左軍將軍李栗五萬騎先驅啓行。十有一月庚子朔，帝至真定。自常山以東，守宰或捐城奔竄，或稽顙軍門，唯中山、

鄴、信都三城不下。別詔征東大將軍東平公儀五萬騎南攻鄴，冠軍將軍王建、左軍將軍李栗等攻信都，軍之所行，不得傷民桑棗。戊午，進軍中山。己未，引騎圍之。帝謂諸將曰：「朕量寶不能出戰，必當憑城自守，偷延日月，急攻則傷士，久守則費糧，不如先平鄴、信都，然後還取中山，於計爲便。若移軍遠去，寶必散衆求食民間，如此，則人心離阻，攻之易克。」諸將稱善。丁卯，車駕幸魯口城。

是歲，司馬昌明死，子德宗僭立，遣使朝貢。呂光僭稱天王，號大涼，遣使朝貢。

二年春正月己亥朔，大饗羣臣於魯口。慕容寶遣其左衛將軍慕容騰寇博陵，殺中山太守及高陽諸縣令長，抄掠租運。是時信都未下，庚申，乃進軍。壬戌，引騎圍之。其夜，寶冀州刺史宜都王慕容鳳踰城奔走，歸于中山。癸亥，寶輔國將軍張驤、護軍將軍徐超率將吏已下舉城降。寶聞帝幸信都，乃趣博陵之深澤，屯滹沱水，遣弟賀麟寇楊城，殺常山守兵三百餘人。寶悉出珍寶及宮人招募郡縣，羣盜無賴者多應之。

二月己巳，帝進幸楊城。丁丑，軍于鉅鹿之柏肆塢，臨滹沱水。其夜，寶悉衆犯營，燎及行宮，兵人駭散。帝驚起，不及衣冠，跣出擊鼓。俄而，左右及中軍將士稍稍來集。帝設奇陳，列烽營外，縱騎衝之，寶衆大敗，斬首萬餘級，擒其將軍高長等四千餘人。戊寅，

寶走中山，獲其器仗輜重數十萬計。寶尚書閔亮、祕書監崔逞、太常孫沂、殿中侍御史孟輔等並降。降者相屬，賜拜職爵各有差。平原徐超聚眾反於畔城，詔將軍奚辱捕斬之。并州守將封真率其種族與徒何爲逆，將攻刺史元延，延討平之[一七]。

是時，栢肆之役，遠近流言，賀蘭部帥附力眷、紇突隣部帥匿物尼、紇奚部帥叱奴根聚黨反於陰館，南安公元順率軍討之，不克，死者數千。詔安遠將軍庾岳總萬騎，還討叱奴根等，滅之。

三月己酉，車駕次于盧奴。寶遣使求和，請送元觚，割常山以西奉國，乞守中山以東，帝許之。已而寶背約。辛亥，車駕次中山，命諸將圍之。是夜，寶弟賀麟將妻子出走西山。寶見賀麟走，恐先據和龍，壬子夜，遂將其妻子及兄弟宗族數千騎北遁。寶將李沈、王次多、張超、賈歸等來降。遣將軍長孫肥追之，至范陽，不及而還[一八]。城內共立慕容普隣爲主。

夏四月，帝以軍糧未繼，乃詔征東大將軍東平公元儀罷鄴圍，徙屯鉅鹿，積租楊城。普隣出步卒六千餘人，伺間犯諸屯兵，詔將軍長孫肥等輕騎挑之，帝以虎隊五千橫截其後，斬首五千，生虜七百人，宥而遣之。

夏五月庚子[一九]，大賞功臣。帝以中山城內爲普隣所脅，而大軍迫之，欲降無路，乃密

招喻之。甲辰,曜兵揚威以示城內,命諸軍罷圍南徙以待其變。甲寅,以東平公元儀爲驃騎大將軍、都督中外諸軍事、兖豫雍荊徐揚六州牧、左丞相,封衛王。襄城公元題進封爲王。

秋七月,普隣遣烏丸張驤率五千餘人出城求食,寇常山之靈壽,殺害吏民。賀麟自丁零中入于驤軍,因其衆,復入中山,殺普隣而自立。帝還幸魯口,遣將軍長孫肥一千騎襲中山,入其郛而還。

八月丙寅朔,帝自魯口進軍常山之九門。時大疫,人馬牛多死。帝問疫於諸將,對曰:「在者纔十四五。」是時中山猶拒守,而饑疫並臻,羣下咸思還北。帝知其意,因謂之曰:「斯固天命,將若之何!四海之人,皆可與爲國,在吾所以撫之耳,何恤乎無民!」羣臣乃不敢復言。遣撫軍大將軍略陽公元遵襲中山,芟其禾菜,入郛而還。

九月,賀麟飢窮,率三萬餘人出寇新市。甲子晦,帝進軍討之,太史令晁崇奏曰:「不吉。」帝曰:「其義云何?」對曰:「昔紂以甲子亡,兵家忌之。」帝曰:「紂以甲子亡,周武不以甲子勝乎?」崇無以對。

冬十月丙寅,帝進軍新市,賀麟退阻泒水,依漸洳澤以自固。甲戌,帝臨其營,戰於義臺塢,大破之,斬首九千餘級。賀麟單馬走西山,遂奔鄴,慕容德殺之。甲申,其所署公

卿、尚書、將吏、士卒降者二萬餘人。其將張驤、李沈、慕容文等先來降，尋皆亡還，是日復獲之，皆赦而不問。獲其所傳皇帝璽綬、圖書、府庫、珍寶，簿列數萬。班賜功臣及將士各有差。中山平。乙酉，襄城王題薨。丁亥，遣三萬騎赴衛王儀，將以攻鄴。

是歲，鮮卑禿髮烏孤私署大單于、西平王。

天興元年春正月，慕容德走保滑臺，儀克鄴，收其倉庫。詔賞將士各有差。儀追德至於河，不及而還。庚子，車駕自中山行幸常山之真定，次趙郡之高邑，遂幸于鄴。民有老不能自存者，詔郡縣賑恤之。帝至鄴，巡登臺樹，遍覽宮城，將有定都之意。乃置行臺，以龍驤將軍日南公和跋爲尚書，與左丞賈彝率郎吏及兵五千人鎮鄴。車駕自鄴還中山，所過存問百姓。詔大軍所經州郡，復貸租一年，除山東民租賦之半。車駕將北還，發卒萬人治直道，自望都鐵關鑿恒嶺至代五百餘里。帝慮還後山東有變，乃置行臺於中山，詔左丞相、守尚書令、衛王儀鎮中山，撫軍大將軍、略陽公元遵鎮勃海之合口。右軍將軍尹國先督租于冀州，聞帝將還，謀反，欲襲信都，安南將軍長孫嵩執送之，斬之。辛酉，車駕發自中山，至于望都堯山。徙山東六州民吏及徒何、高麗雜夷三十六萬，百工伎巧十萬餘口[二〇]，以充京師。車駕次于恒山之陽。博陵、勃海、章武羣盜並起，略陽公元遵等討平之。廣川

太守賀盧殺冀州刺史王輔,驅勒守兵,抄掠陽平、頓丘諸郡,遂南渡河,奔慕容德。

二月,車駕自中山幸繁時宮,更選屯衞。詔給內徙新民耕牛,計口受田。

三月,離石胡帥呼延鐵、西河胡帥張崇等聚黨數千人叛,詔安遠將軍庾岳討平之。漁陽羣盜庫傉官韜聚衆反。詔中堅將軍伊謂討之。徵左丞相、衞王儀還京師,詔略陽公遵代鎮中山。

夏四月壬戌,進遵封常山王,南安公元順進封毗陵王,征虜將軍、歷陽公穆崇爲太尉,安南將軍、鉅鹿公長孫嵩爲司徒。帝祠天於西郊,麾幟有加焉。廣平太守、遼西公元意烈謀反,於郡賜死,原其妻子。鄴城屠各董羌、杏城盧水郝奴、河東蜀薛榆、氐帥苻興,各率其種內附。

六月丙子,詔有司議定國號。羣臣曰:「昔周秦以前,世居所生之土,有國有家,及王天下,即承爲號。自漢以來,罷侯置守,時無世繼,其應運而起者,皆不由尺土之資。今國家萬世相承,啓基雲代。臣等以爲若取長遠,應以代爲號。」詔曰:「昔朕遠祖,總御幽都,控制遐國,雖踐王位,未定九州。逮于朕躬,處百代之季,天下分裂,諸華乏主[二],民俗雖殊,撫之在德,故躬率六軍,掃平中土,凶逆蕩除,遐邇率服。宜仍先號,以爲魏焉。布告天下,咸知朕意。」

秋七月，遷都平城，始營宮室，建宗廟，立社稷。漁陽烏丸庫傉官韜復聚黨為寇。詔冠軍將軍王建討平之。

八月，詔有司正封畿，制郊甸，端徑術，標道里，平五權，較五量，定五度。遣使循行郡國，舉奏守宰不法者，親覽察黜陟之。

九月，烏丸張驤子超收合亡命，聚黨三千餘家，據勃海之南皮，自號征東大將軍、烏丸王，抄掠諸郡。詔將軍庾岳討之。

冬十月，起天文殿。

十有一月辛亥，詔尚書吏部郎中鄧淵典官制，立爵品，定律呂，協音樂；儀曹郎中董謐撰郊廟、社稷、朝覲、饗宴之儀；三公郎中王德定律令，申科禁；太史令晁崇造渾儀，考天象；吏部尚書崔玄伯總而裁之。

閏月，左丞相、驃騎大將軍、衛王儀及諸王公卿士，詣闕上書曰：「臣等聞宸極居中，則列宿齊其晷；帝王順天，則羣后仰其度。伏惟陛下德協二儀，道隆三五，仁風被於四海，盛化塞于大區〔三〕，澤及昆蟲，恩霑行葦，謳歌所屬，八表歸心，軍威所及，如風靡草，萬姓顒顒，咸思係命。而躬履謙虛，退身後己，宸儀未彰，袞服未御，非所以上允皇天之意，下副樂推之心。宜光崇聖烈，示軌憲於萬世。臣等謹昧死以聞。」帝三讓乃許之。

十有二月己丑，帝臨天文殿，太尉、司徒進璽綬，百官咸稱萬歲。大赦，改年。追尊成帝已下及后號諡。樂用皇始之舞。詔百司議定行次，尚書崔玄伯等奏從土德，服色尚黃，數用五，未祖辰臘，犧牲用白，五郊立氣，宣贊時令，敬授民時，行夏之正。徙六州二十二郡守宰、豪傑、吏民二千家于代都。

是歲，蘭汗殺慕容寶而自立，寶子盛殺汗僭立。慕容德自稱燕王。

二年春正月甲子，初祠上帝于南郊，以始祖神元皇帝配，降壇視燎，成禮而反。乙丑，曲赦京師。始制三駕之法。庚午，車駕北巡，分命諸將大襲高車，大將軍、常山王遵等三軍從東道出長川，鎮北將軍、高涼王樂真等七軍從西道出牛川，車駕親勒六軍從中道自駮{髯}水西北出〔二三〕。

二月丁亥朔，諸軍同會，破高車雜種三十餘部，獲七萬餘口，馬三十餘萬匹，牛羊百四十餘萬。驃騎大將軍、衛王儀督三萬騎別從西北絕漠千餘里，破其遺迸七部，獲二萬餘口，馬五萬餘匹，牛羊二十餘萬頭，高車二十餘萬乘，并服玩諸物。還次牛川及薄山，並刻石記功，班賜從臣各有差。庚戌，征虜將軍庚岳破張超於勃海。超走平原，為其黨所殺。

以所獲高車眾起鹿苑，南因臺陰〔二四〕，北距長城，東包白登，屬之西山，廣輪數十里，鑿渠引

武川水注之苑中，疏爲三溝，分流宮城內外。又穿鴻雁池。

三月己未，車駕至自北伐。甲子，初令五經羣書各置博士，增國子太學生員三千人。

是月，氐人李辯叛慕容德，求援於鄴行臺尚書和跋，跋輕騎往應之，克滑臺，收德宮人府藏；又破德桂林王鎮及郎吏將士千餘人。丙子，遣建義將軍庾真、越騎校尉奚斤討庫狄部帥葉亦干、宥連部帥寶羽泥於太渾川，破之，庫狄犍支子沓亦干率其部落內附。真等進破侯莫陳部，獲馬牛羊十餘萬頭，追珍遺進，入大峩谷。中山太守仇儒亡匿趙郡，推羣盜趙准爲主，號使持節、征西大將軍、冀青二州牧、鉅鹿公，仇儒爲准長史，聚黨扇惑。詔中領軍長孫肥討平之。

夏四月，前清河太守傅世聚黨千餘家，自號撫軍將軍。

五月癸亥，征虜將軍庾岳討破之。

秋七月，起天華殿。辛酉，大閱于鹿苑，饗賜各有差。陳郡、河南流民萬餘口內徙，遣使者存勞之。姚興遣眾圍洛陽，司馬德宗將辛恭靖請救。

八月，遣太尉穆崇率騎六千往赴之。增啓京師十二門。作西武庫。除州郡民租賦之半。辛亥，詔禮官備撰眾儀，著于新令。范陽人盧溥聚眾海濱，稱使持節、征北大將軍、幽州刺史，攻掠郡縣，殺幽州刺史封沓干。慕容盛遼西太守李朗舉郡內屬。西河胡帥護諸

于、丁零帥翟同、蜀帥韓翥,並相率內附。

冬十月,太廟成,遷神元、平文、昭成、獻明皇帝神主于太廟。

十有二月甲午,慕容盛征虜將軍、燕郡太守高湖率戶三千內屬。辛亥,詔材官將軍和突討盧溥。天華殿成。

是歲,呂光立其子紹爲天王,自稱太上皇。光死,庶子纂殺紹僣立〔二五〕。禿髮烏孤死,弟鹿孤代立,遣使朝貢。

三年春正月戊午,和突破盧溥於遼西,生獲溥及其子煥,傳送京師,轘之。癸亥,有事於北郊。分命諸官循行州郡,觀民風俗,察舉不法。賜羣臣布帛各有差。

二月丁亥,詔有司祀日于東郊。始耕籍田。壬寅,皇子聰薨。

三月戊午,立皇后慕容氏。是月,穿城南渠通於城內,作東西魚池。

夏四月,姚興遣使朝貢。

五月戊辰,詔謁者僕射張濟使於姚興。己巳,車駕東巡,遂幸涿鹿,遣使者以太牢祠帝堯、帝舜廟。西幸馬邑,觀㶟源。

秋七月壬子,車駕還宮。起中天殿及雲母堂、金華室。

十有一月，高車別帥敕力犍率九百餘落內屬。

十有二月乙未，詔曰：「世俗謂<u>漢</u>高起於布衣而有天下，此未達其故也。夫<u>劉承堯</u>統，曠世繼德，有蛇龍之徵，致雲彩之應，五緯上聚，天人俱協，明革命之主，大運所鍾，不可以非望求也。然狂狡之徒，所以顛蹶而不已者，誠惑於逐鹿之說，而迷於天命也。故有�..覆車之軌，蹈襲逆之蹤，毒甚者傾州郡，害微者敗邑里，至乃身死名頹，殃及九族，從亂隨流，死而不悔，豈不痛哉！<u>春秋</u>之義，大一統之美，<u>吳楚</u>僭號，久加誅絕，君子賤其偽名，比之塵垢。自非繼聖載德，天人合會，帝王之業，夫豈虛應。有國有家者，誠能推廢興之有期，審天命之不易，察徵應之潛授，杜競逐之邪言，絕姦雄之僭肆，思多福於止足，則幾於神智矣。如此，則可以保榮祿於天年，流餘慶於後世。夫然，故禍悖無緣而生，兵甲何因而起？凡厥來世，勗哉戒之，可不慎歟！」

時太史屢奏天文錯亂，帝親覽經占，多云改王易政，故數革官號，一欲防塞凶狡，二欲消災應變。已而慮羣下疑惑，心謗腹非，丙申復詔曰：「上古之治，尚德下名，有任而無爵，易治而事序，故邪謀息而不起，姦慝絕而不作。<u>周姬</u>之末，下凌上替，以號自定，以位制祿，卿世其官，大夫遂事，陽德不暢，議發家陪，故釁由此起，兵由此作。<u>秦漢</u>之弊，捨德

崇侈，能否混雜，賢愚相亂，庶官失序，任非其人。於是忠義之道寢，廉恥之節廢，退讓之風絕，毀譽之議興，莫不由乎貴尚名位，而禍敗及之矣。古置三公，職大憂重，故曰『待罪宰相』，將委任責成，非虛寵祿也。而今世俗，斂以台輔爲榮貴，企慕而求之。夫此職司，在人主之所任耳，用之則重，捨之則輕。然則官無常名，而任有定分，是則所貴者至矣，何取於鼎司之虛稱也。夫桀紂之南面，雖高而可薄；姬旦之爲下，雖卑而可尊。一官可以効智，蓽門可以垂範。苟以道德爲實，賢於覆餗蔀家矣。故量己者，令終而義全；昧利者，身陷而名滅。利之與名，毀譽之疚競；道之與德，神識之家寶。是故道義，治之本；名爵，治之末。名不本於道，不可以爲宜；爵無補於時，不可以爲用。用而不禁，爲病深矣。能通其變，不失其正者，其惟聖人乎？來者誠思成敗之理，察治亂之由，鑒殷周之失，革秦漢之弊，則幾於治矣。」

是歲，乞伏乾歸爲姚興所破，李暠私署涼州牧、涼公。

四年春正月，高車別帥率其部三千餘落內附〔二六〕。

二月丁亥，命樂師入學習舞，釋菜于先聖、先師。丁酉，分命使者循行州郡，聽察辭訟，糾劾不法。

三月，帝親漁，薦于寢廟。

夏四月辛卯，罷鄴行臺。詔有司明揚隱逸。

五月，起紫極殿、玄武樓、涼風觀、石池、鹿苑臺。

秋七月，詔鎮遠將軍、兗州刺史長孫肥步騎二萬南徇許昌、彭城。詔賜天下鎮戍將士布帛各有差。

冬十二月辛亥，詔征西大將軍、常山王遵等率眾五萬討破多蘭部帥木易干[二七]，材官將軍和突率騎六千襲黜弗、素古延等諸部。集博士儒生，比眾經文字，義類相從，凡四萬餘字，號曰《眾文經》。

是歲，慕容盛死，寶弟熙僭立。呂光弟子隆殺纂自立。盧水胡沮渠蒙遜私署涼州牧、張掖公。蒙遜及李暠並遣使朝貢。

五年春正月丁丑，慕容熙遣將寇遼西，虎威將軍宿沓干等拒戰不利，棄令支而還。帝聞姚興將寇邊，庚寅[二八]，大簡輿徒，詔并州諸軍積穀于平陽之乾壁。戊子，材官將軍和突破黜弗、素古延等諸部，獲馬三千餘匹，牛羊七萬餘頭。辛卯，蠕蠕社崙遣騎救素古延等，和突逆擊破之于山南河曲，獲鎧馬二千餘匹。班師。賞賜將士各有差。

二月癸丑，征西大將軍、常山王遵等至安定之高平，木易千率數千騎與衛辰、屈丐棄國遁走〔二九〕，追至隴西瓦亭，不及而還。獲其輜重庫藏，馬四萬餘匹，駱駝、羚牛三千餘頭，牛、羊九萬餘口。班賜將士各有差。徙其民於京師。沙門張翹自號無上王，與丁零鮮于次保聚黨常山之行唐。

夏四月，太守樓伏連討斬之。

五月，姚興遣其弟安北將軍、義陽公平率衆四萬來侵，平陽乾壁為平所陷。

六月，治兵于東郊，部分衆軍，詔鎮西大將軍毗陵王順、長孫肥等三將六萬騎為前鋒。

秋七月戊辰朔，車駕西討。

八月乙巳，至於柴壁，平固守，進軍圍之，姚興悉舉其衆來救。甲子，帝渡蒙坑〔三〇〕，逆擊興軍，大破之。

冬十月，平赴水而死，俘其餘衆三萬餘人。語在興傳。獲興征虜將軍、尚書右僕射狄伯支，越騎校尉唐小方，積弩將軍姚梁國，建忠將軍雷星、康官〔三一〕北中郎將康猥，平從弟伯禽已下，四品將軍已上四十餘人。獲先亡臣王次多、靳勤，並斬以徇。興頻使請和，帝不許。羣臣勸進平蒲坂，帝慮蠕蠕為難，戊申，班師。

十有一月，車駕次晉陽。徵相州刺史庾岳為司空。遣左將軍莫題討上黨羣盜秦頗、

丁零翟都於壺關。丁丑，上黨太守捕頠，斬之，都走林慮。

十有二月辛亥，至自西征。蠕蠕社崙犯塞，詔常山王遵追之，不及而還。越勤莫弗率

其部萬餘家內屬，居五原之北。

是歲，禿髮鹿孤病死，弟傉檀統任，遣使朝貢。

六年春正月辛未，朔方尉遲部別帥率萬餘家內屬，入居雲中。

夏五月，大簡輿徒，將略江淮，平荊揚之亂。

秋七月，鎮西大將軍、司隸校尉、毗陵王順有罪，以王還第。戊子，車駕北巡，築離宮

于犿山，縱士校獵，東北踰蠮嶺，出參合、代谷。

九月，行幸南平城，規度灅南，面夏屋山，背黃瓜堆，將建新邑。辛未，車駕還宮。

冬十月，起西昭陽殿。乙卯，立皇子嗣為齊王，加車騎大將軍，位相國；紹為清河王，

加征南大將軍；熙為陽平王；曜為河南王。封故秦愍王子犪為豫章王，陳留王子右將軍

悦為朱提王。丁巳，詔將軍伊謂率騎二萬北襲高車。司馬德宗遣使朝貢。

十有一月庚午，伊謂大破高車。

是年，島夷桓玄廢其主司馬德宗而自立，僭稱大楚。

天賜元年春正月，遣離石護軍劉託率騎三千襲蒲子。

三月丙寅，擒姚興寧北將軍、泰平太守衡譚，獲三千餘口。初限縣戶不滿百罷之。蠕蠕社崙從

夏四月，詔尚書郎中公孫表使於江南，以觀桓玄之釁也。值玄敗而還。

弟悅伐，大那等謀殺社崙而立大那〔三〕。發覺，來奔。

五月，置山東諸冶，發州郡徒謫造兵甲。

秋九月，帝臨昭陽殿，分置衆職，引朝臣文武，親自簡擇，量能敍用；制爵四等，曰王、

公、侯、子，除伯、男之號；追錄舊臣，加以封爵，各有差。是秋，江南大亂，流民繈負而奔

淮北，行道相尋。

冬十月辛巳，大赦，改元。築西宮。

十有一月，上幸西宮，大選朝臣，令各辨宗黨，保舉才行，諸部子孫失業賜爵者二千餘

人。

十有二月戊辰，車駕幸犲山宮。

是歲，島夷劉裕起兵誅桓玄。

二年春二月癸亥，車駕還宮。

夏四月，車駕有事于西郊，車旗盡黑。

是歲，司馬德宗復僭立。慕容德死，兄子超僭立。

三年春正月甲申，車駕北巡，幸犲山宮。校獵，至屋孤山。

二月乙亥，幸代園山，建五石亭。

三月庚子，車駕還宮。

夏四月庚申，復幸犲山宮。占授著作郎王宜弟造兵法孤虛立成圖三百六十時。遂登定襄角史山，又幸馬城。甲戌〔三〕，車駕還宮。是月，蠕蠕寇邊，夜召兵，將旦，賊走，乃罷。

六月，發八部五百里內男丁築灅南宮，門闕高十餘丈；引溝穿池，廣苑囿；規立外城，方二十里，分置市里，經塗洞達。三十日罷。

秋七月，太尉穆崇薨。

八月甲辰，行幸犲山宮，遂至青牛山。丙辰，西登武要北原，觀九十九泉，造石亭，遂

之石漠。

九月甲戌朔，幸漠南鹽池。壬午，至漠中，觀天鹽池，度漠北，之吐鹽池。癸巳，南還長川。丙申，臨觀長陂。

冬十月庚申，車駕還宮。

四年春二月，封皇子脩爲河間王，處文爲長樂王，連爲廣平王，黎爲京兆王。

夏五月，北巡。自參合陂東過蟠羊山，大雨，暴水流輼重數百乘，殺百餘人。遂東北踰石漠，至長川，幸濡源。常山王遵有罪賜死。

秋七月，車駕自濡源西幸參合陂。築北宮垣，三旬而罷，乃還宮。

八月，幸犳山宮。是月，誅司空庾岳。

冬十有一月，車駕還宮。

是歲，慕容寶養子高雲殺熙自立，赫連屈丐自稱大單于、大夏天王。

五年春正月，行幸犳山宮，遂如參合陂，觀漁于延水〔三四〕，至寧川。

三月，姚興遣使朝貢。

是歲，皇孫燾生。

六年夏，帝不豫。初，帝服寒食散，自太醫令陰羌死後〔三五〕，藥數動發，至此逾甚。而災變屢見，憂懣不安，或數日不食，或不寢達旦。慮如天文之占，或有肘腋之虞。朝臣至前，追其舊惡皆見殺害，其餘或以顏色變動，或以喘息不調，或以行步乖節，或以言辭失措，帝皆以爲懷惡在心，變見於外，乃手自毆擊，死者皆陳天安殿前。於是朝野人情各懷危懼，有司懈怠，莫相督攝，百工偷劫，盜賊公行，巷里之間人爲希少。帝亦聞之，曰：「朕縱之使然，待過災年，當更清治之爾。」

秋七月，慕容支屬百餘家，謀欲外奔，發覺，伏誅，死者三百餘人。

八月，衞王儀謀叛，賜死。

冬十月戊辰，帝崩於天安殿，時年三十九。永興二年九月甲寅，上諡宣武皇帝，葬於盛樂金陵，廟號太祖〔三六〕。泰常五年，改諡曰道武。

史臣曰：晉氏崩離，戎羯乘釁，僭偽紛糾，犺狼競馳。太祖顯晦安危之中，屈伸潛躍

之際，驅率遺黎，奮其靈武，克剪方難，遂啓中原，朝拱人神，顯登皇極。雖冠履不暇，栖遑外土，而制作經謨，咸存長世。所謂大人利見，百姓與能，抑不世之神武也。而屯厄有期，禍生非慮，將人事不足，豈天實爲之。嗚呼！

校勘記

〔一〕葬昭成皇帝於金陵營梓宮　「陵營」，原作「陳宮」，據他本改。

〔二〕七年　原作「二年」，據北史卷一魏本紀一、冊府卷六改。按符堅淝水之敗在晉太元八年，道武帝建號登國前之二年，則當晉太元三年，此作「二年」顯誤。另本書卷九五徒何慕容廆傳明言：「太祖之七年，符堅敗於淮南。」

〔三〕肺泥　北監本、汲本、殿本、局本、北史卷一魏本紀一並作「冗泥」。

〔四〕庫莫部帥　「庫莫」下北史卷一魏本紀一有「奚」字。按庫莫奚或單稱「奚」，不當單稱「庫莫」，此處疑脫「奚」字。

〔五〕夏四月丙寅　「丙寅」，按據陳垣二十史朔閏表（下簡稱朔閏表）是年四月己卯朔，無丙寅。北史卷一魏本紀一、通鑑卷一〇七晉紀二九太元十五年四月同誤。

〔六〕冬十月戊戌　「戊戌」，按是年十月庚子朔，無戊戌。

〔七〕南牀山　北史卷一魏本紀一、御覽卷一〇一引後魏書並作「南商山」。

〔八〕其東西二部主匹候跋及緼紇提先後降魏

傳，匹候跋和緼紇提先後降魏。

句首疑脫「降」字。按此句語義不全，據本書卷一〇三蠕蠕

〔九〕十有一月戊辰　「戊辰」，按據朔閏表是年十一月庚午朔，無戊辰。牛繼清、張林祥魏書諸紀

時誤補校（下簡稱魏紀時誤）據下文有戊寅初九日、己卯初十日，疑此「戊辰」乃十月（庚子

朔，戊辰爲二十九日）事，誤繫於十一月。

〔一〇〕屈丐亡奔薛干部　「薛干」，原作「薛于」，據通鑑卷一〇七晉紀二九太元十六年十二月、通志

卷一五上改。按晉書卷一三〇赫連勃勃載記稱勃勃（即屈丐）「乃奔于叱干部」。本書卷一

一三官氏志云「叱干氏，後爲薛氏」。太和改複姓爲單姓，大都截取複姓中一音而成，知叱干

即「薛干」。「薛干」雖多作「薛于」，均爲版刻之訛。以下逕改，不一一出校。

〔一一〕侯呂隣部　「侯呂」，疑爲「俟呂」之訛。參見本書卷一〇三校記〔九〕。

〔一二〕庚寅宴羣臣　「庚寅」，按是年七月庚申朔，無庚寅。　是年閏七月庚寅朔，魏紀時誤疑「庚寅」

上脫「閏月」二字。

〔一三〕獲太悉佛子珍寶　本書卷一〇三高車傳附薛干傳、北史卷九八高車傳附薛干傳並作「獲太悉

伏妻子珍寶」，冊府卷六作「獲其子女珍寶」。「太悉佛」即「太悉伏」，疑此處「子」上脫「妻」

字，或「子」下脫「女」字。

〔一四〕陳留公元虔五萬騎在東以絶其左　「東」上疑脫「河」字。按本書卷九五徒何慕容廆傳附慕

容垂傳：「陳留公虔五萬騎在河東，要山截谷六百餘里，以絕其左。」通鑑卷一〇八晉紀三〇

太元二十年九月亦稱「陳留公虔將五萬騎屯河東」。

〔一五〕元儀五萬騎在河北 「五萬騎」，本書卷九五徒何慕容廆傳附慕容垂傳、通鑑卷一〇八晉紀三

〇太元二十年九月並作「十萬騎」。

〔一六〕封拜公侯將軍刺史太守尚書郎已下悉用文人 「拜」字原闕，據北史卷一魏本紀一補。按將

軍以下官不得云「封」，若「將軍、刺史、太守」連下「尚書郎已下」讀，則是將軍也悉用文人，

更誤。

〔一七〕并州守將封真率其種族與徒何爲逆將攻刺史元延討平之 本書卷一四神元平文諸帝子孫

傳桓帝後人有曲陽侯素延，記此事稱「并州守將封寶真爲逆，素延斬之」。「封真」作「封寶

真」，「元延」作「素延」，通鑑卷一〇九晉紀三一隆安元年二月分別作「封真」、「素延」。紀、

傳記事同而人名異，或是雙名單稱。

〔一八〕不及而還 「而」，原作「受」，據南監本、局本改。

〔一九〕夏五月庚子 「夏」字疑衍。按前文已言「夏四月」，此復稱「夏五月」，於例不合。

〔二〇〕山東六州民吏及徒何高麗雜夷三十六萬百工伎巧十萬餘口 「三十六萬」，北史卷一魏本紀

一、冊府卷四八六作「三十六署」。按通鑑卷一一〇晉紀三二隆安二年正月稱「徙山東六州

吏民、雜夷十餘萬口以實代」，以十餘萬口爲此次遷徙之總口數。若「署」字作「萬」，則合計

當云「四十餘萬口」。似司馬光所見魏書也作「三十六署」。南北朝少府及太府下多設置「署」以統百工伎巧，隋書百官志記梁少府所屬有十五署，北齊太府所屬有十三署，若再加太常、光祿、將作所屬，則「署」數衆多。「三十六署」或是後燕所置署數，或是泛稱。疑此處「萬」乃「署」字之訛。

〔三〇〕諸華乏主 「乏」，原作「之」，據御覽卷一〇一引後魏書、冊府卷六改。

〔三一〕盛化塞于大區 「大區」，北史卷一魏本紀一作「天區」。

〔三二〕車駕親勒六軍從中道自駮髥水西北出 「出」字原闕，語義不完，據北史卷一魏本紀一、冊府卷一一六補。

〔三三〕以所獲高車衆起鹿苑南因臺陰 「南因臺陰」，他本及北史卷一魏本紀一、冊府卷一三並作「於南臺陰」。

〔三四〕庶子纂殺紹僭立 「庶子」，原作「太子」，據北監本、汲本、殿本、局本、北史卷一魏本紀一改。按晉書卷一二二呂光載記，紹即呂光太子，纂乃光庶長子。

〔三五〕高車別帥 「車」字原闕，據三朝本、南監本、殿本補。

〔三六〕破多蘭部帥木易于 「木易于」，汲本、殿本、局本作「木易干」，本卷下文天興五年二月，其人諸本並作「木易干」。 按本書卷一〇三高車傳附破多蘭傳有部帥「木易干」，卷九五鐵弗劉虎傳、晉書卷一三〇赫連勃勃載記並作「没弈于」。其人冊府例作「木易干」、通鑑例作「没弈

干」。「干」、「于」字形易譌，其時北族人名末字作「干」者甚衆，今定作「干」。「木易」、「沒弈」則各從底本，不一一出校。

〔二八〕 庚寅 魏紀時誤云：是月庚午朔，庚寅二十一日，下文記戊子十九日事，失序。「庚寅」疑爲「庚辰」之譌，上丁丑初八日，庚辰十一日。

〔二九〕 衛辰屈丐棄國遁走 按本卷登國六年十一月記破衛辰部，十二月，「獲衛辰尸，斬以徇」。本書卷九五鐵弗劉虎傳附劉衛辰傳亦記其事。衛辰不得復於天興五年「遁走」。本書卷一〇三高車傳附薛干傳、通鑑卷一一二晉紀三四元興元年二月載此事，均只及屈丐而無衛辰。魏紀時誤云：「『衛辰』係衍出，或『衛辰』『屈丐』間脱一『子』字。」

〔三〇〕 蒙坑 原作「蒙沆」，據南監本、北監本、汲本、殿本、局本改。汲本「坑」下旁注：「宋本作『沆』。」按「蒙坑」具見北朝史籍及新舊五代史，本書卷三〇安同傳亦作「蒙坑」。

〔三一〕 康官 晉書卷一一八姚興載記下兩見，並作「康宦」。

〔三二〕 悦伐 本書卷一〇三蠕蠕傳、北史卷九八蠕蠕傳、通鑑卷一一三晉紀三五元興三年四月並作「悦代」。

〔三三〕 甲戌 原作「甲午」，據殿本、北史卷一魏本紀一改。按是月丙午朔，無甲午，甲戌爲二十九日。

〔三四〕 觀漁于延水 「于延水」，原作「於延水」，據南監本、北史卷一魏本紀一改。按于延水見漢書

卷二八地理志下代郡且如縣，本卷上文登國元年十月亦作「于延水」。

〔三五〕 太醫令陰羌 「陰羌」，原作「陰美」，據他本及北史卷一魏本紀一改。汲本、局本「羌」下旁

注：「宋本作『美』。」按漢末至南北朝人名作「羌」者時見。

〔三六〕 廟號太祖 按本書卷八四儒林孫惠蔚傳及卷一〇八之一禮志一，永興二年上拓跋珪之廟號

乃「烈祖」，至太和十五年改「太祖」。此處「太祖」本應作「烈祖」，疑爲後人所改。

魏書卷三

太宗紀第三

太宗明元皇帝，諱嗣，太祖長子也，母曰劉貴人，登國七年生於雲中宮。太祖晚有子，聞而大悅，乃大赦天下。帝明叡寬毅，非禮不動，太祖甚奇之。天興六年，封齊王，拜相國，加車騎大將軍。

初，帝母劉貴人賜死，太祖告帝曰：「昔漢武帝將立其子而殺其母，不令婦人後與國政，使外家為亂。汝當繼統，故吾遠同漢武，為長久之計。」帝素純孝，哀泣不能自勝，太祖怒之。帝還宮，哀不自止，日夜號泣。太祖知而又召之。帝欲入，左右曰：「孝子事父，小杖則受，大杖避之。今陛下怒盛，入或不測，陷帝於不義。不如且出，待怒解而進，不晚也。」帝懼，從之，乃遊行逃於外。

天賜六年冬十月，清河王紹作逆，太祖崩。帝入誅紹。壬申〔三〕，即皇帝位，大赦，改

年爲永興元年。追尊皇妣爲宣穆皇后。公卿大臣先罷歸第不與朝政者,悉復登用之。詔南平公長孫嵩、北新侯安同對理民訟,簡賢任能,彝倫攸敍。

閏十月丁亥,朱提王悅謀反,賜死。詔鄭兵將軍、山陽侯奚斤巡行諸州〔二〕,問民疾苦,撫恤窮乏。

是歲,乞伏乾歸據金城自稱秦王。高雲爲海夷馮跋所滅,跋僭號,自稱大燕天王。

十有二月戊戌,封衞王儀子良爲南陽王,陰平公元烈進爵爲王,高涼王樂真改封平陽王。己亥,帝始居西宮,御天文殿。蠕蠕犯塞。

二年春正月甲寅朔,詔南平公長孫嵩等北伐蠕蠕。平陽民黃苗等依汾自固,受姚興官號。并州刺史元六頭討平之。

二月癸未朔,詔將軍于栗磾領步騎一萬鎮平陽。

夏五月,長孫嵩等自大漠還,蠕蠕追圍之於牛川。壬申,帝北伐。蠕蠕聞而遁走,車駕還幸參合陂。

秋七月丁巳,立馬射臺於陂西,仍講武教戰。乙丑,車駕至自北伐。

八月,章武民劉牙聚衆反。山陽侯奚斤討平之。

九月甲寅，葬太祖宣武皇帝於盛樂金陵。

冬十有二月辛巳，詔將軍周觀率衆詣西河離石，鎮撫山胡。

是歲，司馬德宗將劉裕滅慕容超於廣固。

三年春二月戊戌，詔曰：「衣食足，知榮辱。夫人飢寒切己，唯恐朝夕不濟，所急者溫飽而已，何暇及於仁義之事乎？王教之多違，蓋由於此也。非夫耕婦織，內外相成，何以家給人足矣。其簡宮人非所當御及執作伎巧，自餘悉出以配鰥民。」己亥，詔北新侯安同等持節循行并、定二州及諸山居雜胡、丁零，問其疾苦，察舉守宰不法。其冤窮失職、疆弱相陵、孤寒不能自存者，各以事聞。昌黎、遼東民二千餘家內屬。

三月己未，詔侍臣帶劍。

夏四月戊寅，河東蜀民黃思、郭綜等率營部七百餘家內屬。

五月丁卯，車駕謁金陵於盛樂。己巳，昌黎王慕容伯兒謀反，伏誅。

六月，姚興遣使來聘。西河胡張賢等率營部內附。

秋七月戊申，賜衞士醽三日，布帛各有差。辛酉，賜附國大人錦罽衣服各有差。

八月戊寅，詔將軍、柬州侯尉古真統兵五千，鎮西境太洛城。

冬十二月甲戌，蠕蠕斛律宗黨吐觝于等百餘人内屬。甲午，詔南平公長孫嵩、任城公嵇拔、白馬侯崔玄伯等坐朝堂，録決囚徒，務在平當。

四年春二月癸未，登虎圈射虎，賜南平公長孫嵩等布帛各有差。

夏四月乙未，宴羣臣於西宮，使各獻直言。

秋七月己巳朔，東巡。置四廟大將，又放十二時，置十二小將。以山陽侯奚斤、元城侯元屈行左右丞相。己卯，大獼于石會山。戊子，臨去畿陂觀漁。庚寅，至于濡源。西巡，幸北部諸落，賜以繒帛。

八月庚戌，車駕還宮。壬子，幸西宮，臨板殿，大饗羣臣將吏，以田獵所獲賜之，命民大酺三日。乙卯，賜王公以下至宿衛將士布帛各有差。

冬十有一月己丑〔四〕，賜宗室近屬南陽王良已下至於總麻之親布帛各有差。

十有二月丁巳，車駕北巡，至長城而還。

是年，乞伏乾歸爲兄子公府所殺，子熾盤立。沮渠蒙遜自稱河西王。

五年春正月己巳，大閲，畿内男子十二以上悉集。己卯，幸西宮。頒拔大、渠帥四十

餘人詣闕奉貢，賜以繒帛錦罽各有差。乙酉，詔諸州六十戶出戎馬一匹。庚寅，大閱於東郊，部署將帥。以山陽侯奚斤爲前軍，衆三萬，陽平王熙等十二將，各一萬騎；帝臨白登，躬自校覽焉。

二月戊申，賜陽平王熙及諸王、公、侯、將士布帛各有差。庚戌，幸高柳川。甲寅，車駕還宮。癸丑，穿魚池於北苑〔五〕。庚午，姚興遣使來聘〔六〕。詔分遣使者巡求儁逸，其豪門疆族爲州閭所推者，及有文武才幹、臨疑能決，或有先賢世冑、德行清美、學優義博，可爲人師者，各令詣京師，當隨才敍用，以贊庶政。

夏四月，河東民薛相率部內屬。乙巳，上黨民勞聰、士臻羣聚爲盜，殺太守令長，相率外奔。乙卯，車駕西巡，詔前軍奚斤等先行，討越勤部於跋那山。

夏五月乙亥〔七〕，行幸雲中舊宮之大室。丙子，大赦天下。西河張外、建興王紹，自以所犯罪重，不敢解散。庚戌，遣元城侯元屈等率衆三千鎮并州。乙卯，詔會稽公劉潔、永安侯魏勤等率衆三千鎮西河〔八〕。

六月，西幸五原，校獵于骨羅山，獲獸十萬。濩澤劉逸自號征東將軍，三巴王，王紹爲署置官屬，攻逼建興郡。元屈等討平之。

秋七月己巳，還幸薄山。帝登觀太祖遊幸刻石頌德之處，乃於其旁起石壇而薦饗焉。

賜從者大酺於山下。奚斤等破越勤倍泥部落於跋那山西，獲馬五萬匹，牛二十萬頭，徙二萬餘家於大寧，計口受田。河西胡曹龍、張大頭等，各領部，擁眾二萬人，來入蒲子，逼脅張外於研子壘。外懼，給以牛酒，殺馬盟誓，推龍為大單于，奉美女良馬於龍。丙戌，車駕自大室西南巡諸部落，賜其渠帥繒帛各有差。遂南次定襄大落城，東踰七嶺山[九]，田於善無川。

八月癸卯，車駕還宮。癸丑，奚斤等班師。甲寅，帝臨白登，觀降民，數軍實。曹龍降，執送張外，斬之。辛未[一○]，賜征還將士牛、馬、奴婢各有差。置新民於大寧川，給農器，計口受田。丁丑，幸犲山宮。癸未，車駕還宮。

冬十月丁巳，將軍元屈、會稽公劉潔、永安侯魏勤等，擊吐京叛胡，失利，潔被傷，勤死之。

十一月癸酉，大饗于西宮。姚興遣使朝貢，來請進女，帝許之。

神瑞元年春正月辛酉，以禎瑞頻集，大赦，改元。辛巳，幸繁畤。賜王公已下至於士卒百工布帛各有差。

二月戊戌，車駕還宮。是月，赫連屈孑入寇河東蒲子，殺掠吏民，三城護軍張昌等要

擊走之。庚戌，幸犲山宮。西河胡曹成、吐京民劉初原攻殺屈子所置吐京護軍及其守三百餘人。乙卯，起豐宮於平城東北。

夏五月辛酉，車駕還宮。

六月，司馬德宗冠軍將軍、太山太守劉研弟，輔國將軍、領東平太守陽平趙鸞，廣威將軍、平昌太守羅卓，斗城屠各帥張文興等，率流民七千餘家內屬。河西胡酋劉遮、劉退孤率部落等萬餘家，渡河內屬。戊申，幸犲山宮。丁亥，車駕還宮[二]。

秋八月戊子，詔馬邑侯元陋孫使於姚興。辛丑，遣謁者悅力延撫慰蠕蠕，于什門招諭馮跋。詔平南將軍、相州刺史尉古真與司馬德宗太尉劉裕相聞[三]，使博士王諒假平南參軍將命焉。姚興遣使來聘。

冬十一月壬午，詔使者巡行諸州，校閱守宰資財，非自家所齎，悉簿為贓。詔守宰不如法，聽民詣闕告言之。

十二月丙戌朔，蠕蠕犯塞。丙申，帝北伐蠕蠕。河內人司馬順宰自號晉王。太守討捕不獲。

是歲，禿髮傉檀為乞伏熾磐所滅。

二年春正月丙辰，車駕至自北伐，賜從征將士布帛各有差。

二月丁亥，大饗于西宮，賜附國大、渠帥朝歲首者繒帛金罽各有差。庚子，河西胡劉雲等率數萬戶內附。甲辰，立太祖廟於白登之西。司馬德宗琅邪太守劉朗率二千餘家內屬。

三月，詔曰〔三〕：「刺史守宰，率多逋慢，前後怠墮，數加督罰，猶不悛改。今年賞調懸違者，謫出家財充之，不聽徵發於民。」河西飢胡屯聚上黨，推白亞栗斯為盟主，號大將軍，反於上黨，自號單于，稱建平元年，以司馬順宰為之謀主。

夏四月，詔將軍公孫表等五將討之。河南流民二千餘家內屬。眾廢栗斯而立劉虎，號率善王。司馬德宗遣使朝貢。己卯，車駕北巡。

五月丁亥，次於參合，東幸大寧。丁未，田于四岬山。

六月戊午，幸去畿陂，觀漁。辛酉，次于濡源，築立蚌臺〔四〕。射白熊於頹牛山，獲之。

丁卯，幸赤城，親見長老，問民疾苦，復租一年。南次石亭，幸上谷，問百年，訪賢俊，復田租之半。壬申，幸涿鹿，登橋山〔五〕，觀溫泉，使使者以太牢祠黃帝廟。至廣寧，登歷山，祭舜廟〔六〕。

秋七月，還宮〔七〕，復所過田租之半。

九月，關有差。河南流民前後三千餘家內屬。京師民飢，聽出山東就食。

冬十月壬子，姚興使散騎常侍、東武侯姚敞，尚書姚泰，送其西平公主來，帝以后禮納之。辛酉，行幸泇洳城。癸亥，車駕還宮。丙寅，詔曰：「古人有言，百姓足則君有餘，未有民富而國貧者也。頃者以來，頻遇霜旱，年穀不登，百姓飢寒不能自存者甚眾，其出布帛倉穀以賑貧窮。」

十有一月丁亥，幸犲山宮。庚子，車駕還宮。

泰常元年春正月甲申，行幸犲山宮。戊子，車駕還宮。

三月己丑，長樂王處文薨。常山民霍季自言名載圖讖，持一黑石以爲天賜玉印，誑惑聚黨，入山爲盜。州郡捕斬之。

夏四月壬子，大赦，改元。庚申，河間王脩薨。

六月丁巳，車駕北巡。

秋七月甲申，帝自白鹿陂西行，大獮于牛川，登釜山，臨殷繁水而南，觀于九十九泉。

戊戌，車駕還宮。

九月戊午[一八]，前并州刺史叔孫建等大破山胡。劉虎渡河東走，至陳留，爲從人所殺，

司馬順宰等皆死。司馬德宗相劉裕泝河伐姚泓，遣其部將王仲德爲前鋒，從陸道至梁城。兗州刺史尉建畏懦，棄州北渡，王仲德遂入滑臺。詔將軍叔孫建等渡河，耀威滑臺，斬尉建於城下。

冬十月壬戌，幸犲山宮。徒何部落庫傉官斌先降，後復叛歸馮跋。驍騎將軍延普渡濡水討擊，大破之，斬斌及馮跋幽州刺史、漁陽公庫傉官昌，征北將軍、關內侯庫傉官提等首，生擒庫傉官女生，縛送京師。幽州平。

十一月甲戌，車駕還宮。築蓬臺於北苑。

十二月，南陽王良薨。

是歲，姚興卒，子泓立。

二年春二月丙午，詔曰：「九州之民，隔遠京邑，時有壅滯，守宰至不以聞。今東作方興，或有貧窮失農務者。其遣使者巡行天下，省諸州，觀民風俗，問民疾苦，察守宰治行。諸有不能自申，皆因以聞。」辛酉，司馬德宗滎陽守將傅洪遣使詣叔孫建，請以虎牢降，求軍赴接。德宗譙王司馬文思遣使王良詣闕上書，請軍討劉裕。詔司徒長孫嵩率諸軍邀擊劉裕，戰於畔城，更有負捷。帝詔止諸軍，不克。

夏四月丁未，榆山丁零翟蜀率營部遣使通劉裕。馮跋使人王特兒等通於司馬德宗，章武太守捕特兒等，囚送京師。丁巳，幸高柳。壬戌，車駕還宮。

五月，汝南民胡諲等萬餘家相率內屬。乙未，司馬德宗齊郡太守王懿來降。車駕西巡，至于雲中，遂濟河，田于大漠。

秋七月，作白臺於城南，高二十丈[一九]。司馬順之入常山，流言惑眾，稱受天帝命，年二十五應爲人君，遂聚黨於封龍山。趙郡大盜趙德執送京師，斬之。

八月，劉裕滅姚泓。

九月癸酉，司馬德宗平西將軍、荊州刺史司馬休之，息譙王文思，章武王子司馬國璠、司馬道賜，輔國將軍溫楷，竟陵內史魯軌，荊州治中韓延之、殷約，平西參軍桓謐、桓璲及桓溫孫道子，勃海刁雍，陳郡袁式等數百人來降。姚泓匈奴鎮將姚成都與弟和都舉鎮來降。

冬十月己酉，詔司徒長孫嵩等還京師，遣叔孫建鎮鄴。癸丑，豫章王巑薨。

十有一月，司徒長孫嵩等諸軍至樂平。詔嵩遣娥清、周幾等與叔孫建討西山丁零翟蜀、洛支等，悉滅餘黨而還。復諸州租稅[二○]。

十有二月己酉，詔河東、河內有姚泓子弟播越民間，能有送致京師者賞之。庚申，田

于西山。癸亥,車駕還宮。氐豪徐駭奴、齊元子等擁部落三萬於雍,遣使內附,詔將軍王

洛生及河內太守楊聲等西行以應之。壬申,幸大寧長川〔二〕。姚泓尚書、東武侯姚敞,敞

弟鎮遠將軍僧光,右將軍姚定世自洛來奔。

是年,李暠卒,子歆立,遣使朝貢。

三年春正月丁酉朔,帝自長川詔護高車中郎將薛繁率高車丁零十二部大人眾北略,

至弱水〔三〕,降者二千餘人,獲牛馬二萬餘頭。河東胡、蜀五千餘家相率內屬。

三月,司馬德宗遣使來貢。庚戌,幸西宮。以范陽去年水,復其租稅。

夏四月己巳,徙冀、定、幽三州徙何於京師。

五月丙午,詔叔孫建鎮廣阿。壬子,車駕東巡,至于濡源及甘松。遣征東將軍長孫道

生、給事黃門侍郎奚觀率精騎二萬襲馮跋,又命驍騎將軍延普自幽州北趨遼西為聲勢,帝

自突門嶺待之。道生至龍城,徙其民萬餘家而還。

六月乙酉,車駕西返。

秋七月戊午,至於京師。

八月,雁門、河內大雨水,復其租稅。

九月甲寅，詔諸州調民租，戶五十石，積於定、相、冀三州。

冬十月戊辰，築宮於西苑。

是歲，司馬德宗卒，弟德文僭位。赫連屈丐僭稱皇帝。

四年正月壬辰朔，車駕臨河，大蒐于犢渚。癸卯，車駕還宮。

三月癸丑，築宮於蓬臺北。司馬德文寧朔將軍、平陽太守、匈奴護軍薛辯及司馬楚之、司馬順明、司馬道恭，並遣使請降[三]。

夏四月庚辰，車駕有事於東廟，遠藩助祭者數百國。辛巳，南巡，幸雁門。賜所過無出今年租賦。

五月庚寅朔，觀漁于㶟水。己亥，車駕還宮。復所過一年租賦。

六月，司馬德文建威將軍、河西太守、馮翊羌酋党道子遣使內屬。

秋八月辛未，東巡。遣使祭恒岳。甲申，車駕還宮。所過復一年田租。

九月，築宮於白登山[四]。

冬十有二月癸亥，西巡，至雲中，踰白道，北獵野馬於辱孤山。至于黃河，從君子津西渡，大狩於薛林山。

五年春正月丙戌朔，自薛林東還，至于屋竇城，饗勞將士，大酺二日，班禽獸以賜之。

己亥，車駕還宮。

三月丙戌，南陽王意文薨。

夏四月，河西屠各帥黃大虎、羌酋不蒙娥等遣使內附。丙寅，起灅南宮。

五月乙酉，詔曰：「宣武皇帝體道得一，天縱自然，大行大名未盡盛美〔二五〕，非所以光揚洪烈，垂之無窮也。今因啟緯圖，始覿尊號，天人之意，煥然著明。其改『宣』曰『道』，更上尊諡曰道武皇帝，以彰靈命之先啟，聖德之玄同。告祀郊廟，宣于八表。」庚戌，淮南侯司馬國璠、池陽侯司馬道賜等謀反伏誅〔二六〕。

六月丙寅，行幸羇犢山。

秋七月丁酉，西至于五原。丁未，幸雲中大室，賜從者大酺。

八月癸亥，車駕還宮。

閏月甲午，陰平王烈薨。

冬十有一月，詔驍騎將軍延普城乾城。

十有二月丁亥，杏城羌酋狄溫子率三千餘家內附。

立於敦煌。

是歲，劉裕廢殺其主司馬德文，僭自稱皇帝，號宋。李歆爲沮渠蒙遜所滅，歆弟恂自

六年春正月辛未，行幸公陽。

二月[二七]，調民二十戶輸戎馬一匹、大牛一頭。

三月甲子，陽平王熙薨。乙亥，制六部民，羊滿百口輸戎馬一匹。發京師六千人築

苑，起自舊苑，東包白登，周回三十餘里[二八]。

夏六月乙酉，獵于柞山[二九]，親射虎，獲之，遂至于河。

秋七月，西巡，北巡，至蟠羊山。

八月庚子，大獮于犢渚。

九月庚戌，車駕還宮。壬申，劉裕遣使朝貢。

冬十月己亥，行幸代。

十有二月丙申，西巡狩，至于雲中。

是歲，沮渠蒙遜滅李恂。

七年春正月甲辰朔，自雲中西行，幸屋竇城，賜從者布帛各有差，大饗于西宮。

二月丙戌，車駕還宮，賜從者大酺三日，蕃渠帥繒帛各有差。

三月乙丑，河南王曜薨。

夏四月甲戌，封皇子燾爲泰平王，燾，字佛釐，拜相國，加大將軍，丕爲樂平王，加車騎大將軍；彌爲安定王，加衛大將軍；範爲樂安王，加中軍大將軍；健爲永昌王，加撫軍大將軍；崇爲建寧王，加輔國大將軍；俊爲新興王，加鎮軍大將軍；獻懷長公主子嵇敬封長樂王，拜大司馬、大將軍。

初，帝素服寒食散，頻年動發，不堪萬機，五月，詔皇太子臨朝聽政。是月，泰平王攝政〔三〇〕。劉裕卒，子義符僭立。

秋九月，詔假司空奚斤節，都督前鋒諸軍事，爲晉兵大將軍、行揚州刺史，交阯侯周幾爲宋兵將軍、交州刺史，安固子公孫表爲吳兵將軍、廣州刺史，前鋒伐劉義符。乙巳，幸灅南宮，遂如廣寧。己酉，詔泰平王率百國以法駕田于東苑，車乘服物皆以乘輿之副。辛亥，築平城外郭，周回三十二里。辛酉，幸橋山，遣使者祠黃帝、唐堯廟。因東幸幽州，見耆年，問其所苦。分遣使者循行州郡，觀察風俗。

冬十月甲戌，車駕還宮，復所過田租之半。奚斤伐滑臺不克，帝怒，議親南討，爲其聲

魏書卷三

七二

援。

壬辰，車駕南巡，出自天門關，踰恆嶺。四方蕃附大人各率所部從者五萬餘人。

十有一月，泰平王親統六軍出鎮塞上，安定王彌與北新公安同居守。丙午，曲赦司州

殊死已下。劉義符東郡太守王景度棄滑臺走。詔成皋侯元茍兒爲兗州刺史，鎮滑臺

十有二月，遣壽光侯叔孫建等率眾自平原東渡，徇下青、兗諸郡。劉義符兗州刺史徐

琰聞渡河，棄守走，叔孫建遂東入青州。司馬愛之、秀之先聚黨濟東〔二〕，皆率眾來降。

八年正月丙辰，行幸鄴，存恤民俗。司空奚斤既平克豫，還圍虎牢，劉義符守將毛德

祖距守不下。河東蜀薛定、薛輔率五千餘家內屬。蠕蠕犯塞。

二月戊辰，築長城於長川之南，起自赤城，西至五原，延袤二千餘里，備置戍衛。

三月乙巳，帝田於鄴南韓陵山，幸汲郡，至于枋頭。乙卯，濟自靈昌津，幸陳留、東郡。

乙丑，濟河而北，西之河內，造浮橋於冶坂津。

夏四月丁卯，幸成皋城，觀虎牢。而城內乏水，懸綆汲河。帝令連艦上施轒轀，絕其

汲路，又穿地道以奪其井。遂至洛陽，觀石經。蠻王梅安率渠帥數千人來貢方物〔三〕。

閏月己未，還幸河內，北登太行，幸高都。虎牢潰〔三〕，獲劉義符冠軍將軍、司州刺史、

觀陽伯毛德祖，冠軍司馬、滎陽太守翟廣，建威將軍竇霸，振武將軍姚勇錯，振威將軍吳寶

之，司州別駕姜元興，治中竇溫。士眾大疫，死者十二三。辛酉，帝還至晉陽。班賜從官，王公已下逮於廝賤，無不霑給。

五月丙寅，還次雁門〔三四〕。皇太子率留臺王公迎于句注之北。庚寅，車駕至自南巡〔三五〕。

六月己亥，太尉、宜都公穆觀薨。丙辰，北巡，至於參合陂，遊于蟠羊山。

秋七月，幸三會屋侯泉，詔皇太子率百官以從。

八月，幸馬邑，觀于灅源。

九月乙亥，車駕還宮。詔司空奚斤還京師，昌平侯娥清、交阯侯周幾等鎮枋頭。劉義符潁川太守李元德竊入許昌，詔周幾擊之，元德遁走。幾平許昌，還軍枋頭。

冬十月癸卯，廣西宮，起外垣牆，周回二十里〔三六〕。

十有一月己巳，帝崩於西宮，時年三十二。遺詔以司空奚斤所獲軍實賜大臣，自司徒長孫嵩已下至士卒各有差。

十有二月庚子，上諡曰明元皇帝，葬于雲中金陵，廟稱太宗。

帝禮愛儒生，好覽史傳，以劉向所撰新序、說苑於經典正義多有所闕，乃撰新集三十篇，採諸經史，該洽古義，兼資文武焉。

史臣曰：太祖英雄，北驅朔漠，末年内多釁隙。明元抱純孝之心，逢梟鏡之禍，權以濟事，危而獲安，隆基固本，内和外輯。以德見宗，良無愧也。

校勘記

〔一〕魏書卷三　目録此卷注「闕」，卷末有宋人校語云：「魏收書太宗紀亡，史館舊本帝紀第三卷上有白簽云：『此卷是魏澹史。』案隋書魏澹傳，澹之義例多與魏收不同，其一曰諱皇帝名，書太子字；四曰諸國君皆書曰卒。今此卷書封皇子燾爲泰平王，燾字佛釐；姚興、李暠、司馬德宗、劉裕皆書卒。故疑爲澹史。又案北史、高氏小史、修文殿御覽皇王部皆抄略魏收書，其間事及日有此紀所不載者。北史本紀逐卷後論，全用魏收史臣語而微加增損，惟論明元，即與此紀史臣語全不同。故知非魏收史明矣。崇文總目有魏澹書一卷，今亦亡矣。豈此篇乎？『泰常七年四月，封皇子燾爲泰平王。』五月，詔皇太子臨朝聽政，是月泰平王攝政，重複不成文。其年九月、十月再書泰平王，明年五月、七月再書皇太子，前後乖戾。今據此紀，無立泰平王爲皇太子事。世祖紀云：四月封泰平王，五月爲監國，亦不言曾立爲皇太子。此紀初詔聽政，便云皇太子，後更稱泰平王。惟北史泰常七年五月立泰平王燾爲皇太子，臨朝聽政。小史、御覽亦無立皇太子事，而自臨朝聽政後，悉稱皇太子。彼蓋出魏收史，故與此不同。隋書

稱魏澹書甚簡要，不應如此重複乖戾。疑此卷雖存，亦殘缺脫誤。」今按宋人考證此紀非魏收書原文，疑是殘存的魏澹書。今取太平御覽卷一○二、北史卷一魏本紀一與此卷對校，確如宋人校語所云「其間事及日有此紀所不載者」，知宋人關於此卷非魏收書之判斷正確。宋初魏收書此紀已缺，故景德時所編册府元龜，有關諸條與今補本此紀相同，個別字句不見今補本，不知是刻本脫文，還是嘉祐六年後校刊時所據本又有殘缺。

〔二〕 壬申　北史卷一魏本紀一作「壬午」。

〔三〕 鄭兵將軍　「鄭兵」，原作「都兵」。據張元濟百衲本魏書校勘記，知百衲本之底本原作「鄭兵」，百衲本從他本改作「都兵」。按册府卷一六一也作「鄭兵」。本書卷二九奚斤傳：「太宗即位，爲鄭兵將軍」，更是確證。　今據改。

〔四〕 冬十有一月己丑　「己丑」，原作「乙丑」，據北史卷一魏本紀一改。　按是月丁卯朔，無乙丑，己丑爲二十三日。

〔五〕 甲寅車駕還宮癸丑穿魚池於北苑　「甲寅」「癸丑」，按是年二月丙申朔，甲寅十九日，癸丑十八日，失序。

〔六〕 庚午姚興遣使來聘　「庚午」上疑脫「三月」二字。按是年二月丙申朔，無庚午。通鑑卷一一六晉紀三八義熙九年三月：「……庚午，秦王興遣使至魏脩好。」是年三月丙寅朔，庚午初五日。

〔七〕 夏五月乙亥　「夏」字疑衍。按上文已言「夏四月」，此復稱「夏五月」，於例不合。

〔八〕 「庚戌」至「乙卯詔會稽公劉潔永安侯魏勤等率眾三千鎮西河」　「庚戌」「乙卯」，按五月乙丑

朔，無庚戌、乙卯。 通鑑卷一一六晉紀三八義熙九年五月乙卯胡注云：「五月無乙卯明矣，恐是己卯。」如胡注所云「庚戌」仍無着落。魏紀時誤謂六月甲午朔，庚戌十七日，乙卯二十二日，疑「庚戌」「乙卯」並六月事，下文「六月」應置於「庚戌」上。即如此，六月下「西幸五原」事亦脫干支。

〔九〕七嶺山 原作「十嶺山」，據他本及北史卷一魏本紀一、冊府卷一一二改。

〔一〇〕辛未 按是年八月癸巳朔，無辛未及下丁丑、癸未。是年九月癸亥朔，辛未初九日，丁丑十五日，癸未二十一日，日序合。魏紀時誤云：「此『辛未』上誤脫『九月』。」

〔一一〕丁亥車駕還宮 「丁亥」，按是年六月己丑朔，無丁亥。 通鑑卷一一六晉紀三八義熙十年六月：「戊申，魏主嗣如豺山宮。；丁亥，還平城。」吳玉貴資治通鑑疑年錄云：「六月後徑接八月，不書七月，或『丁亥』上漏書『七月』。」

〔一二〕平南將軍相州刺史尉古真 「尉古真」，張森楷云：「『古』當作『太』，太真是古真弟，見尉古真傳。古真未嘗爲平南、相州。」

〔一三〕三月詔曰 「三月」，北史卷一魏本紀一有「丁丑」二字。

〔一四〕築立蚨臺 「築」，北史卷一魏本紀一、御覽卷一〇二引後魏書無此字。

〔一五〕橋山 三朝本、南監本、北史卷一魏本紀一並作「嶠山」。

〔一六〕使使者以太牢祠黄帝祠至廣寧登歷山祭舜廟 北史卷一魏本紀一記述此事作：「使以太牢祠黄帝、唐堯廟。癸酉，幸廣寧，事如上谷。己卯，登廣寧之歷山，以太牢祠舜廟，帝親加禮焉。」

〔一七〕秋七月還宮 「七月」下北史卷一魏本紀一有「癸未」二字。

〔八〕九月戊午　「戊午」，按是年九月乙亥朔，無戊午。

〔九〕秋七月作白臺於城南高二十丈　北史卷一魏本紀一記述此事作：「秋七月乙亥，車駕還宮。乙酉，起白臺於城南，高二十丈。」

〔一〇〕復諸州租稅　「諸」原作一字墨釘，據三朝本、南監本、北監本、殿本補。

〔一一〕壬申幸大寧長川　「壬申」上疑脫「閏月」二字。按是年十二月戊戌朔，無壬申。通鑑卷一一八晉紀四〇義熙十三年謂「閏月，壬申，魏主嗣如大甯長川」。是年閏十二月戊辰朔，壬申初五日。

〔一二〕十二部大人衆北略至弱水　御覽卷一〇二引後魏書作「十二部大人衆二萬北至弱水招懷伐叛」。按御覽所引出於魏收書，非今補本此紀。此句「衆」下「二萬」二字不宜省，本紀亦不當書己方出軍爲「略」。

〔一三〕薛辯及司馬楚之降魏　按薛辯與司馬楚之非同時降北魏。通鑑繫司馬楚之降魏事於卷一一九宋紀一永初三年十月，當北魏泰常七年。本書卷三七司馬楚之傳云，楚之於劉裕代晉後聚衆於河南，「太宗末，山陽公奚斤略地河南，楚之遣使請降」。奚斤越河攻滑臺，此紀繫於泰常七年九、十月間，即司馬楚之傳所謂「太宗末」。此紀繫楚之降魏於本年三月，誤。

〔一四〕九月築宮於白登山　「九月」下北史卷一魏本紀一有「甲寅」二字。

〔一五〕大行大名未盡盛美　「盛」字原闕。按御覽卷一〇二引後魏書、北史卷一魏本紀一錄此詔，文字與此紀不盡同，「美」上均有「盛」字。冊府卷二九錄此詔，與此紀同，亦有「盛」字。知是脫

文，今據補。

〔二六〕淮南侯司馬國璠池陽侯司馬道賜 「淮南侯」「池陽侯」，疑爲「淮南公」「池陽子」之訛。按本書卷三七司馬休之傳云「文思與淮南公國璠、池陽子道賜不平」，同卷司馬叔璠傳稱「叔璠兄國璠」賜爵淮南公」，通鑑卷一一九宋紀一永初元年五月亦稱「魏淮南公司馬國璠、池陽子司馬道賜謀外叛」。

〔二七〕二月 此下北史卷一魏本紀一有「己亥」二字。

〔二八〕周回三十餘里 「三十餘里」，北史卷一魏本紀一、册府卷一三並作「四十餘里」。

〔二九〕柞山 他本並作「祚山」。按本書紀、傳「柞山」「祚山」互見，北史例作「柞山」，通鑑例作「柞山」，册府則「祚山」、「柞山」互見。

〔三〇〕五月詔皇太子臨朝聽政是月泰平王攝政 本卷宋人校語云，此紀上文四月只言封燾爲泰平王，不言立爲太子，此忽稱「皇太子臨朝聽政」，下又更稱「泰平王攝政」，至下文八年五月、七月條又再書「皇太子」，「前後乖戾」。本卷宋人校語云，此紀上文四月只言封燾爲泰平王，不言立爲太子，此忽稱「皇太子臨朝聽政」，下又更稱「泰平王攝政」，至下文八年五月、七月條又再書「皇太子」，「前後乖戾」。

〔三一〕司馬愛之秀之 「愛之」，本書卷二九叔孫建傳作「受之」。「秀之」，通鑑卷一一九宋紀一永初三年十二月作「季之」。

〔三二〕蠻王梅安率渠帥數千人來貢方物 「數千人」，通鑑卷一一九宋紀一景平元年四月作「數十人」。

〔三三〕閏月己未還幸河内北登太行幸高都虎牢潰 北史卷一魏本紀一記述此事作：「閏月丁未，還幸河内，北登太行，幸高都。己未，武牢潰。」通鑑卷一一九宋紀一景平元年閏月下記：「丁

未，魏主如河內，登太行，至高都」；「丁巳，魏人作地道以洩虎牢城中井」；「己未，城陷」。所記干支最爲詳盡。此紀脫去「還幸河內」之干支「丁未」，誤將虎牢城潰之「己未」置前。

〔三四〕 五月丙寅還次雁門 「丙寅」，原作「庚寅」，據三朝本、南監本、北監本、殿本、局本、北史卷一魏本紀一改。按通鑑卷一一九宋紀一景平元年五月「魏主還平城」條考異引魏帝紀改。

『五月庚寅，還次雁門』 「庚寅」，原作「庚寅」，必有一誤。按上年十月記「車駕南巡」，本年四月至虎牢而寅」，疑其有誤而不記日。按五月丙寅朔，四月辛酉二十五日明元帝自晉陽，五月一日至雁門，行程相當。若此處作「庚寅」，則是五月二十五日，自晉陽至雁門行程一月，稽留太久，且與下「庚寅，車駕至自南巡」三朝本以下作「丙寅」，亦當是依北史改。

〔三五〕 車駕至自南巡 「南巡」，原作「北巡」，據御覽卷一〇二引後魏書、通鑑卷一一九宋紀一景平元年五月「魏主還平城」條考異引魏帝紀改。按上年十月記「車駕南巡」，本年四月至虎牢而返，故稱「至自南巡」。

〔三六〕 周回二十里 此句下北史卷一魏本紀一有「是歲飢詔所在開倉振給」十字，御覽卷一〇二引後魏書有「是歲民飢詔所在開倉賑給」十一字，冊府卷一〇五亦有「泰常八年十月，以歲飢，詔所在開倉賑給」之記載。疑傳本脫去。

魏書卷四上

世祖紀第四上

世祖太武皇帝，諱燾，太宗明元皇帝之長子也，母曰杜貴嬪。天賜五年生於東宮，體貌瑰異，太祖奇而悅之，曰：「成吾業者，必此子也。」泰常七年四月，封泰平王，五月，爲監國。太宗有疾，命帝總攝百揆，聰明大度，意豁如也。八年十一月壬申〔一〕，即皇帝位，大赦天下。十有二月，追尊皇妣爲密皇后〔二〕，進司徒長孫嵩爵爲北平王，司空奚斤爲宜城王，藍田公長孫翰爲平陽王，其餘普增爵位各有差。於是除禁錮，釋嫌怨，開倉庫，賑窮乏，河南流民相率內屬者甚衆。

始光元年春正月丙寅，安定王彌薨。

夏四月甲辰，東巡，幸大寧。

秋七月，車駕還宮。

八月，蠕蠕率六萬騎人雲中，殺掠吏民，攻陷盛樂宮。赭陽子尉普文率輕騎討之，虜乃退走。詔平陽王長孫翰等擊蠕蠕別帥，破之，殺數千人，獲馬萬餘匹。語在蠕蠕傳。

九月，大簡輿徒，治兵於東郊，部分諸軍五萬騎，將北討。

冬十有二月，遣平陽王長孫翰等討蠕蠕。車駕次柞山，蠕蠕北遁，諸軍追之，大獲而還。

是年，劉義符為其臣徐羨之等所廢殺，立義符弟義隆。

二年春正月己卯，車駕至自北伐，以其雜畜班賜將士各有差。

二月，慕容渴悉隣反於北平，攻破郡治，太守與守將擊敗之。

三月丙辰，尊保母竇氏曰保太后。丁巳，以北平王長孫嵩為太尉，平陽王長孫翰為司徒，宜城王奚斤為司空。庚申，營故東宮為萬壽宮，起永安、安樂二殿、臨望觀、九華堂。初造新字千餘，詔曰：「在昔帝軒，剙制造物，乃命倉頡因鳥獸之跡以立文字。自茲以降，隨時改作，故篆隸草楷，並行於世。然經歷久遠，傳習多失其真，故令文體錯謬，會義不愜。今制定文字，世所用者，非所以示軌則於來世也。孔子曰，名不正則事不成，此之謂矣。

頒下遠近，永爲楷式。」

夏四月，詔龍驤將軍步堆、謁者僕射胡覲使於劉義隆。

五月，詔天下十家發大牛一頭，運粟塞上。

秋九月，永安、安樂二殿成，丁卯，大饗以落之。

冬十月，治兵於西郊。癸卯，車駕北伐，平陽王長孫翰等絕漠追之，蠕蠕北走。事具〈蠕蠕傳〉。

是年，赫連屈丐死，子昌僣立。

三年春正月壬申，車駕至自北伐。班軍實以賜將士，行、留各有差。乞伏熾磐遣使朝貢，請討赫連昌。

二月，起太學於城東，祀孔子，以顏淵配。

夏五月辛卯，中山公元纂進爵爲王，南安公元素復先爵常山王。

六月，幸雲中舊宮，謁陵廟；西至五原，田於陰山；東至和兜山。

秋七月，築馬射臺于長川，帝親登臺觀走馬；王公諸國君長馳射，中者賜金錦繒絮各有差。

八月，車駕還宮。劉義隆遣使朝貢。

帝以屈丐既死，諸子相攻，九月，遣司空奚斤率義兵將軍封禮、雍州刺史延普襲蒲坂，宋兵將軍周幾率洛州刺史于栗磾襲陝城。

冬十月丁巳，車駕西伐，幸雲中，臨君子津。會天暴寒，數日冰結。

十有一月戊寅，帝率輕騎二萬襲赫連昌，壬午，至其城下，徙萬餘家而還。語在昌傳。奚斤未至蒲坂，昌守將赫連乙升棄城西走。昌弟助興守長安，乙升復與助興自長安西走安定。奚斤遂入蒲坂。

至祚山，班所虜獲以賜將士各有差。

十有二月，詔斤西據長安。秦雍氐、羌皆叛昌詣斤降。武都氐王楊玄及沮渠蒙遜等皆遣使內附。

四年春正月乙酉，車駕至自西伐，賜留臺文武生口、繒帛、馬牛各有差。從人在道多死，其能到都者纔十六七。己亥，行幸幽州。赫連昌遣其弟平原公定率眾二萬向長安。

二月，車駕還宮。

三月丙子，遣高涼王禮鎮長安。詔執金吾桓貸造橋於君子津。丁丑，廣平王連薨。

帝聞之，乃遣就陰山伐木，大造攻具。

夏四月丁未，詔員外散騎常侍步堆、謁者僕射胡覲等使於劉義隆。是月，治兵講武，分諸軍，司徒長孫翰、廷尉長孫道生、宗正娥清三萬騎爲前驅，常山王素、太僕丘堆、將軍元太毗步兵三萬爲後繼，南陽王伏真、執金吾桓貸、將軍姚黃眉步兵三萬攻城器械，將軍賀多羅精騎三千爲前候。

五月，車駕西討赫連昌。辛巳，濟君子津。三城胡酋鵲子相率內附。帝次拔隣山，築城，舍輜重，以輕騎三萬先行。戊戌，至于黑水，帝親祈天告祖宗之靈而誓衆焉。

六月甲辰，昌引衆出城，大破之。事在昌傳。昌將麾下數百騎西南走，奔上邽〔三〕，諸軍乘勝追至城北，死者萬餘人，臨陣殺昌弟河南公滿及其兄子蒙遜。會日暮，昌尚書僕射問至拔城〔四〕，夜將昌母出走。乙巳，車駕入城，虜昌羣弟及其諸母、姊妹、妻妾、宮人萬數，府庫珍寶車旗器物不可勝計，擒昌尚書王買、薛超等及司馬德宗將毛脩之、秦雍人士數千人，獲馬三十餘萬匹、牛羊數千萬。以昌宮人及生口、金銀、珍翫、布帛班賚將士各有差。昌弟平原公定拒司空奚斤於長安城，娥清率騎五千討之，西走上邽。辛酉，班師，留常山王素、執金吾桓貸鎮統萬。

秋七月己卯，築壇於祚嶺，戲馬馳射，賜射中者金錦繒絮各有差。蠕蠕寇雲中，聞破赫連昌，懼而還走。

八月壬子，車駕至自西伐，飲至策勳，告於宗廟，班軍實以賜留臺百寮，各有差。

九月丁酉，安定民舉城歸降。

冬十有一月，以氐王楊玄爲都督荊梁益寧四州諸軍事、假征南大將軍、梁州刺史、南秦王。

十有二月，行幸中山，守宰貪污免者十數人。癸卯，車駕還宮。復所過田租之半。

神䴥元年春正月，以天下守令多行非法，精選忠良悉代之。辛未，京兆王黎薨。

二月，改元。赫連昌退屯平涼。司空奚斤進軍安定，將軍丘堆爲昌所敗，監軍侍御史安頡出戰，擒昌。昌餘衆立昌弟定爲王，走還平涼。

三月癸酉，詔侍中古弼迎赫連昌。辛巳，弼等以昌至于京師。司空奚斤追定於平涼馬髦嶺，爲定所擒。丘堆先守輜重在安定，聞斤敗，棄甲東走蒲坂。帝聞大怒，詔安頡斬堆。

夏四月，赫連定遣使朝貢，帝詔諭之。壬子，西巡。戊午，田于河西。大赦天下。南秦王楊玄遣使朝貢。

六月丁酉，并州胡酋卜田謀反伏誅，餘衆不安。詔淮南公王倍斤鎮廬虒，撫慰之。甲

寅,行幸長川。

秋七月,車駕還宮。

八月,東幸廣寧,臨觀溫泉。以太牢祭黃帝、堯、舜廟。蠕蠕大檀遣子將萬餘騎入塞。事具蠕蠕傳。上郡休屠胡酋金崖率部內屬。

九月,車駕還宮。上洛巴渠泉午觸等萬餘家內附。

冬十月甲辰,北巡。壬子,田于牛川。劉義隆淮北鎮將王仲德遣步騎二千餘人寇濟陽、陳留。是月,車駕還宮。

閏月辛巳,義隆又遣將王玄謨、兗州刺史竺靈秀步騎二千人寇滎陽,將襲虎牢。豫州遣軍逆擊走之。上郡屠各隗詰歸率萬餘家內屬。定州丁零鮮于臺陽、翟喬等二千餘家叛入西山,劫掠郡縣,州軍討之,失利。詔鎮南將軍、壽光侯叔孫建擊之。

十有一月,行幸河西,大校獵。

十有二月甲申,車駕還宮。

是歲,皇子晃生。乞伏熾盤死,子暮末僭立。沮渠蒙遜遣使朝貢。

二年春正月,赫連定弟酒泉公儁自平涼來奔。丁零鮮于臺陽等歸罪,詔赦之。

二月，上黨李禹聚眾殺太守，自稱無上王，署置將帥。河內守將擊破之。禹亡走入山，為人執送，斬之。

夏四月，治兵于南郊。劉義隆遣使朝貢。庚寅，車駕北伐，以太尉、北平王長孫嵩，衛尉、廣陵公樓伏連留守京師，從東道與長孫翰等期會於賊庭。

五月丁未，次于沙漠，舍輜重，輕騎兼馬，至栗水，蠕蠕震怖，焚燒廬舍，絕跡西走。事具蠕蠕傳。是月，赫連定來侵統萬，東至侯尼城而還。

秋七月，車駕東轅。至黑山，校數軍實，班賜王公將士各有差。

八月，帝以東部高車屯巳尼陂，詔左僕射安原率騎萬餘討之。事具蠕蠕傳。

冬十月，振旅凱旋于京師，告於宗廟。列置新民於漠南，東至濡源，西暨五原、陰山，竟三千里。詔司徒平陽王長孫翰、尚書令劉潔、左僕射安原、侍中古弼鎮撫之。

十有一月，西巡狩，田于河西，至祚山而還。

三年春正月庚子，車駕還宮。壬寅，大赦天下。癸卯，行幸廣寧，臨溫泉，作溫泉之歌。

二月丁卯，司徒、平陽王長孫翰薨。戊辰，車駕還宮。

三月壬寅，進會稽公赫連昌為秦王。癸卯，雲中、河西敕勒千餘家叛。尚書令劉絜追滅之。帝聞劉義隆將寇邊，乃詔冀、定、相三州造船三千艘，簡幽州以南戍兵集于河上以備之。

夏四月甲子，行幸雲中。敕勒萬餘落叛走。詔尚書封鐵追討滅之。

五月戊戌，詔曰：「夫士之為行，在家必孝，處朝必忠，然後身榮於時，名揚後世矣。近遣尚書封鐵翦除亡命，其所部將士有盡忠竭節以殞軀命者，今皆追贈爵號；或有蹈鋒履難以自效者，以功次進位；或有故違軍法私離幢校者，以軍法行戮。夫有功蒙賞，有罪受誅，國之常典，不可暫廢。自今以後，不善者可以自改。其宣敕內外，咸使聞知。」

六月，詔平南大將軍、假丹陽王太毗屯于河上，以司馬楚之為安南大將軍、琅邪王，屯潁川。

秋七月己亥，詔曰：「昔太祖撥亂，制度草刱，太宗因循，未遑改作，軍國官屬，至乃闕然。今諸征鎮將軍、王公仗節邊遠者，聽開府辟召；其次，增置吏員。」庚子，詔大鴻臚卿杜超假節、都督冀定相三州諸軍事、行征南大將軍、太宰，進爵為王，鎮鄴，為諸軍節度。

八月，清河羣盜殺太守。劉義隆將到彥之，自清水入河，泝流西行。帝以河南兵少，詔攝四鎮。乃治兵，將西討。丙寅，到彥之遣將渡河攻治坂，冠軍將軍安頡督諸軍擊破

之，斬首五千餘級，投水死者甚眾。甲戌，行幸南宮，獵于南山。戊寅，詔征西大將軍長孫道生屯于河上。

九月己丑，赫連定遣弟謂以代寇鄜城，平西將軍、始平公隗歸等率諸軍討之，擒賊將王卑，殺萬餘人，謂以代遁走。癸卯，立密皇太后廟于鄴。甲辰，行幸平涼。乙亥，冠軍將軍安頡濟河，攻洛陽，丙子，拔之，擒義隆將二十人，斬首五千級。時河北諸軍會于七女津，彥之恐南度，遣將王蟠龍泝流欲盜官船，征南大將軍杜超等擊破，斬之。辛巳，安頡平虎牢，義隆司州刺史尹沖墜城死。

十有一月乙酉，車駕至平涼。先是，赫連定將數萬人東禦於鄜城，留其弟上谷公社于、廣陽公度洛孤城守。帝至平涼，登北原，使赫連昌招諭之，社于不降。詔安西將軍古弼等擊安定，攻平涼。定聞之，棄鄜城，入于安定，自率步騎三萬從鶉觚原將救平涼，與弼相遇，弼擊之，殺數千人，乃還走。詔諸軍四面圍之。

甲午，壽光侯叔孫建、汝陰公長孫道生濟河，到彥之、王仲德從清入濟，東走青州，義隆兗州刺史竺靈秀棄須昌，南奔湖陸。

丁酉，定乏水，引眾下原，詔武衛將軍丘眷擊之，定眾大潰，死者萬餘人。定中重創，

單騎遁走。獲定弟丹陽公烏視拔、武陵公禿骨及公侯百餘人。是日，諸將乘勝進軍，遂取

安定。定從兄東平公乙升棄城奔長安，劫掠數千家，西奔上邽。

戊戌，叔孫建大破竺靈秀於湖陸，殺獲五千餘人。

己亥，帝幸安定，獲乞伏熾磐質子及定車旗，簿其生口、財畜，班賜將士各有差。庚

子，帝自安定還臨平涼，遂掘塹圍守之。行幸紐城，安慰初附，赦秦雍之民，賜復七年。定

隴西守及將士數千人來降。

辛丑，冠軍將軍安頡率諸軍攻滑臺。琅邪王司馬楚之破劉義隆將於長社。沮渠蒙遜

遣使朝貢。壬寅，封壽光侯叔孫建為丹陽王。

十有二月丁卯，定弟社于、度洛孤面縛出降，平涼平，收其珍寶。定長安、臨晉、武功

守將皆奔走，關中平。壬申，車駕東還，留巴東公延普等鎮安定。

是歲，馮跋死，弟文通僭立。

四年春正月壬午，車駕次于木根山，大饗羣臣，賜布帛各有差。丙申，劉義隆將檀道

濟、王仲德從清水救滑臺，丹陽王叔孫建、汝陰公長孫道生拒之，道濟等不敢進。是月，乞

伏慕末為赫連定所滅。

二月辛酉，安頡、司馬楚之平滑臺，擒義隆將朱脩之、李元德及東郡太守申謨。癸酉，車駕還宮，飲至策勳，告於宗廟，賜留臺百官各有差，戰士賜復十年。丁丑，行幸南宮。定州民飢，詔啓倉以賑之。義隆將檀道濟、王仲德東走，諸將追之，至歷城而還。

三月庚戌，冠軍將軍安頡獻義隆俘萬餘人，甲兵三萬。

夏五月庚寅，行幸雲中。

六月，赫連定北襲沮渠蒙遜，為吐谷渾慕璝所執。

閏月乙未，蠕蠕國遣使朝獻。詔散騎侍郎周紹使于劉義隆。

秋七月己酉，行幸河西，起承華宮。

八月乙酉，沮渠蒙遜遣子安周入侍。吐谷渾慕璝遣使奉表，請送赫連定。己丑，以慕璝為大將軍、西秦王。

九月癸丑，車駕還宮。庚申，加太尉長孫嵩柱國大將軍，特進、左光祿大夫崔浩為司徒，征西大將軍長孫道生為司空。癸亥，詔兼太常李順持節拜河西王沮渠蒙遜為假節、加侍中、都督涼州及西域羌戎諸軍事、行征西大將軍、太傅、涼州牧、涼王。

壬申，詔曰：「頃逆命縱逸，方夏未寧，戎車屢駕，不遑休息。今二寇摧殄，士馬無為，方將偃武修文，遵太平之化，理廢職，舉逸民，拔起幽窮，延登儁乂，昧旦思求，想遇師輔，

雖殷宗之夢板築，罔以加也〔五〕。訪諸有司，咸稱范陽盧玄、博陵崔綽、趙郡李靈、河間邢穎、勃海高允、廣平游雅、太原張偉等，皆賢儁之冑，冠冕州邦，有羽儀之用。詩不云乎，『鶴鳴九皋，聲聞于天』，庶得其人，任之政事，共臻邕熙之美。易曰：『我有好爵，吾與爾縻之。』如玄之比，隱跡衡門，不耀名譽者，盡敕州郡以禮發遣。」遂徵玄等及州郡所遣，至者數百人，皆差次敍用。

冬十月戊寅，詔司徒崔浩改定律令。行幸漠南。

十一月丙辰，北部敕勒莫弗庫若于，率其部數萬騎，驅鹿數百萬，詣行在所，帝因而大狩以賜從者，勒石漠南，以記功德。宜城王奚斤，坐事降爵為公。

十二月丁丑，車駕還宮。

延和元年春正月丙午，尊保太后為皇太后，立皇后赫連氏，立皇子晃為皇太子，謁于太廟，大赦，改年。

己巳，詔曰：「朕以眇身，獲奉宗廟，思闡洪基，廓清九服。遭值季運，天下分崩。是用屢征，罔或寧息，自始光至今，九年之間，戎車十舉。羣帥文武，荷戈被甲，櫛風沐雨，蹈履鋒刃，與朕均勞。賴神祇之助，將士宣力，用能摧折彊豎，克翦大憝。兵不極武，而二寇

俱滅;師不違律,而退方以寧。加以時氣和洽,嘉瑞並降,遍於郡國,不可勝紀,豈朕一人,獨應此祐,斯亦羣后協同之所致也。公卿因茲,稽諸天人之會,請建副貳。夫慶賞之行,所以褒崇勳舊,旌顯賢能,以永無疆之休,其王公將軍以下,普增爵秩,啓國承家,修廢官,舉僬逸,蠲除煩苛,更定科制,務從輕約,除故革新,以正一統。羣司當深思效績,直道正身,立功立事,無或懈怠,稱朕意焉。」

二月丙子,行幸南宮。

三月丁未,追贈夫人賀氏爲皇后。壬申,西秦王吐谷渾慕璝,送赫連定於京師。

夏五月,大簡輿徒于南郊,將討馮文通。劉義隆遣使朝貢。

六月庚寅,車駕伐和龍。詔尚書左僕射安原等屯于漠南,以備蠕蠕。辛卯,兼散騎常侍鄧穎使於劉義隆。

秋七月己未,車駕至濡水。庚申,遣安東將軍、宜城公奚斤發幽州民及密雲丁零萬餘人,運攻具,出南道,俱會和龍。帝至遼西,文通遣其侍御史崔聘奉獻牛酒。己巳,車駕至和龍,臨其城。文通石城太守李崇、建德太守王融十餘郡來降,發其民三萬人穿圍塹以守之。是月,築東宮。

八月甲戌,文通使數萬人出城挑戰,昌黎公元丘與河間公元齊擊破之,死者萬餘人。

魏書卷四上

九四

文通尚書高紹率萬餘家保羌胡固。己卯，車駕討紹，辛巳，斬之。詔平東將軍賀多羅攻文通帶方太守慕容玄於猴固，撫軍大將軍、永昌王健攻建德，驃騎大將軍、樂平王丕攻冀陽，皆拔之，虜獲生口，班賜將士各有差。

九月乙卯，車駕西還。徙營丘、成周、遼東、樂浪、帶方、玄菟六郡民三萬家于幽州，開倉以賑之。

冬十月癸酉，車駕至濡水。吐谷渾慕璝遣使朝貢。

十有一月乙巳，車駕至自伐和龍。

十有二月己丑，馮文通長樂公崇及其母弟朗、朗弟邈[六]，以遼西內屬。文通遣將封羽圍遼西。

先是，辟召賢良，而州郡多逼遣之。詔曰：「朕除偽平暴，征討累年，思得英賢，緝熙治道，故詔州郡搜揚隱逸，進舉賢俊。古之君子，養志衡門，德成業就，才爲世使。或雍容雅步，三命而後至。或棲棲遑遑，負鼎而自達。雖徇尚不同，濟時一也。諸召人皆當以禮申諭，任其進退，何逼遣之有也！此刺史守宰宣揚失旨，豈復光益，乃所以彰朕不德。自今以後，各令鄉閭推舉，守宰但宣朕虛心求賢之意。既至，當待以不次之舉，隨才文武，任之政事。其明宣敕，咸使聞知。」

是年，禿髮傉檀子保周棄沮渠蒙遜來奔，以保周爲張掖公。

二年春正月乙卯，撫軍大將軍、永昌王健督諸軍救遼西。丙寅，以樂安王範爲假節、加侍中、都督秦雍梁涇益五州諸軍事、衞大將軍、儀同三司，鎮長安。

二月庚午，詔兼鴻臚卿李繼持節假馮崇車騎大將軍、遼西王，承制聽置尚書已下；賜崇功臣爵秩各有差。征西將軍金崖與安定鎮將延普及涇州刺史狄子玉爭權構隙，舉兵攻普，不克，退保胡空谷，驅掠平民，據險自固。詔散騎常侍、平西將軍、安定鎮將陸俟討獲之。壬午，行幸河西。詔兼散騎常侍宋宣使於劉義隆。丙申，馮崇母弟朗來朝。

三月，司馬德宗驃騎將軍司馬元顯子天助來降。壬子，車駕還宮。

夏五月己亥，行幸山北。

六月，遣撫軍大將軍、永昌王健，尚書左僕射安原督諸軍討和龍。將軍樓勃別將五千騎圍凡城〔七〕，文通守將封羽以城降，收其民三千餘家。辛巳，詔樂安王範發秦、雍兵一萬人，築小城於長安城內。

秋八月，遼西王馮崇上表，求說降其父，帝不聽。

九月，劉義隆遣使朝貢，奉馴象一。戊午，詔兼大鴻臚卿崔賾持節拜征虜將軍楊難當

為征南大將軍、儀同三司，封南秦王。

冬十月，南秦王楊難當率眾圍漢中。

十有一月甲寅，車駕自山北還宮。

十有二月己巳，大赦天下。辛未，幸陰山之北。隴西休屠王弘祖率眾內屬。金崖既死，部人立崖從弟當川領其眾。詔兼散騎常侍盧玄使於劉義隆。

是歲，沮渠蒙遜死，以其子牧犍為車騎將軍，改封河西王。

三年春正月乙未，車駕次于女水，大饗羣臣，班賜各有差。戊戌，馮文通遣其給事黃門侍郎伊臣乞和，帝不許。丙辰，金當川反。楊難當克漢中，送雍州流民七千家于長安。

二月丁卯，蠕蠕吳提奉其妹，并遣其異母兄禿鹿傀及左右數百人朝貢，獻馬二千匹。蠕蠕陸梁於漠北，鐵弗肆虐於三秦。

戊寅，詔曰：「朕承統之始，羣凶縱逸，四方未賓，所在逆僭。故頻年屢征，有事西、北，運輸之役，百姓勤勞，廢失農業，遭離水旱，致使生民貧富不均，未得家給人足，或有寒窮不能自贍者，朕甚愍焉。今四方順軌，兵革漸寧，宜寬徭賦，與民休息。其令州郡縣隱括貧富，以為三級，其富者租賦如常，中者復二年，下窮者復三年。刺史守宰當務盡平當，

不得阿容以罔政治。明相宣約，咸使聞知。」辛卯，車駕還宮。

三月甲寅，行幸河西。

閏月甲戌，秦王赫連昌叛走。丙子，河西候將格殺之。驗其謀反，羣弟皆伏誅。己卯，車駕還宮。彭城公元栗進爵爲王[八]。辛巳，馮文通遣尚書高顒上表稱藩，詔徵其侍子。戊子，金當川率其衆圍西川侯彭文暉於陰密。夏四月乙未，詔征西大將軍常山王素討當川。丁未，行幸河西。壬戌，獲當川，斬之于長安以徇。

六月甲辰，車駕還宮。辛亥，撫軍大將軍、永昌王健，司空、汝陰公長孫道生，侍中古弼，督諸軍討和龍。芟其禾稼，徙民而還。

秋七月辛巳，東宮成，備置屯衞，三分西宮之一。壬午，行幸美稷，遂至隰城。命諸軍討山胡白龍于西河。

九月戊子，克之，斬白龍及其將帥，屠其城。

冬十月癸巳，蠕蠕國遣使朝貢。甲午，破白龍餘黨于五原。詔山胡爲白龍所逼及歸降者，聽爲平民。諸與白龍同惡，斬數千人，虜其妻子，班賜將士各有差。

十有一月，車駕還宮。

十有二月甲辰，行幸雲中。

太延元年春正月壬午，降死刑已下各一等。癸未，出太祖、太宗宮人，令得嫁。甲申，大赦，改年。

二月庚子，蠕蠕、焉耆、車師諸國各遣使朝獻。詔長安及平涼民徙在京師，其孤老不能自存者，聽還鄉里。丁未，車駕還宮。

三月癸亥，馮文通遣大將渴燭渾朝獻，辭以子疾。

夏五月庚申，進宜都公穆壽爲宜都王，汝陰公長孫道生爲上黨王，宜城公奚斤爲恒農王，廣陵公樓伏連爲廣陵王，本官各如故。遣使者二十輩使西域。甲戌，行幸雲中。

六月甲午，詔曰：「頃者寇逆消除，方表漸晏，思崇政化，敷洪治道，是以屢詔有司，班宣恩惠，綏理百揆。羣公卿士師尹牧守，或未盡導揚之美，致令陰陽失序，和氣不平，去春小旱，東作不茂。憂勤克己，祈請靈祇，上下咸秩。豈朕精誠有感，何報應之速，雲雨震灑，流澤霑渥。有鄴婦人持方寸玉印，詣潞縣侯孫家，既而亡去，莫知所在。玉色鮮白，光照內映。印有三字，爲龍鳥之形，要妙奇巧，不類人迹，文曰『旱疫平』。推尋其理，蓋神靈之報應也。朕用嘉焉。比者已來，禎瑞仍臻：所在甘露流液，降於殿內；嘉瓜合蒂，生于

中山;;野木連理,殖於魏郡,在先后載誕之鄉;;白鷰集于盛樂舊都,玄鳥隨之,蓋有千數;;天降嘉

嘉禾頻歲合秀於恒農,白雉、白兔並見於勃海,白雉三隻又集於平陽太祖之廟。

貺,將何德以酬之。所以內省驚震,欣懼交懷。其令天下大酺五日,禮報百神,守宰祭界

內名山大川,上答天意,以求福禄。」丙午,高麗、鄯善國並遣使朝獻。戊申,詔驃騎大將

軍、樂平王丕等五將率騎四萬東伐文通。

秋七月,田於柸楊。己卯,丕等至於和龍,徙男女六千口而還。

八月丙戌,遂幸河西。粟特國遣使朝獻。

九月甲戌,車駕還宮。

冬十月癸卯,尚書左僕射安原謀反伏誅。甲辰,行幸定州,次于新城宮。

十有一月乙丑,行幸冀州。己巳,校獵于廣川。丙子,行幸鄴,祀密太后廟。諸所過,

對問高年,褒禮賢俊。

十有二月甲申,詔曰:「操持六柄,王者所以統攝;;平政理訟,公卿之所司存。勸農平

賦,宰民之所專急;;盡力三時,黔首之所克濟。各修其分,謂之有序,今更不然,何以為

治?越職侵局,有紊綱紀;;上無定令,民知何從?自今以後,亡匿避難,羇旅他鄉,皆當

歸還舊居,不問前罪。民相殺害,牧守依法平決,不聽,私輒報者[九]誅及宗族;;鄰伍相

助，與同罪。州郡縣不得妄遣吏卒，煩擾民庶。若有發調，縣宰集鄉邑三老計貲定課，哀多益寡，九品混通，不得縱富督貧，避彊侵弱。太守覆檢能否，覈其殿最，列言屬州。刺史明考優劣，抑退姦吏，升進貞良，歲盡舉課上臺。牧守荷治民之任，當宣揚恩化，奉順憲典，與國同憂。直道正身，肅居官次，不亦善乎？」癸卯，遣使者以太牢祀北岳。

二年春正月甲寅，車駕還宮。

二月戊子，馮文通遣使朝貢，求送侍子，帝不許。壬辰，遣使者十餘輩詣高麗、東夷諸國，詔諭之。

三月丙辰，劉義隆遣使朝貢。辛未，平東將軍娥清、安西將軍古弼，率精騎一萬討馮文通，平州刺史元嬰又率遼西將軍會之〔一〇〕。文通迫急，求救於高麗，高麗使其大將葛蔓盧以步騎二萬人迎文通。甲戌，以閭鎮虎牢〔一一〕。

夏四月甲申，皇子小兒、苗兒並薨〔一二〕。

五月乙卯，馮文通奔高麗。戊午，詔散騎常侍封撥使高麗，徵送文通。丁卯，行幸河西。

赫連定之西也，楊難當竊據上邽。秋七月庚戌，詔驃騎大將軍、樂平王丕等督河西、

高平諸軍討之。詔散騎侍郎、廣平子游雅等使於劉義隆。

八月丁亥，遣使六輩使西域。帝校獵于河西。詔廣平公張黎發定州七郡一萬二千人，通莎泉道。甲辰，高車國遣使朝獻。

九月庚戌，驃騎大將軍、樂平王丕等至略陽，難當奉詔攝上邽守。高麗不送文通，遣使奉表，稱當與文通俱奉王化。帝以高麗違詔，議將擊之，納樂平王丕計而止。

冬十有一月己酉，行幸�陽，驅野馬於雲中，置野馬苑。

閏月壬子，車駕還宮。乙丑，潁川王提改封武昌王。河西王沮渠牧犍遣使朝貢。

是歲，吐谷渾慕瑰死。

三年春正月癸未，征東大將軍、中山王纂薨。戊子，太尉、北平王長孫嵩薨。乙巳，鎮南大將軍、丹陽王叔孫建薨。

二月乙卯，行幸幽州，存恤孤老，問民疾苦；還幸上谷，遂至代。所過復田租之半。

三月丁丑，以南平王渾爲鎮東大將軍、儀同三司，鎮和龍。己卯，輿駕還宮。癸巳，龜茲、悅般、焉耆、車師、粟特、疏勒、烏孫、渴槃陁、鄯善諸國各遣使朝獻。丁酉，劉義隆遣使

高麗、契丹國並遣使朝獻。

朝貢。

夏五月己丑,詔曰:「方今寇逆消殄,天下漸晏。比年以來,屢詔有司,班宣惠政,與民寧息。而內外羣官及牧守令長,不能憂勤所司,糾察非法,廢公帶私,更相隱置,濁貨爲官,政存苟且。夫法之不用,自上犯之,其令天下吏民,得舉告守令不如法者。」丙申,行幸雲中。

秋七月戊子,使撫軍大將軍、永昌王健,司空、上黨王長孫道生,討山胡白龍餘黨於西河,滅之。

八月甲辰,行幸河西。

九月甲申,車駕還宮。丁酉,遣使者拜西秦王慕璝弟慕利延爲鎮西大將軍、儀同三司,改封西平王。

冬十月癸卯,行幸雲中。甲申,破洛那、者舌國各遣使朝獻,奉汗血馬。

十有一月壬申,車駕還宮。

是歲,河西王沮渠牧犍世子封壇來朝。

四年春三月庚辰,鄯善王弟素延耆來朝。癸未,罷沙門年五十已下。江陽王根薨。

是月，高麗殺馮文通。

夏五月戊寅，大赦天下。丙申，行幸五原。

秋七月壬午，車駕北伐。

冬十月乙丑，大饗六軍。事具蠕蠕傳。

十二月丁巳，車駕至自北伐。上洛巴泉羣等相率內附。詔兼散騎常侍高推使劉義隆[二]。

五年春正月庚寅，行幸定州。

三月丁卯，詔衞大將軍、樂安王範遣雍州刺史葛那取上洛，劉義隆上洛太守鐔長生棄郡走。辛未，車駕還宮。庚寅，以故南秦王世子楊保宗爲征南大將軍、秦州牧、武都王，鎮上邽。

夏四月丁酉，鄯善、龜茲、疏勒、焉耆諸國遣使朝獻。

五月丁丑，治兵於西郊。癸未，遮逸國獻汗血馬。

六月甲辰，車駕西討沮渠牧犍，侍中、宜都王穆壽輔皇太子決留臺事；大將軍、長樂王嵇敬，輔國大將軍、建寧王崇二萬人屯漠南，以備蠕蠕。

秋七月己巳，車駕至上郡屬國城，大饗羣臣，講武馬射。壬午，留輜重，分部諸軍：撫軍大將軍、永昌王健，尚書令、鉅鹿公劉潔諸軍[四]與常山王素二道並進，為前鋒；驃騎大將軍、樂平王丕，太宰、陽平王杜超，督平涼、酈城諸軍為後繼。

八月甲午，永昌王健獲牧犍牛馬畜產二十餘萬。牧犍遣弟董來率萬餘人拒戰於城南，望塵退走。丙申，車駕至姑臧，牧犍兄子祖踰城來降，乃分軍圍之。

九月丙戌，牧犍兄子萬年率麾下來降。是日，牧犍與左右文武五千人面縛軍門，帝解其縛，待以藩臣之禮。收其城內戶口二十餘萬，倉庫珍寶不可稱計。進張掖公禿髮保周爵為王，與龍驤將軍穆罷、安遠將軍源賀分略諸郡，雜人降者亦數十萬。牧犍弟張掖太守宜得，燒倉庫，西奔酒泉；樂都太守安周南奔吐谷渾。遣鎮南將軍奚眷討張掖，遂至酒泉，牧犍弟酒泉太守無諱及宜得復奔晉昌。使弋陽公元潔守酒泉。鎮北將軍封沓討樂都，掠數千家而還。班賜將士各有差。戊子，蠕蠕犯塞，遂至七介山，京師大駭。皇太子命上黨王長孫道生等拒之。事具蠕蠕傳。

冬十月辛酉，車駕東還，徙涼州民三萬餘家于京師。留驃騎大將軍、樂平王丕，征西將軍賀多羅鎮涼州。癸亥，遣張掖王禿髮保周諭諸部鮮卑，保周因率諸部叛於張掖。

十有一月乙巳，劉義隆遣使朝獻，并獻馴象一。是月，高麗及粟特、渴盤陀、破洛那、

悉居半諸國各遣使朝獻。

十有二月壬午，車駕至自西伐，飲至策勳，告於宗廟。楊難當寇上邽，鎮將元勿頭擊走之〔二五〕。

是歲，鄯善、龜茲、疏勒、焉耆、高麗、粟特、渴盤陀、破洛那、悉居半等國並遣使朝貢〔二六〕。

校勘記

〔一〕　八年十一月壬申　「十一月」，原作「十月」，據北史卷二魏本紀二、御覽卷一○二引後魏書、册府卷八三改。按本書卷三太宗紀，明元帝十一月己巳（初六日）去世，壬申（初八日）拓跋燾即位，事理、日序俱合。

〔二〕　追尊皇妣爲密皇后　「密皇后」，他本及北史卷二魏本紀二、册府卷二九並作「密皇太后」。本卷神䴥三年九月亦云：「立密皇太后廟于鄴。」疑此處脱去「太」字。

〔三〕　上邽　據張元濟百衲本魏書校勘記，百衲本之底本作「上封」，百衲本據他本改。按魏避拓跋珪諱，改「上邽」爲「上封」，見本書卷一○六下地形志下秦州天水郡上封條。本書作「上邽」者皆後人所改。但「上邽」乃漢以來舊名，「上封」只行於北魏，今不回改。

（四）昌尚書僕射問至 「問至」，冊府卷一一六作「呂至」。

（五）罔以加也 「加」，原作「知」，據三朝本、南監本、北監本、殿本改。

（六）馮文通長樂公崇及其母弟朗弟遜 「長樂公」上北史卷二魏本紀二有「子」字。殿本考證云：「考列傳，崇、朗、遜皆文通子也，加一『子』字義較明。」

（七）凡城 原作「瓦城」，據本書卷九七海夷馮跋傳附馮文通傳、通鑑卷一二三宋紀四元嘉十年六月改。按三國志卷三〇魏書烏丸傳，曹操攻烏丸，「蹋頓將衆逆戰於凡城」。晉書卷一四地理志上平州有凡城，同書卷一〇九慕容皝載記稱慕容恪敗石虎，恪「築成凡城而還」。凡城又見水經注卷一四濡水。城當自盧龍出塞至和龍之要道。

（八）彭城公元栗進爵爲王 「元栗」，汲本、局本並作「元粟」。按本書卷一五遼西公意烈弟彭城公勃，勃長子粟襲，「征和龍，以功進封爲王」。即其人。「栗」「粟」易訛，紀、傳相歧，當有一誤。

（九）不聽私輒報者 冊府卷一五六、卷六三五作「不聽私輒報復敢有報者」。

（一〇）平州刺史元要又率遼西將軍會之 張森楷云：「『又』當作『文』，神元子孫傳有建德公嬰文以護東夷校尉鎮遼西者，當即其人。」張說疑是，然通鑑卷一二三宋紀五元嘉十三年三月辛未云「平州刺史拓跋嬰帥遼西諸軍會之」，雖回改舊姓拓跋，名仍單稱「嬰」，司馬光所見魏書或與傳本同。「將軍」，通鑑作「諸軍」，疑是。

（二）甲戌以闞鎮虎牢　按本書卷一六陽平王熙傳附淮南王他傳，元他從討山胡白龍，後「除使持節、都督豫洛河南諸軍事、鎮南大將軍、開府儀同三司，鎮虎牢」。太武親征山胡白龍，據此紀在延和三年，時間大致相符。疑此處所闕爲淮南王他爲某官等字。

（三）皇子小兒苗兒　「苗兒」，本書卷一八太武五王傳並、北史卷一六太武五王傳並作「貓兒」。

（三）詔兼散騎常侍高推使劉義隆　「高推」，原作「高雅」，據冊府卷一四二改。按本書卷四八高允傳，弟推，太延中「兼散騎常侍使劉義隆」，即此人無疑。推字仲讓，名字相應，「雅」乃形近而訛。

（四）撫軍大將軍永昌王健尚書令鉅鹿公劉潔諸軍　「諸軍」上冊府卷二一六有「督」字。

（五）楊難當寇上邽鎮將元勿頭擊走之　「元勿頭」，本書卷五一呂羅漢傳、北史卷三七呂羅漢傳、冊府卷八四七並作「元意頭」，通鑑卷一二三宋紀五元嘉十六年十二月作「拓跋意頭」。

（六）是歲鄯善龜茲至悉居半等國並遣使朝貢　按凡稱「是歲」云云，均是分月記載所未及。鄯善等國使魏事，已見上四月及十一月，此處疑爲後人據北史卷二魏本紀二誤增。

魏書卷四下

世祖紀第四下

太平真君元年春正月己酉，沮渠無諱圍酒泉。辛亥，分遣侍臣巡行州郡，觀察風俗，問民疾苦。壬子，無諱誘執弋陽公元潔。

二月己巳，詔假通直常侍邢穎使於劉義隆。發長安五千人浚昆明池。

三月，酒泉陷。

夏四月庚辰，無諱寇張掖，禿髮保周屯于删丹。丙戌，詔撫軍大將軍、永昌王健等督諸軍討保周。

五月辛卯，行幸北部。乙巳，無諱復圍張掖，不克，退還。丙辰，車駕還宮。

六月丁丑，皇孫濬生，大赦，改年。己丑，永昌王健至番禾，破保周，保周遁走。丙申，皇太后竇氏崩

秋七月，行幸陰山。

于行宮。癸丑，保周自殺，傳首京師。

八月甲申，無諱降，送弋陽公元絜及諸將士。

九月壬寅，車駕還宮。

冬十有一月丁亥，行幸山北。

十二月，車駕還宮。

是歲，州鎮十五民飢，開倉賑恤。以河南王曜子羯兒為河間王，後改封略陽王。

二年春正月癸卯，拜沮渠無諱為征西大將軍、涼州牧、酒泉王。甲辰，行幸溫泉。辛亥，封

二月壬戌，車駕還宮。

三月辛卯，葬惠太后於崞山。庚戌，新興王俊、略陽王羯兒有罪，並黜為公。

蠕蠕郁久閭乞列歸為朔方王，沮渠萬年為張掖王。

夏四月丁巳，劉義隆遣使朝貢。庚辰，詔鎮南將軍、南陽公奚眷征酒泉。

五月辛卯，行幸山北。

秋八月辛亥，詔散騎侍郎張偉等使劉義隆。行幸河西。

九月戊戌，撫軍大將軍、永昌王健薨。

冬十有一月庚子，鎮南將軍奚眷平酒泉，獲沮渠天周、臧嗟、屈德，男女四千口。

十有二月甲戌，車駕還宮。丙子，劉義隆遣使朝貢[一]。

三年春正月甲申，帝至道壇，親受符籙，備法駕，旗幟盡青。語在釋老志。

三月壬寅，北平王長孫頹有罪，削爵為侯。

夏四月，無諱走渡流沙，據鄯善。李昌孫寶據敦煌，遣使內附。

五月[二]，行幸陰山之北。

閏月，劉義隆龍驤將軍裴方明、梁州刺史劉康祖寇南秦[三]，南秦王楊難當敗，奔於上邽。

六月丙戌，難當朝於行宮。先是，起殿於陰山之北，殿始成而難當至，因名曰廣德焉。

秋七月丙寅，詔安西將軍、建興公古弼督隴右諸軍及殿中虎賁，與武都王楊保宗等從祁山南入，征西將軍、淮陽公皮豹子與琅邪王司馬楚之等督關中諸軍從散關西入，俱會仇池；鬱林公司馬文思為征南大將軍，進爵譙王，督洛豫諸軍事，南趣襄陽；征南將軍、東安公刁雍東趣廣陵，邀方明歸路。

冬十月己卯，封皇子伏羅爲晉王，翰爲秦王，譚爲燕王，建爲楚王，余爲吳王。

十有二月辛巳，侍中、太保、襄城公盧魯元薨。丁酉，車駕還宮。李寶遣使朝貢，以寶爲鎮西大將軍、開府儀同三司、沙州牧，封敦煌公。

四年春正月己巳，征西將軍皮豹子等大破劉義隆將於樂鄉，擒其將王奐之、王長卿等，强玄明、辛伯奮棄下辨遁走，追斬之，盡虜其衆。庚午，行幸中山。

二月丙子，車駕至于恒山之陽，詔有司刊石勒銘。是月，克仇池。

三月庚申，車駕還宮。壬戌，烏洛侯國遣使朝貢。

夏四月，武都王楊保宗謀反，諸將擒送京師；諸氏、羌復推保宗弟文德爲主，圍仇池。

丁酉，大赦天下。己亥，行幸陰山。

五月，將軍古弼大破諸氏，解仇池圍。

六月庚寅，詔曰：「朕承天子民，憂理萬國，欲令百姓家給人足，興於禮義。而牧守令宰不能助朕宣揚恩德，勤恤民隱，至乃侵奪其産，加以殘虐，非所以爲治也。今復民賦三年，其田租歲輸如常。牧守之徒，各屬精爲治，勸課農桑，不聽妄有徵發，有司彈糾，勿有所縱。」癸巳，大閱于西郊。

秋九月辛丑，行幸漠南。甲辰，捨輜重，以輕騎襲蠕蠕，分軍爲四道。事具蠕蠕傳。

鎮北將軍封沓亡入蠕蠕。

冬十一月，將軍皮豹子等追破劉義隆將於濁水。甲子，車駕至於朔方。詔曰：「朕承祖宗重光之緒，思闡洪基，恢隆萬世。自經營天下，平暴除亂，埽清不順，二十年矣。夫陰陽有往復，四時有代謝。授子任賢，所以休息，優隆功臣，式圖長久，蓋古今不易之令典也。其令皇太子副理萬機，總統百揆。諸朕功臣，勤勞日久，皆當以爵歸第，隨時朝請，饗宴朕前，論道陳謨而已。不宜復煩以劇職。更舉賢俊，以備百官。主者明爲科制，以稱朕心。」

十二月辛卯，車駕至自北伐。

五年春正月壬寅，皇太子始總百揆。侍中、中書監、宜都王穆壽，司徒、東郡公崔浩，侍中、廣平公張黎，侍中、建興公古弼，輔太子以決庶政。諸上書者皆稱臣，上疏儀與表同。

戊申，詔曰：「愚民無識，信惑妖邪，私養師巫，挾藏讖記、陰陽、圖緯、方伎之書；又沙門之徒，假西戎虛誕，生致妖孽。非所以壹齊政化，布淳德於天下也。自王公已下至於

庶人，有私養沙門、師巫及金銀工巧之人在其家者，皆遣詣官曹，不得容匿。限今年二月

十五日，過期不出，師巫、沙門身死，主人門誅。明相宣告，咸使聞知。」庚戌，詔曰：「自頃

以來，軍國多事，未宣文教，非所以整齊風俗，示軌則於天下也。今制自王公已下至於卿

士，其子息皆詣太學。其百工伎巧、騶卒子息，當習其父兄所業，不聽私立學校。違者師

身死，主人門誅。」

二月辛未，中山王辰等八將，以北伐後期，斬于都南。癸酉，驃騎大將軍、樂平王丕

薨。庚辰，行幸廬闕〔四〕。

三月戊戌，大會于那南池。遣使者四輩使西域。甲辰，車駕還宮。癸丑，詔征西大將

軍、司空、上黨王長孫道生鎮統萬。

夏四月乙亥，侍中、太宰、陽平王杜超為帳下所殺。

五月丁酉，行幸陰山之北。

六月，北部民殺立義將軍、衡陽公莫孤，率五千餘落北走。追擊于漠南，殺其渠帥，餘

徙居冀、相、定三州為營戶。西平王吐谷渾慕利延殺其兄子緯代。是月，緯代弟叱力延等

來奔，乞師。以叱力延為歸義王。

秋七月癸卯，東雍州刺史沮渠秉謀叛伏誅。

八月乙丑，田于河西。壬午，詔員外散騎常侍高濟使於劉義隆。晉王伏羅督高平、涼州諸軍討吐谷渾慕利延。

九月，帝自河西至馬邑，觀于崞川。己亥，車駕還宮。丁未，行幸漠南。

冬十月癸未，晉王伏羅大破慕利延，慕利延走奔白蘭。慕利延從弟伏念、長史鵄鳩梨、部大崇娥等率其部一萬三千落內附。

十一月，劉義隆遣使朝貢。

十二月，粟特國遣使朝貢。丙戌，車駕還宮。

六年春正月辛亥，車駕行幸定州，引見長老，存問之。詔兼員外散騎常侍宋愔使劉義隆。

二月，遂西幸上黨，觀連理樹於泫氏。西至吐京，討徙叛胡，出配郡縣。

三月庚申，車駕還宮。詔諸有疑獄皆付中書，以經義量決。是月，酒泉公郝溫反於杏城，殺守將王幡。縣吏蓋鮮率宗族討溫，溫棄城走，自殺，家屬伏誅。

夏四月庚戌，征西大將軍、高涼王那等討吐谷渾慕利延於陰平白蘭。詔秦州刺史、天水公封敕文擊慕利延兄子什歸於枹罕，散騎常侍、成周公萬度歸乘傳發涼州以西兵襲鄯

善。

六月壬辰，車駕北巡。什歸聞軍將至，棄城夜遁。

秋八月丁亥，帝大悅，封敕文入枹罕，分徙千家還上邽。壬辰，度歸以輕騎至鄯善，執其王真達以詣京師，帝大悅，厚待之。車駕幸陰山之北，次于廣德宮。詔發天下兵，三分取一，各當戒嚴，以須後命。徙諸種雜人五千餘家於北邊。令民北徙畜牧至廣漠，以餌蠕蠕。壬寅，高涼王那軍到曼頭城，慕利延驅其部落西渡流沙，那急追。故西秦王慕璝世子被囊逆軍拒戰，那擊破之，被囊輕騎遁走，中山公杜豐精騎追之，度三危，至雪山，生擒被囊，什歸及燋磐子成龍，送于京師。慕利延遂西入于闐國。

九月，盧水胡蓋吳聚衆反於杏城。

冬十月戊子，長安鎮副將元紇率衆討之，為吳所殺。吳黨遂盛，民皆渡渭奔南山。於是詔發高平敕勒騎赴長安，詔將軍叔孫拔乘傳領攝并、秦、雍兵屯渭北。

十有一月，高涼王那振旅還京師。己未，遣那及殿中尚書、安定公韓茂率騎屯相州之陽平郡，發冀州民造浮橋於碻磝津。

蓋吳遣其部落帥白廣平西掠新平，安定諸夷酋皆聚衆應之，殺汧城守將。吳遂進軍李閏堡，分兵掠臨晉巴東〔五〕。將軍章直與戰，大敗之，兵溺死於河者三萬餘人。吳又遣

兵西掠至長安，將軍叔孫拔與戰於渭北[六]，大破之，斬首三萬餘級。

庚申，遼東王寶漏頭薨。

河東蜀薛永宗聚黨盜官馬數千匹，驅三千餘人入汾曲，西通蓋吳，受其位號。秦州刺史、金城公周鹿觀率衆討之[七]，不克而還。庚午，詔殿中尚書、扶風公元處真、尚書、平陽公慕容嵩二萬騎討薛永宗；詔殿中尚書乙拔率五將三萬騎討蓋吳，西平公寇提三將一萬騎討吳黨白廣平。蓋吳自號天台王，署置百官。選六州兵勇猛者二萬人，使永昌王仁、高涼王那分領，爲二道，各一萬騎，南略淮泗以北，徙青徐之民以實河北。癸未，車駕西巡[八]。

七年春正月戊辰，車駕次東雍州。庚午，圍薛永宗營壘。永宗出戰，大敗，六軍乘之，永宗衆潰。永宗男女無少長赴汾水死。辛未，車駕南幸汾陰。庚辰，帝臨戲水。蓋吳退走北地。

二月丙戌，幸長安，存問父老。丁亥，幸昆明池。丙申，幸盩屋，誅叛民耿青、孫溫二壘與蓋吳通謀者。軍次陳倉，誅散關氏害守將者。還幸雍城，田於岐山之陽。北道諸軍乙拔等大破蓋吳於杏城，吳棄馬遁走。

永昌王仁至高平，擒劉義隆將王章，略金鄉、方與，遷其民五千家於河北。高涼王那至濟南東平陵，遷其民六千餘家於河北。

三月，詔諸州坑沙門，毀諸佛像。徙長安城工巧二千家於京師。車駕旋軫，幸洛水，分軍誅李閏叛羌。

是月，金城邊岡、天水梁會反，據上邽東城。秦州刺史封敕文擊之，斬岡，衆復推會爲帥。

夏四月甲申，車駕至自長安。戊子，鄴城毀五層佛圖，於泥像中得玉璽二，其文皆曰「受命於天，既壽永昌」；其一刻其旁曰「魏所受漢傳國璽」。

五月癸亥，安豐公閭根率騎詣上邽，與敕文討梁會，會走漢中。蓋吳復聚杏城，自號秦地王，假署山民，衆旅復振。於是遣永昌王仁、高涼王那督北道諸軍同討之。

六月甲申，發定、冀、相三州兵二萬人屯長安南山諸谷，以防越逸。丙戌，發司、幽、定、冀四州十萬人築畿上塞圍，起上谷，西至于河，廣袤皆千里。

秋八月，蓋吳爲其下人所殺，傳首京師。永昌王仁平其遺燼。高涼王那破蓋吳黨白廣平，生擒屠各路那羅於安定，斬于京師。復略陽公羯兒王爵。

八年春正月，吐京胡阻險爲盜。詔征東將軍武昌王提、征南將軍淮南王他討之，不下。山胡曹僕渾等渡河西，保山以自固，招引朔方諸胡。提等引軍討僕渾。

二月己卯，高涼王那等自安定討平朔方胡，因與提等合軍，共攻僕渾，斬之，其衆赴險死者以萬數。癸未，行幸中山，頒賜從官文武各有差。高陽易縣民不從官命，討平之，徙其餘燼於北地。

三月，河西王沮渠牧犍謀反，伏誅。徙定州丁零三千家於京師。

夏五月，車駕還宮。

六月，西征諸將扶風公元處真等八將坐盜沒軍資，所在虜掠，贓各千萬計，並斬之。

八月，衛大將軍、樂安王範薨。

冬十月，侍中、中書監、宜都王穆壽薨。

十二月，鄯善、遮逸國並遣子朝獻。晉王伏羅薨。

九年春正月，劉義隆遣使朝貢。氐楊文德受義隆官號，守葭蘆城，招誘武都、陰平五部氐民。詔仇池鎮將皮豹子討之，文德棄城南走，擒其妻子僚屬。義隆白水太守郭啓玄

率衆救文德[九]，豹子逆擊，大破之，啓玄、文德走還漢中。宕昌羌酋梁瑾慈遣使內附，并貢方物。

二月癸卯，行幸定州。山東民飢，啓倉賑之。罷塞圍作。遂西幸上黨，誅潞叛民二千餘家，徙西河離石民五千餘家于京師。詔於壺關東北大王山累石爲三封，又斬其北鳳皇山南足以斷之。

三月，車駕還宮。

夏五月甲戌，以交趾公韓拔爲假節、征西將軍、領護西戎校尉、鄯善王，鎮鄯善，賦役其民，比之郡縣。

六月辛酉，行幸廣德宮[一〇]。丁卯，悅般國遣使求與王師俱討蠕蠕，帝許之[一一]。

秋八月，詔中外諸軍戒嚴。

九月乙酉，治兵于西郊。丙戌，上幸陰山。是月，成周公萬度歸千里驛上大破焉耆國，其王鳩尸卑那奔龜茲。

冬十月辛丑，恒農王奚斤薨。癸卯，以婚姻奢靡，喪葬過度，詔有司更爲科限。癸亥，大赦天下。

十有二月，詔成周公萬度歸自焉耆西討龜茲。皇太子朝于行宮，遂從北討。至于受

降城，不見蠕蠕，因積糧城內，留守而還。北平王長孫敦坐事降爵爲公。

十年春正月戊辰朔，帝在漠南，大饗百寮，班賜有差。甲戌，北伐。

二月，蠕蠕渠帥尒綿他拔等率其部落千餘家來降，蠕蠕吐賀真恐懼遠遁。事具蠕蠕傳。

三月，遂蒐于河西。庚寅，車駕還宮。

夏五月庚寅，行幸陰山。

秋七月，浮圖沙國遣使貢獻。

九月，閱武磧上〔三〕，遂北伐。事具蠕蠕傳。

冬十月庚子，皇太子及羣官奉迎於行宮。壬午，大饗，班賜所獲及布帛各有差。

十有一月，龜茲、疏勒、破洛那、員闊諸國各遣使朝獻。

十有二月戊申，車駕至自北伐。己酉，以平昌公元託真爲中山王。

十一年春正月乙酉，行幸洛陽，所過郡國，皆親對高年，存恤孤寡。以高涼王那爲儀同三司。

二月甲午，大蒐於梁川。皇子真薨。是月，大治宮室，皇太子居于北宮。車駕遂征懸瓠，益遣使者安慰境外之民，其不服者誅之。永昌王仁大破劉義隆將劉坦之、程天祚於汝東〔二三〕，斬坦之，擒天祚。

夏四月癸卯，輿駕還宮，賜從者及留臺郎吏已上生口各有差。

六月己亥，誅司徒崔浩。辛丑，北巡陰山。

秋七月，義隆遣其輔國將軍蕭斌之率衆六萬寇濟州，刺史王買得棄州走，斌之遂入城，仍使寧朔將軍王玄謨西攻滑臺。詔枋頭鎮將、平南將軍、南康公杜道儁助守兗州。

八月癸亥，田於河西。癸未，治兵於西郊。

九月辛卯，輿駕南伐。癸巳，皇太子北伐，屯于漠南，吳王余留守京都。庚子，曲赦定冀相三州死罪已下〔二四〕。發州郡兵五萬分給諸軍。

冬十月癸亥，車駕止枋頭。詔殿中尚書長孫真率騎五千自石濟渡，備玄謨遁走。乙丑，車駕濟河，玄謨大懼，棄軍而走，衆各潰散，追躡斬首萬餘級，器械山積。帝遂至東平蕭斌之棄濟州，退保歷城。乃命諸將分道並進：使征西大將軍、永昌王仁自洛陽出壽春，尚書長孫真趨馬頭，楚王建趨鍾離，高涼王那自青州趨下邳。車駕自中道〔二五〕。

十有一月辛卯，至于鄒山，劉義隆魯郡太守崔邪利率屬城降。使使者以太牢祀孔子。

壬子，次于彭城，遂趨盱眙。頽盾國獻師子一。

十有二月丁卯，車駕至淮。詔刈薙葦，汎茷數萬而濟[一六]。義隆盱眙守將臧質閉門拒守。燕王譚大破之，梟崇之等，斬首萬餘級，淮南皆降。

將軍胡崇之等率眾二萬援盱眙。

是月，永昌王仁攻懸瓠，拔之，獲義隆守將趙淮，送京師斬之。過定項城，及淮西，大破義隆將劉康祖，斬之，并虜將軍胡盛之、王羅漢等，傳致行宮。癸未，車駕臨江，起行宮於瓜步山。永昌王仁自歷陽至於江西，高涼王那自山陽至於廣陵，諸軍皆同日臨江，所過城邑，莫不望塵奔潰，其降者不可勝數。甲申，義隆使獻百牢，貢其方物，又請進女於皇孫以求和好。帝以師婚非禮，許和而不許婚，使散騎侍郎夏侯野報之。詔皇孫爲書致馬通問焉。

正平元年春正月丙戌朔，大會羣臣於江上，班賞各有差，文武受爵者二百餘人。丁亥，興駕北旋。是月，破洛那、闕賓、迷密諸國各遣使朝獻。

二月戊寅，車駕濟河。癸未，次于魯口。皇太子朝於行宮。

三月己亥，車駕至自南伐，飲至策勳，告於宗廟。以降民五萬餘家分置近畿。賜留臺文武所獲軍資生口各有差。

夏五月壬寅，大赦。

六月壬戌，改年。車師國王遣子入侍。詔曰：「夫刑網太密，犯者更衆，朕甚愍之。」詔太子少傅游雅、中書侍郎胡方回等改定律制，務求厥中。

有司其案律令，自餘有不便於民者，依比增損。略陽王羯兒，儀同三司、高涼王那有罪賜死。戊辰，皇太子薨。壬申，葬景穆太子於金陵。

秋七月丁亥，行幸陰山。省諸曹吏員三分之一。

九月癸巳，車駕還宮。

冬十月庚申，行幸陰山。劉義隆遣使朝貢。詔中將軍郎法祐使於義隆。己巳，司空、上黨王長孫道生薨。

十有二月丁丑，車駕還宮。封皇孫濬爲高陽王。尋以皇孫世嫡，不宜在藩，乃止。封秦王翰爲東平王，燕王譚爲臨淮王，楚王建爲廣陽王，吳王余爲南安王。

二年春正月庚辰朔，南來降民五千餘家於中山謀叛，州軍討平之。冀州刺史、張掖王沮渠萬年與降民通謀，賜死。

二月甲寅，帝崩於永安宮[七]，時年四十五。祕不發喪，中常侍宗愛矯皇后令，殺東平

王翰，迎南安王余入而立之，大赦，改元爲永平，尊皇后赫連氏爲皇太后。

三月辛卯，上尊謚曰太武皇帝，葬於雲中金陵，廟號世祖。

夏六月，劉義隆將將檀和之寇濟州，梁坦及魯安生軍于京索，龐萌、薛安都寇弘農。

秋七月，征南將軍、安定公韓元興討之，和之退，梁坦、安生亦走。

八月，冠軍將軍封禮率騎二千從�津南渡赴弘農。

九月，司空、高平公兒烏千屯潼關，平南將軍、昌黎公元遼屯河內。

冬十月丙午朔，余爲宗愛所賊。殿中尚書長孫渴侯與尚書陸麗迎立皇孫，是爲高宗焉。

帝生不逮密太后，及有所識，言則悲慟，哀感傍人，太宗聞而嘉歎。暨太宗不豫，衣不釋帶。性清儉率素，服御飲膳，取給而已，不好珍麗，食不二味，所幸昭儀、貴人，衣無兼綵。羣臣白帝更峻京邑城隍，以從周易設險之義，又陳蕭何壯麗之說。帝曰：「古人有言，在德不在險。屈丐蒸土築城，而朕滅之，豈在城也？今天下未平，方須民力，土功之事，朕所未爲，蕭何之對，非雅言也。」每以財者軍國之本，無所輕費，至賞賜，皆是死事動績之家，親戚愛寵未曾橫有所及。臨敵常與士卒同在矢石之間，左右死傷者相繼，而帝色自若，是以人思效命，所向無前。命將出師，指授節度，從命者無不制勝，違爽者率多敗

失。性又知人，拔士於卒伍之中，惟其才效所長，不論本末。兼甚嚴斷，明於刑賞。功者賞不遺賤[一八]，罪者刑不避親，雖寵愛之，終不虧法。常曰：「法者，朕與天下共之，何敢輕也。」故大臣崔浩犯法，無所寬假。雅長聽察，瞬息之間，下人無以措其姦隱。然果於誅戮，後多悔之。司徒崔浩既死之後，帝北伐，時宣城公李孝伯疾篤，傳者以爲卒也。帝聞而悼之，謂左右曰：「李宣城可惜。」又曰：「朕向失言。崔司徒可惜，李宣城可哀。」褒貶雅意，皆此類也。

恭宗景穆皇帝諱晃，太武皇帝之長子也，母賀夫人。延和元年春正月丙午，立爲皇太子，時年五歲。明慧彊識，聞則不忘。及長，好讀經史，皆通大義。世祖甚奇之。世祖東征和龍，詔恭宗錄尚書事；西征涼州，詔恭宗監國。

初，世祖之伐河西也，李順等咸言姑臧無水草，不可行師。恭宗有疑色。及車駕至姑臧，乃詔恭宗曰：「姑臧城東西門外涌泉合於城北，其大如河。自餘溝渠流入澤中，其間乃無燥地。澤草茂盛，可供大軍數年。人之多言，亦可惡也。故有此敕，以釋汝疑。」恭宗謂宮臣曰：「爲人臣不實若此，豈是忠乎！吾初聞有疑，但帝決行耳。幾誤人大事，言者復何面見帝也。」

真君四年，恭宗從世祖討蠕蠕，至鹿渾谷，與賊相遇，虜惶怖，部落擾亂。恭宗言於世祖曰：「今大軍卒至，宜速進擊，奄其不備，破之必矣。」尚書令劉潔固諫，以爲塵盛賊多，出至平地，恐爲所圍，須軍大集，然後擊之可也。恭宗謂潔曰：「此塵之盛，由賊恇擾，軍人亂故，何有營上而有地塵〔一九〕？」世祖疑之，遂不急擊，蠕蠕遠遁。既而獲虜候騎，世祖問之，對曰：「蠕蠕不覺官軍卒至，上下惶懼，引衆北走，經六七日，知無追者，始乃徐行。」世祖深恨之，自是恭宗所言軍國大事，多見納用，遂知萬機。

初，恭宗監國，曾令曰：「周書言：『任農以耕事，貢九穀；任圃以樹事，貢草木；任工以餘材，貢器物〔二〇〕；任商以市事，貢貨賄；任牧以畜事，貢鳥獸；任嬪以女事，貢布帛；任衡以山事，貢其材；任虞以澤事，貢其物。』其制有司課畿內之民，使無牛家以人牛力相貿，墾殖鋤耨。其有牛家與無牛家一人種田二十二畝〔二一〕，償以私鋤功七畝〔二二〕，如是爲差，至與小、老無牛家種田七畝〔二三〕，小、老者償以鋤功二畝。皆以五口下貧家爲率。各列家別口數，所勸種頃畝，明立簿目。所種者於地首標題姓名，以辨播殖之功。」又禁飲酒、雜戲、棄本沽販者。墾田大爲增闢。

正平元年六月戊辰，薨於東宮，時年二十四。庚午，冊曰：「嗚呼！惟爾誕資明叡，岐嶷夙成。正位少陽，克荷基構。賓于四門，百揆時敍；允釐庶績，風雨不迷。宜享無

疆，隆我皇祚，如何不幸，奄焉殂殞，朕用悲慟于厥心！今使使持節兼太尉張黎、兼司徒竇瑾奉策，即柩賜謚曰景穆，以顯昭令德。魂而有靈，其尚嘉之。」高宗即位，追尊爲景穆皇帝，廟號恭宗。

史臣曰：世祖聰明雄斷，威靈傑立，藉二世之資，奮征伐之氣，遂戎軒四出，周旋險夷。掃統萬，平秦隴，翦遼海，盪河源，南夷荷擔，北蠕削跡，廓定四表，混一戎華，其爲功也大矣。遂使有魏之業，光邁百王，豈非神叡經綸，事當命世。至於初則東儲不終，末乃豐成所忽。固本貽防，殆弗思乎？恭宗明德令聞，夙世殂夭，其戾園之悼歟？

校勘記

〔一〕丙子劉義隆遣使朝貢 「丙子」，原作「丙午」，據三朝本、南監本、殿本改。按是年十二月己酉朔，無丙午，丙子爲二十八日。

〔二〕五月 原作「三月」，據册府卷一一二改。按上已書四月，下接閏月，本年閏五月，知「三」乃「五」之訛。

〔三〕劉義隆龍驤將軍裴方明梁州刺史劉康祖寇南秦 按本書卷九七島夷劉裕傳附劉義隆傳「太平

真君二年……「是歲，義隆梁州刺史劉真道將裴方明攻擊楊難當，難當捨仇池來奔。」宋書卷五文帝紀：「元嘉十八年」，「氐楊難當又寇漢川。十二月癸亥，遣龍驤將軍裴方明破氐楊二州刺史劉真道討之」；「十九年」，「五月庚寅，梁秦二州刺史劉真道、龍驤將軍裴方明破氐楊難當，仇池平」。事亦見宋書卷四七劉懷肅傳附劉真道傳。據宋書卷五〇劉康祖傳，康祖未曾任職梁州。疑此處「劉康祖」為「劉真道」之誤，或「劉康祖」之官職誤植。

〔四〕行幸廬闕　冊府卷一一二作「行幸廬」，通鑑卷一二四宋紀六元嘉二十一年二月稱「魏主幸廬」，似本無闕文。然初學記卷八記河東道汾州有六壁。寰宇記卷四一記河東道汾州孝義縣有六壁府云：「後魏書曰：『太武帝討胡賊于六壁。』太平真君五年，討胡賊於六壁」，即此城也。俗以城有六面，因以為名。」觀所引文義，當出本紀，本卷此年不見太平真君五年太武帝討胡人於六壁事，疑即此處所脫。

〔五〕分兵掠臨晉巴東　通鑑卷一二四宋紀六元嘉二十二年十一月「分兵東掠臨晉巴東」胡注：「巴」當作「已」。按渭北臨晉一帶不聞有巴東縣，胡說疑是。

〔六〕叔孫拔　原作「叔孫技」。按上文十月已稱「叔孫拔」領兵屯渭北，本書卷一〇五之三天象志三太平真君六年十一月記「將軍叔孫拔敗吳師於渭北」。通鑑卷一二四宋紀六元嘉二十二年十一月亦作「叔孫拔」。今據改。

〔七〕周鹿觀　按其人本書卷三〇有傳，作「周觀」。

〔八〕 癸未車駕西巡 「西巡」，他本並作「西征」。

〔九〕 郭啓玄 原作「郎啓玄」，據本書卷五一皮豹子傳、宋書卷九二良吏傳改。

〔一〇〕 行幸廣德宮 原作「行南廣德宮」，據三朝本、南監本、北監本、殿本改。

〔一一〕 帝許之 「帝」，原作「池」，據三朝本、南監本、北監本、殿本改。

〔一二〕 閱武磧上 原作「閱武磧且」，不可通，據三朝本、南監本、北監本、殿本改。

〔一三〕 永昌王仁大破劉義隆將劉坦之程天祚於汝東 「劉坦之」，本書卷九七島夷劉裕傳附劉延孫傳、通鑑卷一二五宋紀七元嘉二十七年三月並作「劉泰之」。檢宋書，並無「劉坦之」其人。按宋書卷九五索虜傳、卷七四魯爽傳附魯秀傳、卷七八劉延孫傳、通鑑傳作「劉泰之」，疑是。

〔一四〕 曲赦定冀相三州死罪已下 「下」字原闕，據三朝本、南監本、北監本、殿本補。

〔一五〕 車駕自中道 「中道」，原作「卬道」，殿本作「卭道」。按「卬道」或「卭道」均不可解，今據北史卷二魏本紀二、御覽卷一〇二引後魏書改。

〔一六〕 汎茷數萬而濟 「汎茷」，他本及北史卷二魏本紀二、御覽卷一〇二引後魏書、冊府卷一一六並作「作筏」。

〔一七〕 二月甲寅帝崩於永安宮 「二月」，原作「三月」。宋書卷五文帝紀元嘉二十九年:「二月甲寅，弑帝。」考異云:「宋書元嘉二十九年:『二月庚申，虜帥拓跋燾死。』通鑑卷一二六宋紀八元嘉二十九年:『二月甲寅，弑帝。』考異云:『宋書作庚申，今從魏書。』」考異獨舉干支之異，不疑記月有異，是司馬光所見魏書亦作「二月」。按

此「三月」與下「三月辛卯」重出，於史例不合。且是年三月己卯朔，無甲寅，二月庚戌朔，甲寅初五日。今據改。

〔八〕功者賞不遺賤 「賤」，原作「賊」，據殿本改。殿本考證云：「『賤』，監本誤『賊』，今改正。」按作「賊」於理不通，北史卷二魏本紀二、冊府卷五八正作「賤」。

〔一六〕何有營上而有地塵 「地」，他本並作「此」。

〔一〇〕任工以餘材貢器物 按傳本周禮地官閭師此句作「任工以飭材事貢器物」。此處或省「事」字，「餘」疑爲「飭」之訛。

〔三〕有牛家與無牛家一人種田二十二畝 「一人」，冊府卷四九五作「一牛」，疑是，然宋本冊府亦作「一人」。「二十二畝」，冊府卷四九五、通典卷一食貨一田制上並作「二十畝」。

〔三〕償以私鋤功七畝 「私鋤」，冊府卷四九五、通典卷一食貨一田制上並作「耘鋤」，疑是。

〔三〕小老無牛家 「小老」，冊府卷四九五、通典卷一食貨一田制上並作「老小」。按「小老」語例鮮見，疑當作「老小」。下「小老」同。

魏書卷五

高宗紀第五

高宗文成皇帝，諱濬，恭宗景穆皇帝之長子也。母曰閭氏，真君元年六月生於東宮。帝少聰達，世祖愛之，常置左右，號世嫡皇孫。年五歲，世祖北巡，帝從在後，逢虜帥桎一奴欲加其罰。帝謂之曰：「奴今遭我，汝宜釋之。」帥奉命解縛。世祖聞之曰：「此兒雖小，欲以天子自處。」意奇之。既長，風格異常，每有大政，常參決可否。正平二年十月戊申，即皇帝位於永安前殿，大赦，改年。

興安元年冬十月，以驃騎大將軍元壽樂為太宰、都督中外諸軍事、錄尚書事；尚書長孫渴侯為尚書令，加儀同三司。

十有一月丙子，二人爭權，並賜死。癸未，廣陽王建薨，臨淮王譚薨。甲申，皇妣薨。

太尉張黎、司徒古弼，以議不合旨，黜爲外都大官。平南將軍、宋子侯周忸進爵樂陵王，南部尚書、章安子陸麗爲平原王，文武各加位一等。壬寅，追尊景穆太子爲景穆皇帝，皇妣爲恭皇后；尊保母常氏爲保太后。隴西屠各王景文叛，詔統萬鎭將、南陽王惠壽討平之。

十有二月戊申，祔葬恭皇后於金陵。乙卯，初復佛法。丁巳，以樂陵王周忸爲太尉，平原王陸麗爲司徒，鎭西將軍杜元寶爲司空。保達、沙獵國各遣使朝獻。戊寅，建業公陸俟進爵東平王，廣平公杜遺進爵爲王。癸亥，詔以營州蝗，開倉賑恤。甲子，太尉、樂陵王周忸有罪，賜死。濮陽公閭若文進爵爲王。

二年春正月辛巳，司空杜元寶進爵京兆王。廣平王杜遺薨。尚書僕射、東安公劉尼進爵爲王。封建寧王崇子麗爲濟南王。癸未，詔與民雜調十五。丙戌，尚書、西平公源賀進爵爲王。

二月己未，司空、京兆王杜元寶謀反，伏誅；建寧王崇、崇子濟南王麗爲元寶所引，各賜死。乙丑，發京師五千人穿天淵池。是月，劉義隆子劭殺其父而自立。

三月壬午，尊保太后爲皇太后。安豐公閭虎皮進爵爲河間王。乙未，疏勒國遣使朝

獻。

夏五月乙酉，行幸嶂山。辛卯，還宮。是月，劉劭弟駿殺劭而自立。

閏月乙亥，太皇太后赫連氏崩。

秋七月辛亥，行幸陰山。濮陽王閭若文、征西大將軍、永昌王仁謀反。乙丑，賜仁死於長安，若文伏誅。己巳，車駕還宮。是月，築馬射臺於南郊。

八月辛未，渴槃陁國遣使朝貢。戊戌，詔曰：「朕以眇身，纂承大業，懼不能宣慈惠和，寧濟萬寓，夙夜兢兢，若臨淵谷。然即位以來，百姓晏安，風雨順序，邊方無事，衆瑞兼呈，不可稱數。又於苑內獲方寸玉印，其文曰『子孫長壽』，羣公卿士咸曰『休哉』！豈朕一人克臻斯應，實由天地祖宗降祐之所致也。思與兆庶共茲嘉慶，其令民大酺三日，諸殊死已下各降罪一等。」

九月壬子，閱武於南郊。

冬十有一月辛酉，行幸信都，中山，觀察風俗。

十有二月，誅河間鄭民爲賊盜者，男年十五以下爲生口，班賜從臣各有差。甲午，車駕還宮。庫莫奚、契丹、厨賓等十餘國各遣使朝貢。復北平公長孫敦王爵〔二〕。

興光元年春正月乙丑，以侍中、河南公伊馛爲司空。

二月甲午，帝至道壇，登受圖籙；禮畢，曲赦京師，班賞各有差。

夏六月丙寅，行幸陰山。

秋七月庚子，皇子弘生。辛丑，大赦，改年。

八月甲戌，趙王深薨。乙亥，車駕還宮。己丑，皇叔虎頭、龍頭薨〔三〕。

九月庚申，庫莫奚國獻名馬，有一角，狀如麟。是月，閉都城門，大索三日，獲姦人亡命數百人。

冬十有一月，北鎮將房杖擊蠕蠕，虜其將豆渾與句等，獲馬千餘匹。戊戌，行幸中山，遂幸信都。

十有二月丙子，還幸靈丘，至溫泉宮。庚辰，車駕還宮。出于、叱萬單國各遣使朝獻。

太安元年春正月辛酉，奉世祖、恭宗神主于太廟。車騎大將軍、樂平王拔有罪，賜死。

二月癸未，武昌王提薨。

三月己亥，詔曰：「今始奉世祖、恭宗神主于太廟，又於西苑遍秩羣神。朕以大慶饗賜百寮，而犯罪之人獨即刑戮，非所以子育羣生，矜及衆庶。夫聖人之教，自近及遠。是以周文刑于寡妻，至于兄弟，以御家邦。化苟從近，恩亦宜然。其曲赦京師死囚已下。」

夏六月壬戌，詔名皇子曰弘，曲赦京城，改年。

癸酉，詔曰：「夫爲治者，因宜以設官，舉賢以任職，故上下和平，民無怨謗。若官非其人，姦邪在位，則政教陵遲，至於凋薄。思明黜陟，以隆治道。今遣尚書穆伏真等三十人，巡行州郡，觀察風俗。入其境，農不墾殖，田畝多荒，則徭役不時，廢於力也；耆老飯蔬食，少壯無衣褐，則聚斂煩數，匱於財也；間里空虛，民多流散，則綏導無方，疏於恩也；盜賊公行，劫奪不息，則威禁不設，失於刑也；衆謗並興，大小嗟怨，善人隱伏，佞邪當途，則爲法混淆，昏於政也。諸如此比，黜而戮之。善於政者，褒而賞之。其有阿枉不能自申，聽詣使告狀，使者檢治。若信清能，衆所稱美，誣告以求直，反其罪。使者受財，斷察不平，聽詣公車上訴。其不孝父母，不順尊長，爲吏姦暴，及爲盜賊，各具以名上。其容隱者，以所匿之罪罪之。」是月，遮逸國遣使朝貢。戊寅，帝畋於犢倪山。甲申，還宮。

秋七月丙辰，行幸河西。

八月丁亥，車駕還宮。

冬十月，波斯、疏勒國並遣使朝貢。庚午，以遼西公常英爲太宰，進爵爲王。

二年春正月乙卯，立皇后馮氏。

二月丁巳，立皇子弘爲皇太子，大赦天下。丁零數千家亡匿并陘山，聚爲寇盜。詔定州刺史許宗之、并州刺史乞佛成龍討平之。

夏六月，羽林郎于判、元提等謀逆，伏誅。

秋八月甲申，畋於河西。是月，平西將軍、漁陽公尉眷北擊伊吾，克其城，大獲而還。

九月辛巳，河東公閭毗、零陵公閭紇並進爵爲王。

冬十月甲申，車駕還宮。甲午，曲赦京師。

十有一月，尚書、西平王源賀改封隴西王。嚈噠、普嵐國並遣使朝獻。劉駿濮陽太守姜龍駒、新平太守楊伯倫，各棄郡率吏民來降。

三年春正月壬戌，畋於崞山。戊辰，還宮。粟特、于闐國各遣使朝貢。徵漁陽公尉眷，拜太尉，進爵爲王，錄尚書事。

夏五月庚申，畋於松山。己巳，還宮。封皇弟新成爲陽平王。

六月癸卯，行幸陰山。

秋八月〔四〕，畋於陰山之北。己亥，還宮。

冬十月，將東巡，詔太宰常英起行宮於遼西黃山。

十有一月，蠻王文虎龍率千餘家內附。

十有二月，以州鎮五蝗，民飢，使使者開倉以賑之。是月，于闐、扶餘等五十餘國各遣使朝獻。

四年春正月丙午朔，初設酒禁。乙卯，行幸廣寧溫泉宮，遂東巡平州。庚午，至於遼西黃山宮，遊宴數日，親對高年，勞問疾苦。

二月丙子，登碣石山，觀滄海，大饗羣臣於山下，班賞進爵各有差。改碣石山爲樂遊山，築壇記行於海濱。戊寅，南幸信都，畋遊於廣川。

三月丁未，觀馬射於中山。所過郡國賜復一年。丙辰，車駕還宮。起太華殿。乙丑，東平王陸俟薨。

夏五月壬戌，詔曰：「朕即阼至今，屢下寬大之旨，蠲除煩苛，去諸不急，欲令物獲其所，人安其業。而牧守百里，不能宣揚恩意，求欲無厭，斷截官物以入於己，使課調懸少；

而深文極墨,委罪於民。苟求免咎,曾不改懼。國家之制,賦役乃輕,比年已來,雜調減省,而所在州郡,咸有逋懸,非在職之官綏導失所,貪穢過度,誰使之致〔五〕?自今常調不充,民不安業,宰民之徒,加以死罪。申告天下,稱朕意焉。」

六月丙申,畋於松山。

秋七月庚午,行幸河西。

九月乙巳,還宮。辛亥,太華殿成。丙寅,饗羣臣,大赦天下。

冬十月甲戌,北巡。至陰山,有故塚毀廢,詔曰:「昔姬文葬枯骨,天下歸仁。自今有穿毀墳隴者斬之。」劉駿將殷孝祖脩兩城於清水東,詔鎮西將軍、天水公封敕文等擊之。辛卯,車駕次于車輪山,累石記行。

十一月,詔征西將軍皮豹子等三將三萬騎助擊孝祖〔六〕。車駕度漠,蠕蠕絕跡遠遁,其別部烏朱賀頽〔七〕、庫世頽率眾來降。

十有二月,征東將軍、中山王託真薨。

五年春正月己巳朔,征西將軍皮豹子略地至高平,大破孝祖,斬獲五千餘級。

二月己酉,侍中、司空、河南公伊馛薨。

三月庚寅，曲赦京師死罪已下。

夏四月乙巳，封皇弟子推爲京兆王。

五月，居常國遣使朝獻。

六月戊申，行幸陰山。

秋八月庚戌，遂幸雲中。壬戌，還宮。

九月戊辰，詔曰：「夫褒賞必於有功，刑罰審於有罪，此古今之所同，由來之常式。牧守莅民，侵食百姓，以營家業，王賦不充，雖歲滿去職，應計前逋，正其刑罪。而主者失於督察，不加彈正，使有罪者優游獲免，無罪者妄受其辜，是啓姦邪之路，長貪暴之心，豈所謂原情處罪，以正天下。自今諸遷代者，仰列在職殿最，案制治罪。克舉者加之爵寵，有愆者肆之刑戮，使能否殊貫，刑賞不差。主者明爲條制，以爲常楷。」儀同三司，敦煌公李寶薨。

冬十有二月戊申，詔曰：「朕承洪業，統御羣有，思恢政化，以濟兆民。故薄賦斂以實其財，輕徭役以紓其力，欲令百姓脩業，人不匱乏。而六鎮、雲中、高平、二雍、秦州，偏遇災旱，年穀不收。其遣開倉廩以賑之。有流徙者，諭還桑梓。欲市糴他界，爲關傍郡，通其交易之路。若典司之官，分職不均，使上恩不達於下，下民不贍於時，加以重罪，無有攸

縱。」

和平元年春正月甲子朔，大赦，改元。庚午，詔散騎常侍馮闡使於劉駿。

二月，衛將軍、樂安王良督東雍、吐京、六壁諸軍西趣河西，征西將軍皮豹子等督河西諸軍南趨石樓，以討河西叛胡。

夏四月戊戌，皇太后常氏崩於壽安宮。

五月癸酉，葬昭太后於廣寧鳴雞山。

六月甲午，詔征西大將軍、陽平王新成等督統萬、高平諸軍出南道，南郡公李惠等督涼州諸軍出北道，討吐谷渾什寅。崔浩之誅也，史官遂廢，至是復置。河西叛胡詣長安首罪，遣使者安慰之。

秋七月乙丑，劉駿遣使朝貢。壬午，行幸河西。

八月，西征諸軍至西平，什寅走保南山。

九月，諸軍濟河追之，遇瘴氣，多有疫疾，乃引軍還；獲畜二十餘萬。庚午，輿駕還宮。

冬十月，居常王獻馴象三。

十有一月，詔散騎侍郎盧度世、員外郎朱安興使於劉駿。

二年春正月乙酉，詔曰：「刺史牧民，為萬里之表。自頃每因發調，逼民假貸，大商富賈，要射時利，旬日之間，增嬴十倍。上下通同，分以潤屋。故編戶之家，困於凍餒；豪富之門，日有兼積。為政之弊，莫過於此。其一切禁絕，犯者十匹以上皆死。布告天下，咸令知禁。」

二月辛卯，行幸中山。丙午，至于鄴，遂幸信都。

三月，劉駿遣使朝貢。輿駕所過，皆親對高年，問民疾苦。詔民年八十以上，一子不從役。

靈丘南有山，高四百餘丈。乃詔羣官仰射山峯，無能踰者。帝彎弧發矢，出山三十餘丈，過山南二百二十步，遂刊石勒銘。是月，發并、肆州五千人治河西獵道。辛巳，輿駕還宮。

夏四月乙未，侍中、征東大將軍、河東王閭毗薨。

五月癸未，詔南部尚書黃盧頭、李敷等考課諸州。

秋七月戊寅，封皇弟小新成為濟陰王，加征東大將軍，鎮平原；天賜為汝陰王，加征南大將軍，鎮虎牢；萬壽為樂浪王，加征北大將軍，鎮和龍；洛侯為廣平王。壬午，行巡山

北。

八月戊辰，波斯國遣使朝獻。丁丑，輿駕還宮。

冬十月，詔假員外散騎常侍游明根、員外郎昌邑侯和天德使于劉駿。博陵之深澤、章

武之束州，盜殺縣令，州軍討平之。廣平王洛侯薨。

三年春正月壬午，以車騎大將軍、東郡公乙渾爲太原王。癸未，樂浪王萬壽薨。

二月癸酉，畋于崞山，遂觀漁于旋鴻池。

三月甲申，劉駿遣使朝貢。高麗、莚王、契嚙、思厭於師、疏勒、石那、悉居半、渴槃陁

諸國各遣使朝獻。

夏六月庚申，行幸陰山。詔將軍陸真討雍州叛氏仇傉檀等，平之。

秋七月壬寅，幸河西。

九月壬辰，征西大將軍、常山王素薨。

冬十月丙辰，詔曰：「朕承洪緒，統御萬國，垂拱南面，委政羣司，欲緝熙治道，以致寧

一。夫三代之隆，莫不崇尚年齒。今選舉之官，多不以次，令班白處後，晚進居先。豈所

謂彝倫攸敍者也！諸曹選補，宜各先盡勞舊才能。」是月，詔員外散騎常侍游明根，員外

郎、昌邑侯和天德使于劉駿。

十有一月壬寅，輿駕還宮。

十有二月乙卯，制戰陳之法十有餘條。因大儺耀兵，有飛龍、騰蛇、魚麗之變，以示威武。戊午，零陵王間拔薨〔八〕。

四年春三月乙未，賜京師民年七十以上太官厨食，以終其年。皇子胡仁薨〔九〕，追封樂陵王。乙巳，詔曰〔一〇〕：「朕憲章舊典，分職設官，欲令敷揚治化，緝熙庶績。然在職之人，皆蒙顯擢，委以事任，當竭己竭誠，務省徭役，使兵民優逸，家給人贍。今內外諸司、州鎮守宰，侵使兵民，勞役非一。自今擅有召役，逼雇不程，皆論同枉法。」

夏四月癸亥，上幸西苑，親射虎三頭。

五月壬辰，侍中、漁陽王尉眷薨。壬寅，行幸陰山。

秋七月壬午，詔曰：「朕每歲以秋日閑月，命羣官講武平壤。所幸之處，必立宮壇，糜費之功，勞損非一。宜仍舊貫，何必改作也！」

八月丙寅，遂畋于河西。詔曰：「朕順時畋獵，而從官殺獲過度，既殫禽獸，乖不合圍之義。其敕從官及典圍將校，自今已後，不聽濫殺。其畋獲皮肉，別自頒賚。」壬申，詔

曰：「前以民遭飢寒，不自存濟，有鬻男女者，盡仰還其家。或因緣勢力，或私行請託，共相通容，不時檢校，令良家子息仍爲奴婢。今仰精究，不聽取贖，有犯加罪。若仍不檢還，聽其父兄上訴，以掠人論。」

九月辛巳，車駕還宮。

冬十月，以定、相二州隕霜殺稼，免民田租。是月，詔員外散騎常侍游明根、驍騎將軍、昌邑子婁內近、寧朔將軍、襄平子李五鱗使于劉駿。

十有二月辛丑，詔曰：「名位不同，禮亦異數，所以殊等級，示軌儀。今喪葬嫁娶，大禮未備，貴勢豪富，越度奢靡，非所謂式昭典憲者也。有司可爲之條格，使貴賤有章，上下咸序，著之于令。」壬寅，詔曰：「夫婚姻者，人道之始。是以夫婦之義，三綱之首，禮之重者，莫過於斯。尊卑高下，宜令區別。然中代以來，貴族之門多不率法，或貪利財賄，或因緣私好，在於苟合，無所選擇，令貴賤不分，巨細同貫，塵穢清化，虧損人倫，將何以宣示典謨，垂之來裔。今制皇族師傅、王公侯伯及士民之家〔二〕，不得與百工、伎巧、卑姓爲婚，犯者加罪。」

五年春正月丁亥，封皇弟雲爲任城王。

二月，詔以州鎮十四去歲蟲、水，開倉賑恤。

夏四月癸卯，頓丘公李峻，進爵爲王。

閏月戊子，帝以旱故，減膳責躬。是夜，澍雨大降。

五月庚申，劉駿死，子子業僭立。

六月丁亥，行幸陰山。

秋七月辛丑，北鎮游軍大破蠕蠕。壬寅，行幸河西。

九月辛丑，車駕還宮。

冬十月，琅邪王司馬楚之薨。吐呼羅國遣使朝獻。

十有二月，南秦王楊難當薨。

六年春正月丙申，大赦天下。

二月丁丑，行幸樓煩宮。高麗、蓰王、對曼諸國各遣使朝獻。

三月戊戌，相州刺史、西平郡王吐谷渾權薨。乙巳，車駕還宮。

夏四月，破洛那國獻汗血馬，普嵐國獻寶劍。

五月癸卯，帝崩于太華殿，時年二十六。

六月丙寅，上尊謚曰文成皇帝，廟號高宗。

八月，葬雲中之金陵。

史臣曰：世祖經略四方，內頗虛耗。既而國釁時艱，朝野楚楚。高宗與時消息，靜以鎮之，養威布德，懷緝中外。自非機悟深裕，矜濟為心，亦何能若此！可謂有君人之度矣。

校勘記

〔一〕戊寅 按是月乙巳朔，無戊寅，前丁巳十三日，後癸亥十九日，中亦不容有戊寅。通鑑卷一二六宋紀八元嘉二十九年十一月繫其事於戊午，考異云：「魏紀日戊申。」則司馬光所見魏書作「戊申」，乃初四日。

〔二〕長孫敦 原作「長孫敷」，據北史卷二魏本紀二改。按長孫敦降爵，見本書卷四下世祖紀下太平真君九年末。本書卷二五長孫嵩傳附長孫敦傳稱敦「高祖時」復爵，「高祖」乃「高宗」之訛，但其人確名「敦」。

〔三〕己丑皇叔虎頭龍頭麑 「己丑」原作「乙丑」，據汲本、殿本、局本、北史卷二魏本紀二改。按

〔四〕本月乙丑朔，不當在甲戌初十日、乙亥十一日之後。己丑爲二十五日，日序合。

〔五〕秋八月 「秋」字原闕，據他本補。按史例當有此字。

誰使之致 三朝本、南監本、北監本、殿本、北史卷二魏本紀二、冊府卷一五五及卷一五六並作「誰使之然」。

〔六〕十一月詔征西將軍皮豹子等三將三萬騎助擊孝祖 「十一月詔」四字原闕，據冊府卷一二一補。按通鑑卷一二八宋紀一〇大明二年記此事，繫於十一月，北史卷二魏本紀二高宗文成帝太安四年刪去此事，但仍稱「十一月，車駕渡漠」。此處既脫去月份，下「車駕渡漠」遂亦似十一月之事，顯誤。

〔七〕烏朱賀頹 本書卷一〇三蠕蠕傳、北史卷九八蠕蠕傳、通鑑卷一二八宋紀一〇大明二年並作「烏朱駕頹」。

〔八〕零陵王閭拔 張森楷認爲當作「閭紇」。按上文太安二年九月辛巳、本書卷八三外戚傳上閭毗傳並見「閭紇」，與此「閭拔」乃同一人。

〔九〕皇子胡仁薨 「皇子」，其人乃景穆帝拓跋晃子，文成帝拓跋濬弟，疑當作「皇弟」。「胡仁」，按本書卷一九上景穆十二王傳序稱「尉椒房生樂陵康王胡兒」，北史卷一七景穆十二王傳序作「胡兒」。其時北方讀音，「仁」「兒」不別。如本書卷一九下章武王太洛傳稱「彬，字豹兒」，武泰元年元舉墓誌稱「祖章武烈王彬字豹仁」；卷二七穆崇傳附傳有穆龍仁，北史卷二

〇穆崇傳則作「穆龍兒」。又如卷八世宗紀永平元年十二月見梁將齊苟仁，北史卷四魏紀四、梁書卷一七馬仙琕傳作「齊苟兒」，卷七五尒朱兆傳「兆字萬仁」，周書卷一文帝紀作「吐萬兒」，梁書卷三二陳慶之傳作「吐没兒」。北史卷四八尒朱榮傳：「北人語訛，語『尒朱』爲『人主』。」「尒」讀如「人」猶「兒」讀如「仁」。後此類不復出校。

〔一〇〕乙巳詔曰 「乙巳」疑誤。按本年三月乙亥朔，無乙巳，四月乙巳朔。册府卷六一一録此詔稱「四年三月詔曰」，未繫日。

〔一一〕皇族師傅王公侯伯及士民之家 「師傅」，北史卷二魏本紀二、御覽卷一〇二引後魏書作「肺腑」。

魏書卷六

顯祖紀第六

顯祖獻文皇帝，諱弘，高宗文成皇帝之長子也，母曰李貴人。興光元年秋七月，生於陰山之北。太安二年二月，立爲皇太子。聰叡機悟，幼而有濟民神武之規，仁孝純至，禮敬師友。

和平六年夏五月甲辰，即皇帝位，大赦天下。尊皇后曰皇太后。車騎大將軍乙渾矯詔殺尚書楊保年、平陽公賈愛仁、南陽公張天度于禁中。戊申，侍中、司徒、平原王陸麗自湯泉入朝，渾又殺之。己酉，以侍中、車騎大將軍乙渾爲太尉，錄尚書事，東安王劉尼爲司徒，尚書左僕射和其奴爲司空。壬子，以淮南王他爲鎮西大將軍、儀同三司，鎮涼州。六月，封繁陽侯李嶷爲丹陽王，征東大將軍馮熙爲昌黎王。乙丑，詔曰：「夫賦斂煩則民財匱，課調輕則用不足，是以十一而稅，頌聲作矣。先朝權其輕重，以惠百姓。朕承

洪業，上惟祖宗之休命，夙興待旦，惟民之恤，欲令天下同於逸豫。而徭賦不息，將何以塞煩去苛，拯濟黎元者哉！今兵革不起，畜積有餘，諸有雜調，一以與民。」

秋七月癸巳，太尉乙渾爲丞相，位居諸王上，事無大小，皆決於渾。

九月庚子，曲赦京師。丙午，詔曰：「先朝以州牧親民，宜置良佐，故敕有司，班九條之制，使前政選吏，以待俊乂〔一〕，必謂銓衡允衷，朝綱應敍。然牧司寬懲，不祗憲旨，舉非其人，愆于典度。令制：刺史守宰到官之日，仰自舉民望忠信，以爲選官，不聽前政共相干冒。若簡任失所，以罔上論。」是月，劉子業征北大將軍、義陽王劉昶自彭城來降。

冬十月，徵陽平王新成、京兆王子推、濟陰王小新成、汝陰王天賜、任城王雲入朝。

是歲，劉子業叔父彧殺子業僭立。

天安元年春正月己丑朔〔二〕，大赦，改年。

二月庚申，丞相、太原王乙渾謀反伏誅。乙亥，以侍中元孔雀爲濮陽王，侍中陸定國爲東郡王。

三月庚子，以隴西王源賀爲太尉。辛丑，高宗文成皇帝神主祔于太廟。辛亥，帝幸道壇，親受符籙，曲赦京師。高麗、波斯、于闐、阿襲諸國遣使朝獻。

秋七月辛亥，詔諸有詐取爵位，罪特原之，削其爵職。其有祖、父假爵號貨賕以正名者，不聽繼襲。諸非勞進超遷者，亦各還初。不以實聞者，以大不敬論。

九月，劉彧司州刺史常珍奇以懸瓠內屬。己酉，初立鄉學，郡置博士二人、助教二人、學生六十人。劉彧徐州刺史薛安都以彭城內屬，或將張永、沈攸之擊安都。詔北部尚書尉元為鎮南大將軍、都督諸軍事，鎮東將軍、城陽公孔伯恭為副，出東道救彭城；殿中尚書、鎮西大將軍、西河公元石都督荊、豫、南雍州諸軍事，給事中、京兆侯張窮奇為副，出西道救懸瓠。

冬十月，曹利、彤曷國各遣使朝獻。

十有一月壬子，劉彧兗州刺史畢眾敬遣使內屬。

十有二月己未，尉元軍次于秺，或將周凱、張永、沈攸之相繼退走。皇弟安平薨。

是歲，州鎮十一旱，民饑，開倉賑恤。

皇興元年春正月癸巳，尉元大破張永、沈攸之於呂梁東，斬首數萬級，凍死者甚眾。永、攸之單騎走免。獲軍資器械不可勝數。劉彧或秦州刺史垣恭祖、羽林監沈承伯。獲劉彧或秦州刺史垣恭祖、羽林監沈承伯。庚子，東平王道符謀反於長安，殺副將、駙馬都尉萬古真，鉅鹿公李恢，雍州或遣使朝貢。

刺史魚玄明。丙午，詔司空、平昌公和其奴、東陽公元丕等討道符。丁未，道符司馬段太

陽攻道符，斬之，傳首京師。道符兄弟皆伏誅。

閏月，以頓丘王李峻爲太宰。劉彧青州刺史沈文秀、冀州刺史崔道固並遣使請舉州

內屬，詔平東將軍長孫陵、平南將軍、廣陵公侯窮奇赴援之。

二月，詔使持節、都督諸軍事、征南大將軍慕容白曜督騎五萬次於碻磝，爲東道後援。

濟陰王小新成薨。高麗、庫莫奚、具伏弗、郁羽陵、日連、匹黎尒、于闐諸國各遣使朝貢。

劉彧東平太守申纂戍無鹽，過絕王使，詔征南大將軍慕容白曜督諸軍以討之。

三月甲寅，剋之。　沈文秀、崔道固復叛歸劉彧，白曜回師討之，拔彧肥城、垣苗、麋溝

三戍。

夏四月，白曜攻升城，戍主房崇吉遁走。

秋八月，白曜攻歷城。丁酉，行幸武州山石窟寺。戊申，皇子宏生，大赦，改年。

九月壬子，高麗、于闐、普嵐、粟特國各遣使朝獻。丁巳，進馮翊公李白爵梁郡王。　是

月，詔賜六鎮貧人布，人三匹。

冬十月癸卯，田於那男池〔三〕。　濮陽王孔雀坐怠慢，降爵爲公。

二年春二月癸未，田于西山，親射虎豹。崔道固及劉彧梁鄒戍主、平原太守劉休賓舉城降。是月，徐州羣盜司馬休符自稱晉王，將軍尉元討平之。

三月，白曜進圍東陽。戊午，劉彧遣使朝貢。

夏四月辛丑，以南郡公李惠爲征南大將軍、儀同三司、都督關右諸軍事、雍州刺史，進爵爲王。高麗、庫莫奚、契丹、具伏弗、郁羽陵、日連、匹黎尒、叱六手、悉萬丹、阿大何、羽真侯、于闐、波斯國各遣使朝獻[四]。

五月乙卯，田于崞山，遂幸繁峙。辛酉，還宮。以昌黎王馮熙爲太傅。

六月庚辰，以河南闕地，曲赦京師殊死以下。

秋九月辛亥，封皇叔楨爲南安王，長壽爲城陽王，太洛爲章武王，休爲安定王。

冬十月辛丑，上田於冷泉。

十有一月，以州鎮二十七水旱，開倉賑恤。

十有二月甲午，詔曰：「頃張永迷擾，敢拒王威，暴骨原隰，殘廢不少。死生冤痛，朕甚愍焉。天下民一也，可敕郡縣，永軍殘廢之士，聽還江南；露骸草莽者，收瘞之。」是月，悉萬丹等十餘國各遣使朝貢。

三年春正月乙丑，東陽潰，虜沈文秀。戊辰，司空、平昌公和其奴薨。

二月，蠕蠕、高麗、庫莫奚、契丹國各遣使朝獻。己卯，以上黨公慕容白曜爲都督青齊

東徐三州諸軍事、征南大將軍、開府儀同三司、青州刺史，進爵濟南王。

夏四月壬辰，劉彧遣使朝貢。丙申，名皇子曰宏，大赦天下。丁酉，田于嶂山。

五月，徙青州民於京師〔五〕。

六月辛未，立皇子宏爲皇太子。

秋七月，蠕蠕國遣使朝貢。

冬十月，侍中、太宰、頓丘王李峻薨。

十有一月，吐谷渾別帥白楊提度汗率戶內附。襄城公韓頹進爵爲王。

四年春正月，詔州鎮十一民飢，開倉賑恤。

二月，以東郡王陸定國爲司空。高麗、庫莫奚、契丹各遣使朝獻。吐谷渾拾寅不供職

貢，詔使持節、征西大將軍、上黨王長孫觀討之。廣陽王石侯薨。

三月丙戌，詔曰：「朕思百姓病苦，民多非命，明發不寐，疚心疾首。是以廣集良醫，

遠採名藥，欲以救護兆民。可宣告天下，民有病者，所在官司遣醫就家診視，所須藥物，任

醫量給之〔六〕。」

夏四月辛丑，大赦天下。戊申，長孫觀軍至曼頭山，大破拾寅，拾寅與麾下數百騎宵遁，拾寅從弟豆勿來及其渠帥匹婁拔等率所領降附。

五月，封皇弟長樂爲建昌王。

六月，劉彧遣使朝貢。

秋八月，羣盜入彭城，殺鎮將元解愁，長史勒兵滅之。蠕蠕犯塞。

九月丙寅，輿駕北伐，諸將俱會于女水，大破虜衆。事具蠕蠕傳。司徒、東安王劉尼坐事免。壬申，車駕至自北伐，飲至策勳，告於宗廟。

冬十月，誅濟南王慕容白曜、高平王李敷。

十有一月，詔弛山澤之禁。

十有二月甲辰，幸鹿野苑、石窟寺。陽平王新成薨。

五年春三月乙亥，詔曰：「天安以來，軍國多務，南定徐方，北掃遺虜。征戍之人，亡竄非一，雖罪合刑書，每加哀宥。然寬政猶水，逋逃遂多。宜申明典刑，以肅姦僞。自今諸有逃亡之兵及下代守宰浮游不赴者，限六月三十日悉聽歸首，不首者，論如律。」詔假員

外散騎常侍邢祐使於劉彧〔七〕。

夏四月，西部敕勒叛，詔汝陰王天賜、給事中羅雲討之。雲為敕勒所襲殺，死者十五六。

北平王長孫敦薨〔八〕。

秋七月丙寅，遂至陰山。

六月丁未，行幸河西。

八月丁亥，車駕還宮。

帝雅薄時務，常有遺世之心，欲禪位於叔父京兆王子推，語在任城王雲傳，羣臣固請，帝乃止。丙午，冊命太子曰：「昔堯舜之禪天下也，皆由其子不肖。若丹朱、商均能負荷者，豈搜揚仄陋而授之哉？爾雖沖弱，有君人之表，必能恢隆王道，以濟兆民。今使太保、建安王陸馛，太尉源賀持節奉皇帝璽綬，致位於爾躬。其踐昇帝位，克廣洪業，以光祖宗之烈，使朕優遊履道，頤神養性，可不善歟？」丁未，詔曰：「朕承洪業，運屬太平，淮岱率從，四海清晏。是以希心玄古，志存澹泊。躬覽萬務，則損頤神之和；一日或曠，政有淹滯之失。但子有天下〔九〕，歸尊於父；父有天下，傳之於子。今稽協靈運，考會羣心，爰命儲宮，踐昇大位。朕方優遊恭己，栖心浩然，社稷乂安，克廣其業，不亦善乎？百官有司，其祇奉胤子，以答天休。宣布寓內，咸使聞悉。」於是羣公奏曰：「昔三皇之世，澹泊無

為，故稱皇。是以漢高祖既稱皇帝，尊其父爲太上皇，明不統天下。今皇帝幼沖，萬機大政，猶宜陛下總之。謹上尊號太上皇帝。」乃從之。己酉，太上皇帝徙御崇光宫，採椽不斲，土階而已。國之大事咸以聞。

承明元年，年二十三，崩於永安殿，上尊諡曰獻文皇帝，廟號顯祖，葬雲中金陵。

史臣曰：聰叡夙成，兼資能斷，其顯祖之謂乎？故能更清漠野，大啓南服。而早懷厭世之心，終致宫闈之變，將天意哉！

校勘記

〔一〕使前政選吏以待俊乂　「俊乂」，北史卷二魏本紀二、册府卷一五六、通典卷三二職官一並作「後人」。按「前政」與「後人」對文，疑作「後人」是。

〔二〕己丑　原作「乙丑」，據三朝本、南監本、北監本、殿本、北史卷二魏本紀二改。按是月己丑朔，無乙丑。

〔三〕那男池　本書卷四下世祖紀下太平真君五年三月作「那南池」。

〔四〕「契丹」至「各遣使朝獻」　此處所列諸「國」名，除于闐、波斯外，均見於本書卷一〇〇勿吉傳

及契丹傳，但紀、傳既有同異，兩傳也不相合，今姑依勿吉傳標斷。「具伏弗」，勿吉傳作「具

弗伏」。「叱六手」，契丹傳、通典卷一九九邊防一五、遼史卷三二營衛志中部族上及卷六三

世表並作「吐六于」。「阿大何」，勿吉傳作「拔大何」，契丹傳及遼史卷三二營衛志中部族上、

卷六三世表並作「何大何」。至於兩傳互異，參見卷一○○校記〔八〕，此不備舉。

〔五〕　徙青州民於京師　「青州」，北史卷二魏本紀二作「青齊」。按本書卷二四崔玄伯傳附崔道固

傳：「乃徙青齊士望共道固守城者數百家於桑乾，立平齊郡於平城西北北新城。」疑此處

「州」爲「齊」之訛。

〔六〕　任醫量給之　北史卷二魏本紀二作「任醫所量給之」，御覽卷一○三引後魏書作「任醫所須

量給之」。

〔七〕　詔假員外散騎常侍邢祐使於劉彧　此承上文則是三月乙亥事，北史卷二魏本紀二記此事於是

年二月乙亥。按是年二月己丑朔，無乙亥，三月己未朔，乙亥十七日，似作「三月」是。然宋書卷

八明帝紀泰始七年（魏皇興五年）稱「三月辛酉，索虜遣使獻方物」，通鑑卷一三三宋紀一五

泰始七年三月載邢祐使宋從宋書繫日。然辛酉乃初三日，則無邢祐尚未出使而先已至宋之

理。若謂宋書所載是魏另一次使節，亦不合情理。疑北史作「二月」不誤，誤在記日干支。

〔八〕　長孫敦　原作「長孫敳」，據三朝本、南監本、北監本、殿本改。參見本書卷五校記〔二〕。

〔九〕　但子有天下　「但」，御覽卷一○三引後魏書作「且」，疑是。

魏書卷七上

高祖紀第七上

高祖孝文皇帝，諱宏，顯祖獻文皇帝之長子，母曰李夫人。皇興元年八月戊申，生於平城紫宮，神光照於室內，天地氛氳，和氣充塞。帝生而潔白，有異姿，襁褓岐嶷，長而淵裕仁孝，綽然有君人之表。顯祖尤愛異之。三年夏六月辛未，立爲皇太子。

五年秋八月丙午，即皇帝位於太華前殿，大赦，改元延興元年。丁未，劉彧遣使朝貢。

九月壬戌，詔在位及民庶直言極諫。有利民益治，損政傷化，悉心以聞。壬午，青州高陽民封辯自號齊王，聚黨千餘人，州軍討滅之。高麗民奴久等相率來降，各賜田宅。

冬十月丁亥，沃野、統萬二鎮敕勒叛。詔太尉、隴西王源賀追擊，至枹罕，滅之，斬首三萬餘級；徙其遺迸於冀、定、相三州爲營戶。庚寅，以征東大將軍、南安王楨爲假節、都

督涼州及西戎諸軍事、領護西域校尉、儀同三司，鎮涼州。朔方民曹平原招集不逞，破石樓堡，殺軍將。劉彧將垣崇祖率眾二萬自郁洲寇東兗州，屯于南城固。

十有一月，刺史于洛侯討破之，崇祖還郁洲。妖賊司馬小君聚眾反於平陵，齊州刺史、武昌王平原討擒之。

十有二月乙酉，以駙馬都尉穆亮爲趙郡王。壬辰，詔訪舜後，獲東萊郡民嬀苟之，復其家畢世，以彰盛德之不朽。復前濮陽王孔雀本封。辛丑，趙郡王穆亮徙封長樂王。蠻酋桓誕率戶內屬，拜征南將軍，封襄陽王。曲赦京師及河西，南至秦涇，西至枹罕，北至涼州諸鎮。詔假員外散騎常侍邢祐使於劉彧。

二年春正月乙卯，統萬鎮胡民相率北叛。詔寧南將軍、交阯公韓拔等追滅之。大陽

二月乙巳，詔曰：「尼父稟達聖之姿，體生知之量，窮理盡性，道光四海。頃者淮徐未賓，廟隔非所，致令祠典寢頓，禮章殄滅，遂使女巫妖覡，淫進非禮，殺生鼓舞，倡優媟狎，豈所以尊明神敬聖道也。自今已後，有祭孔子廟，制用酒脯而已，不聽婦女合雜□□，以祈非望之福。犯者以違制論。其公家有事，自如常禮。犧牲粢盛，務盡豐潔。臨事致敬，令肅如也。牧司之官，明糾不法，使禁令必行。」蠕蠕犯塞。太上皇帝次於北郊，詔諸將討

之。虜遁走。其別帥阿大千率千餘落來降。東部敕勒叛蠕蠕，太上皇帝追之，至石磧，不及而還。壬子，高麗國遣使朝貢。

三月，太上皇帝至自北討。戊辰，以散騎常侍、駙馬都尉萬安國為大司馬、大將軍，封安城王。庚午，車駕耕於藉田。石城郡獲曹平原，送京師，斬之。連川敕勒謀叛，徙配青、徐、齊、兗四州為營戶。

夏四月庚子，詔工商雜伎，盡聽赴農〔二〕。諸州郡課民益種菜果。辛亥，劉彧遣使朝貢。癸酉，詔沙門不得去寺浮遊民間〔三〕，行者仰以公文。是月，劉彧死，子昱僭立。

五月丁巳，詔軍警給璽印、傳符，次給馬印〔四〕。

六月，安州民遇水雹，乞租賑恤。丙申，詔曰：「頃者州郡選貢，多不以實，碩人所以窮處幽仄，鄙夫所以超分妄進，豈所謂旌賢樹德者也。今年貢舉，尤為猥濫。自今所遣，皆門盡州郡之高，才極鄉閭之選。」

閏月壬子，蠕蠕寇敦煌，鎮將尉多侯擊走之。又寇晉昌，守將薛奴擊走之。戊午，行幸陰山。

秋七月，光州民孫晏等聚黨千餘人叛，通劉昱，刺史叔孫瓚討平之。辛丑，高麗國遣使朝貢。壬寅，詔州郡縣各遣二人才堪專對者，赴九月講武〔五〕，當親問風俗。

八月丙辰，百濟國遣使奉表請師伐高麗。辛酉，地豆于、庫莫奚國遣使朝貢，昌亭國遣使獻蜀馬。河西費也頭反，薄骨律鎮將擊走之。

九月辛巳，車駕還宮。戊申，統萬鎮將、河間王閭虎皮坐貪殘賜死。己酉，詔以州鎮十一水、丐民田租，開倉賑恤。又詔流迸之民，皆令還本，違者配徙邊鎮。

冬十月，蠕蠕犯塞，及於五原。

十有一月，太上皇帝親討之，將度漠襲擊。蠕蠕聞軍至，大懼，北走數千里。以窮寇遠遁，不可追，乃止。丁亥，封皇叔略為廣川王。壬辰，分遣使者巡省風俗，問民疾苦。帝每月一朝崇光宮。

十有二月庚戌，詔曰：「書云：『三載一考，三考黜陟幽明。』頃者已來，官以勞升，未久而代，牧守無恤民之心，競為聚斂，送故迎新，相屬於路，非所以固民志隆治道也。自今牧守溫仁清儉、克己奉公者，可久於其任。歲積有成，遷位一級。其有貪殘非道、侵削黎庶者，雖在官甫爾，必加黜罰。著之於令，永為彝準。」詔以代郡事同豐沛，代民先配邊戍者皆免之。

三年春正月庚辰，詔員外散騎常侍崔演使於劉昱。丁亥，改崇光宮為寧光宮。戊戌，

太上皇帝還至雲中。是月，相州執送妖人榮永安於京師，斬之。詔赦其支黨。

二月戊申，高麗、契丹國並遣使朝貢。癸丑，詔牧守令長，勤率百姓，無令失時。同部之內，貧富相通。家有兼牛，通借無者，若不從詔，一門之內終身不仕。守宰不督察，免所居官。戊午，太上皇帝至自北討，飲至策勳，告於宗廟。甲戌，詔縣令能靜一縣劫盜者，兼治二縣，即食其祿；能靜二縣者，郡縣為迎喪，給以葬費。死事者，郡縣為迎喪，給以葬費。二千石能靜二郡，上至三郡，亦如之，三年遷為刺史。

三月壬午，詔諸倉囷穀麥充積者，出賜貧民。

夏四月戊申，詔假司空、上黨王長孫觀等討吐谷渾拾寅。壬子，契丹國遣使朝貢。詔以孔子二十八世孫魯郡孔乘為崇聖大夫，給十戶以供洒埽。

六月甲子，詔曰：「往年縣召民秀二人，問以守宰治狀，善惡具聞，將加賞罰。而賞者未幾，罪者眾多。肆法傷生，情所未忍。今特垂寬恕之恩，申以解網之惠。諸為民所列者，特原其罪，盡可代之〔六〕。」

秋七月，詔河南六州之民，戶收絹一匹，綿一斤，租三十石。乙亥，行幸陰山。蠕蠕寇敦煌，鎮將樂洛生擊破之。事具蠕蠕傳。劉昱遣將寇緣淮諸鎮，徐州刺史、淮陽公尉元擊

走之。

八月己酉，高麗、庫莫奚國並遣使朝獻。庚申，帝從太上皇帝幸河西。拾寅謝罪請

降，許之。

九月辛巳，車駕並還宮。乙亥〔七〕，劉昶遣使朝貢。己亥，詔曰：「自今京師及天下之囚，罪未分判，在獄致死無近親者，公給衣衾棺櫝葬埋之，不得曝露。」辛丑，詔遣使者十人循行州郡，檢括戶口。其有仍隱不出者，州、郡、縣、戶主並論如律。庫莫奚國遣使朝獻。

冬十月，太上皇帝親將南討。詔州郡之民，十丁取一以充行，戶收租五十石，以備軍糧。悉萬斤國遣使朝獻。武都王反，攻仇池〔八〕。詔長孫觀仍回師討之。

十有一月戊寅，詔以河南七州牧守多不奉法，致新邦之民莫能上達，遣使者觀風察獄，黜陟幽明。其有鰥寡孤獨貧不自存者，復其雜徭，年八十已上，一子不從役；力田孝悌，才器有益於時，信義著於鄉閭者，具以名聞。癸巳，太上皇帝南巡，至於懷州。所過問民疾苦，賜高年、孝悌力田布帛。

十有二月庚戌，詔關外苑囿聽民樵採。壬子，蠕蠕犯邊，柔玄鎮二部敕勒叛應之。癸丑，沙門慧隱謀反，伏誅。

是歲，州鎮十一水旱，丐民田租，開倉賑恤。相州民餓死者二千八百四十五人。吐谷

渾部內羌民鍾豈渴干等二千三百户內附。

是年，妖人劉舉自稱天子，齊州刺史、武昌王平原捕斬之。

四年春正月丁丑，侍中、太尉、隴西王源賀以病辭位。辛巳，粟特國遣使朝獻。

二月甲辰，太上皇帝至自南巡。辛亥，吐谷渾拾寅遣子費斗斤入侍，并獻方物。辛未，禁斷寒食。

三月丁亥，詔員外散騎常侍許赤虎使於劉彧。高麗、吐谷渾、曹利諸國各遣使朝貢。

夏五月甲戌，蠕蠕國遣使朝貢。

六月乙卯，詔曰：「朕應歷數開一之期，屬千載光熙之運，雖仰嚴誨，猶懼德化不寬，自今已後，非謀反、大逆、干紀、外奔，罪止其身而已。今德被殊方，文軌將一，宥刑寬禁，不亦善乎？」闕悉國遣使朝貢。

秋七月庚午，高麗國遣使朝獻。己卯，曲赦仇池。癸巳，蠕蠕寇敦煌，鎮將尉多侯大破之。

八月庚子，吐谷渾國遣使朝獻。戊申，大閱於北郊。

九月，以劉昱內相攻戰，詔將軍元蘭等五將三萬騎及假東陽王丕爲後繼，伐蜀漢。丙子，契丹、庫莫奚、地豆于諸國各遣使朝獻。

冬十月庚子，劉昱遣使朝貢。

十有一月，分遣侍臣循河南七州，觀察風俗，撫慰初附。戊寅，吐谷渾國遣使朝獻。

是歲，州鎮十三大飢，丐民田租，開倉賑之。

十有二月，詔西征吐谷渾兵在句律城初叛軍者斬，次分配柔玄、武川二鎮。斬者千餘人。

五年春二月庚子，高麗國遣使朝獻。癸丑，詔定考課，明黜陟。

閏月戊午，吐谷渾國遣使朝獻。

夏四月丁丑，龜茲國遣使朝獻。癸未，詔天下賦調，縣專督集，牧守對檢送京師，違者免所居官。詔禁畜鷹鷂，開相告之制。

五月丁酉，契丹、庫莫奚國各遣使獻名馬。丙午，詔員外散騎常侍許赤虎使於劉昱。

丁未，幸武州山。辛酉，幸車輪山。

六月庚午，禁殺牛馬。壬申，曲赦京師死罪，遣備蠕蠕。

秋八月丁卯，高麗、吐谷渾、地豆于諸國遣使朝獻。

九月癸卯，洛州人賈伯奴、豫州人田智度聚黨千餘人，伯奴稱恒農王，智度稱上洛王，夜攻洛州。州郡擊之，斬伯奴於緱氏，執智度送京師。

冬十月，蠕蠕國遣使朝獻。太上皇帝大閱於北郊。

十有二月丙寅，建昌王長樂改封安樂王。己丑，城陽王長壽薨。庚寅，劉昶遣使朝貢。

承明元年春二月，蠕蠕、高麗、庫莫奚、波斯諸國並遣使朝貢。是月，司空、東郡王陸定國坐事免官爵為兵。

夏五月，冀州武邑民宋伏龍聚眾，自稱南平王。郡縣捕斬之。蠕蠕國遣使朝貢。

六月甲子，詔中外戒嚴，分京師見兵為三等，第一軍出，遣第一兵，二等兵亦如之。辛未，太上皇帝崩。壬申，大赦，改年。大司馬、大將軍、安城王萬安國坐矯詔殺神部長奚買奴於苑中，賜死。戊寅，征西大將軍、安樂王長樂為太尉；尚書左僕射、南平公目辰為司徒，進封宜都王；南部尚書李訢為司空。尊皇太后為太皇太后，臨朝稱制。

秋七月甲辰，追尊皇妣李貴人為思皇后。以汝陰王天賜為征西大將軍、儀同三司。

高麗、庫莫奚國並遣使朝貢。濮陽王孔雀有罪賜死。

八月甲子，詔曰：「朕猥承前緒，纂戎洪烈，思隆先志，緝熙政道。羣公卿士，其各勉厥心，匡朕不逮。諸有便民利國者，具狀以聞。」壬午，蠕蠕國遣使朝貢。甲申，以長安^[八]饉多死，丐民歲賦之半。

九月丁亥，曲赦京師。高麗、庫莫奚、契丹諸國並遣使朝獻。癸丑，宕昌、悉萬斤國並遣使朝貢。

冬十月丁巳，起七寶永安行殿。乙丑^[九]，進征西大將軍、假東陽王元丕爵為正王。

己未，詔曰：「朕纂承皇極，照臨萬方，思闡遺風，光被兆庶，使朝有不諱之音，野無自蔽之響，疇咨帝載，詢及芻蕘。自今已後，羣官卿士下及吏民^[一〇]，各聽上書，直言極諫，勿有所隱。諸有便宜，益治利民，可以正風俗者，有司以聞。朕將親覽，與三事大夫論其可否，裁而用之。」辛未，輿駕幸建明佛寺，大宥罪人。濟南公羅拔進爵為王。

十有一月，蠕蠕國遣使朝貢。戊子，以太尉、安樂王長樂為定州刺史，京兆王子推為青州刺史，司空李訢為徐州刺史，並開府儀同三司。

太和元年春正月乙酉朔，詔曰：「朕夙承寶業，懼不堪荷，而天貺具臻，地瑞並應，風

和氣晼，天人交協。豈朕沖昧所能致哉？實賴神祇七廟降福之助。今三正告初，祇感交切，宜因陽始，協典革元，其改今號爲太和元年。」辛亥[一一]，詔曰：「今牧民者，與朕共治天下也。宜簡以徭役，先之勸獎，相其水陸，務盡地利，使農夫外布，桑婦內勤。若輕有徵發，致奪民時，以侵擅論。民有不從長教，惰於農桑者，加以罪刑。」起太和、安昌二殿。己酉，秦州略陽民王元壽聚衆五千餘家，自號爲衝天王。雲中飢，開倉賑恤。

二月丙寅，漢川民泉會、譚酉等相率內屬，處之并州。辛未，秦益二州刺史、武都公尉洛侯討破元壽，獲其妻子，送京師。癸未，高麗、契丹、庫莫奚國各遣使朝獻。

三月庚子，徵征西大將軍、雍州刺史、東陽王丕爲司徒。今東作既興，人須肆業[一二]。其敕在所督課田農，有牛者加勤於常歲，無牛者倍庸於餘年。一夫制治田四十畝，中男二十畝[一三]。無令人有餘力，地有遺利。」庫莫奚、契丹國各遣使朝獻。

夏四月丙寅，蠕蠕國遣使朝貢。丁卯，幸白登山。壬申，幸崞山。樂安王良薨。詔復前東郡王陸定國官爵。

五月乙酉，車駕祈雨於武州山，俄而澍雨大洽。蠕蠕國遣使朝貢。

秋七月壬辰，侍中、開府儀同三司、青州刺史、京兆王子推薨。庚子，定三等死刑。己

酉，太和、安昌二殿成。起朱明、思賢門。是月，劉昱死，弟準僭立。

八月壬子，大赦天下。丙子，詔曰：「工商皂隸，各有厥分，而有司縱濫，或染清流。自今戶內有工役者，推上本部丞[一四]，已下準次而授。若階藉元勳，以勞定國者不從此制。」戊寅，劉準遣使朝貢。

九月癸未，蠕蠕國遣使朝貢。乙酉，詔羣臣定律令於太華殿。辛卯，高麗國遣使朝貢。庚子，起永樂遊觀殿於北苑，穿神淵池。車多羅、西天竺、舍衞、疊伏羅諸國各遣使朝貢。

冬十月癸酉，宴京邑耆老年七十已上於太華殿，賜以衣服。是月，庫莫奚、契丹國各遣使朝獻。又詔七十已上二子不從役。龜茲國遣使朝獻。劉準葭蘆戍主楊文度遣弟鼠襲陷仇池。丙子，誅徐州刺史李訢。庫莫奚、契丹國各遣使朝貢。

十有一月癸未，詔征西將軍、廣川公皮懽喜，鎮西將軍梁醜奴，平西將軍楊靈珍等率眾四萬討楊鼠。乙酉，吐谷渾國遣使朝獻[一五]。丁亥，懷州民伊祁苟初自稱堯後應王，聚眾於重山。

閏月，懽喜等軍到建安，楊鼠棄城南走。癸亥，粟提婆國遣使朝獻。庚午[一六]，詔員外散騎常侍李長仁使於劉準。洛州刺史馮熙討滅之。

一七二

魏書卷七上

十有二月壬寅，懽喜攻陷葭蘆，斬文度，傳首京師。甲辰，員闔、吐谷渾國並遣使朝貢。丁未，詔以州郡八水旱蝗，民飢，開倉賑恤。以安定王休為儀同三司。

二年春正月丁巳，封昌黎王馮熙第二子始興為北平王。戊午，吐谷渾遣使朝獻。

二月丁亥，行幸代之湯泉。所過問民疾苦，以宮人賜貧民無妻者。戊戌，蠕蠕國遣使朝獻。癸卯，車駕還宮。

三月丙子，以河南公梁彌機為宕昌王。

夏四月甲申，幸崞山。丁亥，還宮。己丑，劉準遣使朝貢。京師旱〔七〕。甲辰，祈天災於北苑，親自禮焉。減膳，避正殿。丙午，澍雨大洽。曲赦京師。

五月，詔曰：「婚娉過禮，則嫁娶有失時之弊；厚葬送終，則生者有糜費之苦。聖王知其如此，故申之以禮數，約之以法禁。逮者，民漸奢尚，婚葬越軌，致貧富相高，貴賤無別。又皇族貴戚及士民之家，不惟氏族，下與非類婚偶〔八〕。先帝親發明詔，為之科禁，而百姓習常，仍不肅改。朕令憲章舊典〔九〕，祇案先制，著之律令，永為定準。犯者以違制論。」

六月己丑，幸鹿野苑。庚子，皇叔若薨。

秋七月戊辰，龜茲國遣使獻名駝七十頭。劉準遣將寇仇池，陰平太守楊廣香擊走之。

八月，分遣使者考察守宰，問民疾苦。丙戌，詔罷諸州禽獸之貢。丁亥，勿吉國遣使朝獻。

九月丙辰，曲赦京師。龜茲國遣使獻大馬[二〇]、名駝、珍寶甚眾。

冬十月壬辰，詔員外散騎常侍鄭羲使於劉準。

十有一月庚戌，詔曰：「懸爵於朝，而有功者必靡其賞；懸刑於市，而有罪者必罹其辜。斯乃古今之成典，治道之實要。諸州刺史，牧民之官，自頃以來，遂各怠慢，縱姦納賂，背公緣私，侵劫茲甚，姦宄之聲屢聞朕聽。朕承太平之運，屬千載之期，思光洪緒，惟新庶績，亦望蕃翰羣司敷德宣惠，以助沖人，共成斯美。幸克己復禮，思愆改過，使寡昧無愧於祖宗，百姓見德於當世。有司明為條禁，稱朕意焉。」

十有二月癸巳，誅南郡王李惠。

是歲，州鎮二十餘水旱，民飢，開倉賑恤。

三年春正月癸丑，坤德六合殿成。庚申，詔罷行察官。

二月辛巳，帝、太皇太后幸代郡溫泉，問民疾苦，鰥貧者以宮女妻之。己亥，還宮。壬寅，乾象六合殿成[二]。

三月甲辰，曲赦京師。戊午，吐谷渾、高麗國各遣使朝獻。

夏四月壬申，劉準遣使朝獻。癸未，樂良王樂平薨。辛卯，蠕蠕國遣使朝獻。丙申，幸崞山。己亥，還宮。庚子，淮陽公尉元進爵爲王。吐谷渾國遣使獻氂牛五十頭。雍州刺史、宜都王目辰有罪賜死。

五月丁巳，帝祈雨於北苑，閉陽門，是日澍雨大洽。辛酉，詔曰：「昔四代養老，問道乞言。朕雖沖昧，每尚其美。今賜國老各衣一襲，綿五斤，絹布各五匹。」

六月辛未，以雍州民飢，開倉賑恤。起文石室、靈泉殿於方山。

秋七月壬寅，詔宮人年老及疾病者，免之。

八月壬申，詔羣臣直言盡規，靡有所隱。乙亥，幸方山，起思遠佛寺。丁丑，還宮。

九月壬子，以侍中、司徒、東陽王丕爲太尉；侍中、尚書右僕射、趙郡公陳建爲司徒，進爵魏郡王；侍中、尚書、河南公苟頹爲司空，進爵河東王；侍中、尚書、太原公王叡進爵中山王；；侍中、尚書、隴東公張祐進爵新平王。己未，定州刺史、安樂王長樂有罪，徵詣京師，賜死。庚申，隴西王源賀薨。高麗、吐谷渾、地豆于、契丹、庫莫奚、龜茲諸國各遣使朝

獻。

冬十月己巳朔，大赦天下。

十有一月癸卯，賜京師貧窮、高年、疾患不能自存者衣服布帛各有差。癸丑，進假梁郡公元嘉爵爲假王，督二將出淮陰。隴西公元琛三將出廣陵，河東公薛虎子三將出壽春，蠕蠕率騎十餘萬南寇，至塞而還。

十有二月，粟特、州逸、河糵、疊伏羅、員闊、悉萬斤諸國各遣使朝貢。

是年，島夷蕭道成廢其主劉準而僭立，自號曰齊。

四年春正月癸卯，乾象六合殿成。洮陽羌叛，枹罕守鎮將討平之。隴西公元琛等攻剋蕭道成馬頭戍。乙卯，廣川王略薨。雍州氐齊男王反，殺美陽令，州郡捕斬之。丁巳，罷畜鷹鷂之所，以其地爲報德佛寺。戊午，襄城王韓頹有罪，削爵徙邊。蕭道成徐州刺史崔文仲寇淮北，陷茌眉戍。

二月，遣尚書游明根率騎二千南討。癸巳，詔曰：「朕承乾緒，君臨海內，夙興昧旦，如履薄冰。今東作方興，庶類萌動，品物資生，膏雨不降，歲一不登，百姓飢乏，朕甚懼焉。其敕天下，祀山川羣神及能興雲雨者，修飾祠堂，薦以牲璧。民有疾苦，所在存問。」

三月丙午，詔車騎大將軍馮熙督眾迎還假梁郡王嘉等諸軍。乙卯，蠕蠕國遣使朝貢。

四月乙卯[二]，幸廷尉、籍坊二獄，引見諸囚。詔曰：「廷尉者，天下之平，民命之所懸也。朕得惟刑之恤者，仗獄官之稱其任也。一夫不耕，將或受其餒；一婦不織，將或受其寒。今農時要月，百姓肆力之秋，而愚民陷罪者甚眾。宜隨輕重決遣，以赴耕耘之業。」辛巳，幸白登山。甲申，賜天下貧人一戶之內無雜財穀帛者廩一年。

五月丙申朔，幸火山。壬寅，還宮。

六月丁卯，以澍雨大洽，曲赦京師。以紬綾絹布百萬匹及南伐所俘賜王公已下。

秋七月辛亥，行幸火山。壬子，改作東明觀。詔會京師耆老，賜錦綵、衣服、几杖、稻米、蜜、麵，復家人不徭役。悉萬斤國遣使朝貢。

閏月丁亥，幸虎圈，親錄囚徒，輕者皆免之。壬辰，頓丘王李鍾葵有罪賜死。蕭道成角城戍主請舉城內屬。

八月丁酉，詔徐州刺史、假梁郡王嘉赴接之。又遣平南將軍郎大檀三將出朐城，將軍白吐頭二將出海西，將軍元泰二將出連口，將軍封匹三將出角城[三]，鎮南將軍賀羅出下蔡。甲辰，幸方山。戊申，幸武州山石窟寺。庚戌，還宮。乙卯，詔諸州置冰室。蕭道成

梁州刺史崔慧景遣長史裴叔保率衆寇武興，關城氐帥楊鼠擊破之，叔保還南鄭。

九月，蕭道成汝南太守常元真、龍驤將軍胡青苟率戶內屬。乙亥，思義殿成。壬午，東明觀成。戊子，詔曰：「隆寒雪降，諸在徽纆及轉輸在都或有凍餒，朕用愍焉。可遣侍臣詣廷尉獄及有囚之所，周巡省察，飢寒者給以衣食，桎梏者代以輕鏁。」假梁郡王嘉破蕭道成將盧紹之、玄元度於胸山，其下蔡成主棄城遁走。

冬十月丁未，詔昌黎王馮熙為西道都督，與征南將軍桓誕出義陽；鎮南將軍賀羅，自下蔡東出鍾離。蘭陵民桓富殺其縣令，與昌慮桓和北連太山羣盜張和顏等，聚黨保五固，推司馬朗之為主。詔淮陽王尉元等討之。

是歲，詔以州鎮十八水旱，民飢，開倉賑恤。

五年春正月己卯，車駕南巡。丁亥，至中山。親見高年，問民疾苦。二月辛卯朔，大赦天下。賜孝悌力田、孤貧不能自存者穀帛有差；免宮人年老者還其所親。丁酉，車駕幸信都。癸卯，還中山。己酉，講武于唐水之陽。庚戌，車駕還都。沙門法秀謀反，伏誅。南征諸將擊破蕭道成游擊將軍桓康於淮陽。道成豫州刺史垣崇祖寇下蔡，昌黎王馮熙擊破之。假梁郡王嘉大破道成將，俘獲三萬餘口送京師。

三月辛酉朔，車駕幸肆州。癸亥，講武于雲水之陽。所經，考察守宰，加以黜陟。己巳，車駕還宮。詔曰：「法秀妖詐亂常，妄說符瑞，蘭臺御史張求等一百餘人，招結奴隸，謀爲大逆，有司科以族誅，誠合刑憲。且矜愚重命〔三四〕，猶所弗忍。其五族者，降止同祖；三族，止一門；門誅，止身。」

夏四月己亥，行幸方山。建永固石室於山上，立碑於石室之庭，又銘太皇太后終制于金冊，又起鑒玄殿。壬子，以南俘萬餘口班賜羣臣。甲寅，詔曰：「時雨不霑，春苗萎悴。有神祇之所，悉可禱祈。」任城王雲薨。

五月庚申朔，詔曰：「迺者邊兵屢動，勞役未息，百姓因之，輕陷刑網，獄訟煩興，四民失業，朕每念之，用傷懷抱。農時要月，民須肆力，其敕天下，勿使有留獄久囚。」壬戌，鄧至國遣使朝貢。庚午，青州主簿崔次恩聚衆謀叛，州軍擊之，次恩走郁洲。

六月甲辰，中山王叡薨〔三五〕。戊午，封皇叔簡爲齊郡王，猛爲安豐王。

秋七月甲子，蕭道成遣使朝貢。辛酉〔二六〕，蠕蠕別帥他稽率衆內附。甲戌，班乞養雜戶及戶籍之制五條。

九月庚午〔二七〕，閱武於南郊，大饗羣臣。蕭道成使車僧朗以班在劉準使殷靈誕之後，辭不就席。劉準降人解奉君，刃僧朗於會中。詔誅奉君等。乙亥，封昌黎王馮熙世子誕

為南平王。兗州斬司馬朗之，傳首京師。

冬十月癸卯，蠕蠕國遣使朝貢。

十有二月癸巳，詔以州鎮十二民飢，開倉賑恤。

六年春正月甲戌，大赦天下。

二月辛卯，詔曰：「靈丘郡土既褊埆，又諸州路衝，官私所經，供費非一，往年巡行，見其勞瘁，可復民租調十五年。」癸巳，白蘭王吐谷渾翼世以誣罔伏誅。乙未，詔曰：「蕭道成逆亂江淮，戎旗頻舉，七州之民既有征運之勞，深乖輕徭之義，朕甚愍之。其復常調三年。」戊申，地豆于國遣使朝貢。癸丑，賜王公已下清勤著稱者穀帛有差。

三月庚辰，行幸虎圈，詔曰：「虎狼猛暴，食肉殘生，取捕之日，每多傷害，既無所益，損費良多，從今勿復捕貢。」辛巳，幸武州山石窟寺，賜貧老者衣服。壬午，幸方山。是月，蕭道成死，子賾僭立。

夏四月甲辰，賜畿內鰥寡孤獨不能自存者粟帛有差。

六月，蠕蠕國遣使朝貢。

秋七月，發州郡五萬人治靈丘道。

八月癸未朔，分遣大使，巡行天下遭水之處，丐民租賦，貧儉不自存者[二八]，賜以粟帛。

庚子，罷山澤之禁。

九月辛酉，以氐楊後起爲武都王。

冬十有一月乙卯，吐谷渾國遣使朝貢。

十有二月丁亥，詔曰：「朕以寡薄，政缺平和，不能仰緝緯象，蠲茲六沴。去秋淫雨，洪水爲災，百姓嗷然，朕用嗟愍，故遣使者循方賑恤。而牧守不思利民之道，其於取辦[二九]。愛毛反裘，甚無謂也。今課督未入及將來租筭，一以丐之。有司勉加勸課，以要來穰，稱朕意焉。」

七年春正月庚申，詔曰：「朕每思知百姓之所疾苦，以增修寬政，而明不燭遠，寔有缺焉。故具問守宰苛虐之狀於州郡使者、秀孝、計掾，而對多不實，甚乖朕虛求之意。宜案以大辟，明罔上必誅。然情猶未忍，可恕罪聽歸。申下天下，使知後犯無恕。」丁卯，詔青、齊、光、東徐四州之民，戶運倉粟二十石[三〇]，送瑕丘、琅邪，復租筭一年。

三月甲戌，以冀定二州民飢，詔郡縣爲粥於路以食之，又弛關津之禁，任其去來。

夏四月庚子，幸崞山，賜所過鰥寡不能自存者衣服粟帛。壬寅，車駕還宮。

閏月癸丑，皇子生，大赦天下。

五月戊寅朔，幸武州山石窟佛寺。

六月，定州上言，爲粥給飢人，所活九十四萬七千餘口。

秋七月丁丑，帝、太皇太后幸神淵池。甲申，幸方山。詔假員外散騎常侍李彪、員外郎蘭英使於蕭賾。濟南王羅拔改封趙郡王。

九月壬寅，詔曰：「朕承祖宗，夙夜惟懼，然聽政之際，猶慮未周，至於案文審獄，思聞己過。自今羣官奏事，當獻可替否，無或面從，俾朕之過，彰於遠近。」冀州上言，爲粥給飢民，所活七十五萬一千七百餘口。

冬十月戊午，皇信堂成。

十有一月辛丑，蕭賾遣使朝貢。

十有二月癸丑，詔曰：「淳風行於上古，禮化用乎近葉。是以夏殷不嫌一族之婚，周世始絕同姓之娶。斯皆教隨時設，治因事改者也。皇運初基，中原未混，撥亂經綸，日不暇給，古風遺樸，未遑釐改，迄茲莫變。朕屬百年之期，當後仁之政，思易質舊，式昭惟新。自今悉禁絕之，有犯以不道論。」庚午，開林慮山禁，與民共之。詔以州鎮十三民飢，開倉賑恤。

八年春正月，詔隴西公元琛、尚書陸叡為東西二道大使，褒善罰惡。

二月，蠕蠕國遣使朝獻。

夏四月甲寅，幸方山。戊午，車駕還宮。庚申，行幸旋鴻池，遂幸崞山。丁卯，還宮。

五月己卯，詔賑賜河南七州戍兵。甲申，詔員外散騎常侍李彪、員外郎蘭英使於蕭賾。

六月丁卯，詔曰：「置官班祿，行之尚矣。周禮有食祿之典，二漢著受俸之秩。逮于魏晉，莫不聿稽往憲，以經綸治道。自中原喪亂，茲制中絕，先朝因循，未遑釐改。朕永鑒四方，求民之瘼，夙興昧旦，至於憂勤。故憲章舊典，始班俸祿。罷諸商人，以簡民事。戶增調三匹、穀二斛九斗，以為官司之祿。均預調為二匹之賦，即兼商用。雖有一時之煩，終克永逸之益。祿行之後，贓滿一匹者死。變法改度，宜為更始，其大赦天下，與之惟新。」戊辰，武州水泛濫，壞民居舍。

秋七月乙未，行幸方山石窟寺。

八月甲辰，詔曰：「帝業至重，非廣詢無以致治；王務至繁，非博採無以興功。先王知其如此，故虛己以求過，明恕以思咎。是以諫鼓置於堯世，謗木立於舜庭，用能耳目四達，庶類咸熙。朕承累聖之洪基，屬千載之昌運，每布遐風，景行前式。承明之初，班下內

外，聽人各盡規，以補其闕。中旨雖宣，允稱者少。故變時法，遠遵古典，班制俸祿，改更

刑書。寬猛未允，人或異議，思言者莫由申情，求諫者無因自達，故令上明不周，下情壅

塞。今制百辟卿士，工商吏民，各上便宜。利民益治，損化傷政，直言極諫，勿有所隱，務

令辭無煩華，理從簡實。朕將親覽，以知世事之要，使言之者無罪，聞之者足以爲戒。」

九月甲午，蕭賾遣使朝貢。戊戌，詔曰：「俸制已立，宜時班行，其以十月爲首，每季

一請。」於是內外百官，受祿有差。

冬十月，高麗國遣使朝貢。蕭賾雙城戍主王繼宗內屬。

十有一月乙未，詔員外散騎常侍李彪、員外郎蘭英使於蕭賾。

十有二月，詔以州鎮十五水旱，民飢，遣使者循行，問所疾苦，開倉賑恤。

九年春正月戊寅，詔曰：「圖讖之興，起於三季。既非經國之典，徒爲妖邪所憑。自

今圖讖、祕緯及名爲孔子閉房記者，一皆焚之。留者以大辟論。又諸巫覡假稱神鬼，妄説

吉凶，及委巷諸卜非墳典所載者，嚴加禁斷。」癸未，大饗羣臣于太華殿，班賜皇誥。

二月己亥，制皇子封王者、皇孫及曾孫紹封者、皇女封者歲祿各有差。以廣陽王建第

二子嘉紹建後，爲廣陽王。乙巳，詔曰：「昔之哲王，莫不博採下情，勤求箴諫，建設旌鼓，

詢納芻蕘。朕班祿删刑，慮不周允，虛懷讜直，思顯洪猷。百司卿士及工商吏民，其各上書極諫，靡有所隱。」

三月丙申，宕昌國遣使朝貢。封皇弟禧爲咸陽王，幹爲河南王，羽爲廣陵王，雍爲潁川王，勰爲始平王，詳爲北海王。

夏四月癸丑，幸方山。甲寅，還宮。

五月，高麗國及蕭賾並遣使朝貢。

六月辛亥，幸方山，遂幸靈泉池。丁巳，還宮。

秋七月丙寅朔，新作諸門。癸未，遣使拜宕昌王梁彌機兄子彌承爲其國王。戊子，幸魚池，登青原岡。甲午，還宮。

八月己亥，行幸彌澤。甲寅，登牛頭山。庚申，詔曰：「數州災水，飢饉荐臻，致有賣鬻男女者。天之所譴，在予一人，而百姓無辜，橫罹艱毒，朕用殷憂夕惕，忘食與寢。今自太和六年已來，買定、冀、幽、相四州飢民良口者，盡還所親，雖娉爲妻妾，遇之非理，情不樂者亦離之。」甲子，還宮。

冬十月丁未，詔曰：「朕承乾在位，十有五年。每覽先王之典，經緯百氏，儲畜既積，黎元永安。爰暨季葉，斯道陵替，富强者并兼山澤，貧弱者望絕一壥，致令地有遺利，民無

餘財，或爭畝畔以亡身，或因飢饉以棄業，而欲天下太平，百姓豐足，安可得哉？今遣使者，循行州郡，與牧守均給天下之田，還受以生死爲斷，勸課農桑，興富民之本。」戊申，高麗、吐谷渾國並遣使朝貢。辛酉，侍中、司徒、魏郡王陳建薨。詔員外散騎常侍李彪、尚書郎公孫阿六頭使蕭賾。

十有二月乙卯，侍中、淮南王他爲司徒。蠕蠕犯塞，詔任城王澄率衆討之。

是年，京師及州鎮十三水旱傷稼。宕昌、高麗、吐谷渾等國並遣使朝貢。

校勘記

〔一〕不聽婦女合雜　「合雜」，北史卷三魏本紀三、御覽卷一〇三引後魏書、册府卷四九並作「雜合」。

〔二〕詔工商雜伎盡聽赴農　「雜伎」，御覽卷一〇三引後魏書作「雜類」，册府卷七〇作「雜役」。

〔三〕詔沙門不得去寺浮遊民間　「雜伎」爲「雜役」之訛。按北魏多雜役之户，疑此處「雜伎」爲「雜役」之訛。

〔三〕癸酉詔沙門不得去寺浮遊民間　「癸酉」，按四月癸未朔，無癸酉。且是月辛亥至下五月丁巳，其間亦不得有癸酉，北史卷三魏本紀三同誤。本書卷一一四釋老志延興二年夏四月具載詔文，不繫日。

〔四〕詔軍警給璽印傳符次給馬印 「璽印」，御覽卷六八三引後魏書、册府卷六〇並作「雀印」。

〔五〕赴九月講武 「赴」下册府卷六七有「行在所」三字，疑此處脫去。按「赴九月講武」義雖通，語較澀。

〔六〕盡可代之 「代」，南監本、局本、册府卷四一並作「貸」。

〔七〕乙亥 殿本北史卷三魏本紀三作「丁亥」，考證云：「據上文云『九月辛巳，車駕還宮』，下文云『己亥，詔囚死不得暴露』，則此十九日内，定應作『丁』。」按辛巳、己亥間不得有乙亥，「乙亥」定有誤，但也可能誤在「亥」字。

〔八〕武都王反攻仇池 「武都王」，通鑑卷一三三宋紀一五元徽元年十月作「武都氏」，疑是。按宋書卷九八氐胡傳，稱泰豫元年（魏延興二年）封楊文度爲武都王，則此武都王應即文度。但本書卷一〇一氐傳稱「文度自立爲武興王，遣使歸順」，事亦在延興二、三年間，不聞有攻仇池事。且魏書例不稱楊氏所受宋爵，下文太和元年止稱文度爲「劉準葭蘆戍主」可證。

〔九〕乙丑 魏紀時誤云：「按十月丁巳朔，『乙丑』（初九日）不得在『己未』（初三日）之前，失序。」北史卷三高祖孝文帝紀同誤。

〔一〇〕羣官卿士下及吏民 「官」，册府卷一〇二作「公」，疑是。按上文八月詔即稱「羣公卿士，其各勉厥心」。

〔一一〕辛亥 魏紀時誤云：是月乙酉朔，辛亥二十七日，不得在下己酉二十五日前，失序。

高祖紀第七上

一八七

〔二〕 人須肄業 「肄」，原作墨釘，據他本補。

〔三〕 中男二十歈 「中」，原作墨釘，據他本補。

〔四〕 推上本部丞 「推上」，殿本、北史卷三魏本紀三、據他本補。

「唯止」，册府卷六二九作「唯上」。按「唯止」語義較明。

〔五〕 吐谷渾國遣使朝獻 「朝」字原闕，據他本補。

〔六〕 原作「庚子」，據北史卷三魏本紀三改。按是年閏十一月庚戌朔，無庚子，前記癸亥十

庚午 四日事，庚午二十一日，日序合。

〔七〕 京師旱 「旱」，原作一字空格，他本並作「蝗」「旱」本書卷一〇八之一禮志一、北史卷三魏本紀

三、御覽卷一〇三引後魏書、册府卷二六並作「旱」。御覽、册府採自魏書，却與北史同，且下

文稱「祈天災」、「澍雨大洽」「知「旱」是。今據補。

〔八〕 不惟氏族下與非類婚偶 「氏族」下他本及北史卷三魏本紀三並有「高」字，則「下」字屬上

讀。然册府卷六二亦無「高」字。

〔九〕 朕今憲章舊典 「今」，三朝本、南監本、北史卷三魏本紀三並作「念」。

〔一〇〕 龜茲國遣使獻大馬 「大馬」，北史卷三魏本紀三、御覽卷一〇三引後魏書並作「龍馬」。

〔一一〕 壬寅乾象六合殿成 洪頤煊諸史考異卷九云：「案四年正月癸卯，乾象六合殿成，此不應重

出。北史卷三高祖孝文帝紀無此句，當是衍文。」

〔二二〕　四月乙卯　「四月」上疑脫「夏」字，按史例當作「夏四月」。「乙卯」，按本年四月丙寅朔，無「乙卯」，上文三月已有「乙卯」，不應四月又有此日。

〔二三〕　將軍封沓三將出角城　「封沓」，本書卷九八島夷蕭道成傳、通鑑卷一三五齊紀一建元二年八月並作「封延」。

〔二四〕　且矜愚重命　「且」，北史卷三魏本紀三、册府卷一五〇並作「但」。

〔二五〕　中山王叡　「王」下疑脫「王」字。按王叡，本書卷九三恩倖傳有傳，太和三年封中山王，異姓王公例當書姓。

〔二六〕　辛酉　按是月庚申朔，「辛酉」則是初二日，而上述「甲子」初五日事，下述「甲戌」十五日事，「辛酉」失序，疑誤。

〔二七〕　九月庚午　「庚午」，原作「庚子」，據三朝本、南監本、北監本、殿本、北史卷三魏本紀三、册府卷一二四改。按是月戊午朔，無庚子，庚午十三日，日序合。

〔二八〕　貧儉不自存者　「不」下册府卷一〇五有「能」字。按據文義當有，上文四月和下文七月都作「不能自存者」可證。

〔二九〕　其於取辦　「其」，北監本、汲本、殿本、局本並作「期」。

〔三〇〕　詔青齊光東徐四州之民户運倉粟二十石　「光」，册府卷四九〇作「兗」。「石」上他本及北史卷三魏本紀三並有「萬」字，如是，則「民户」當連讀屬上句。

魏書卷七下

高祖紀第七下

十年春正月癸亥朔，帝始服袞冕，朝饗萬國。壬午，蠕蠕犯塞。

二月甲戌，初立黨、里、隣三長，定民戶籍。

三月丙申，蠕蠕國遣使朝貢。庚申，蕭賾遣使朝貢。甲子，帝初以法服御輦，祀於西郊。癸酉，幸靈泉池。

夏四月辛酉朔，始制五等公服。

是月，高麗、吐谷渾國並遣使朝貢。

六月辛酉，幸方山。己卯，名皇子曰恂，大赦天下。

秋七月戊戌，幸方山。

八月乙亥，給尚書五等品爵已上朱衣、玉珮、大小組綬。

九月辛卯，詔起明堂、辟雍。

戊寅，車駕還宮。

冬十月癸酉，有司議依故事，配始祖於南郊。

十有一月，議定州郡縣官依戶給俸。

十有二月壬申，蠕蠕犯塞。癸未，勿吉國遣使朝貢。乙酉，詔以汝南、潁川大飢，丐民田租，開倉賑恤。

十有一年春正月丁亥朔，詔定樂章，非雅者除之。

二月甲子，詔以肆州之雁門及代郡民飢，開倉賑恤。

夏四月己未，吐谷渾國遣使朝貢。

五月壬辰，幸靈泉池，遂幸方山。癸巳，南平王渾薨。甲午，車駕還宮。詔復七廟子孫及外戚緦服已上，賦役無所與。詔南部尚書公孫文慶、上谷張伏千率眾南討舞陰〔一〕。山蠻高麗、吐谷渾國遣使朝貢。

六月辛巳，秦州民飢，開倉賑恤。癸未，詔曰：「春旱至今，野無青草。上天致譴，寔由匪德。百姓無辜，將罹飢饉。寤寐思求，罔知所益。公卿內外股肱之臣，謀猷所寄，其極言無隱，以救民瘼。」

秋七月己丑，詔曰：「今年穀不登，聽民出關就食，遣使者造籍，分遣去留，所在開倉

魏書卷七下

一九二

賑恤。」

八月壬申，蠕蠕犯塞，遣平原王陸叡討之。事具蠕蠕傳。庚辰，大議北伐，進策者百有餘人。辛巳，罷山北苑，以其地賜貧民。悉萬斤國遣使朝獻。

九月庚戌，詔曰：「去夏以歲旱民飢，須遣就食，舊籍雜亂，難可分簡，故依局割民，閱戶造籍，欲令去留得實，賑貸平均。然廼者以來，猶有餓死衢路，無人收識。良由本部不明，籍貫未實，廩恤不周，以至於此。朕猥居民上，聞用憫然。可重遣精檢，勿令遺漏。」

冬十月辛未，詔罷部無益之作，出宮人不執機杼者。甲戌，詔曰：「鄉飲禮廢，則長幼之紋亂。孟冬十月，民閑歲隙，宜於此時導以德義。可下諸州，黨里之內，推賢而長者，教其里人父慈、子孝、兄友、弟順、夫和、妻柔。不率長教者，具以名聞。」

十有一月丁未，詔罷尚方錦繡綾羅之工，四民欲造，任之無禁。其御府衣服、金銀、珠玉、綾羅、錦繡、太官雜器、太僕乘具、內庫弓矢，出其太半，班賚百官及京師士庶，下至工商皂隸，逮於六鎮戍士，各有差。戊申，詔曰：「朕惟上政不明，令民陷身罪戾。今寒氣勁切，杖捶難任。自今月至來年孟夏，不聽拷問罪人。又歲既不登，民多飢窘，輕繫之囚，宜速決了，無令薄罪久留獄犴。」

十有二月，詔祕書丞李彪、著作郎崔光改析國記，依紀傳之體。

是歲大飢，詔所在開倉賑恤。

十有二年春正月辛巳朔，初建五牛旌旗。乙未，詔曰：「鎮戍流徙之人，年滿七十，孤單窮獨，雖有妻妾而無子孫，諸如此等，聽解名還本。諸犯死刑者，父母、祖父母年老，更無成人子孫，旁無朞親者，具狀以聞。」

二月壬戌，高麗國遣使朝貢。

三月丁亥，宕昌國遣使朝貢。中散梁衆保等謀反，伏誅。

夏四月，高麗、吐谷渾國並遣使朝貢。蕭賾將陳顯達等寇邊。甲寅，詔豫州刺史元斤率衆禦之。甲子，大赦天下。乙丑，幸靈泉池。丁卯，遂幸方山。己巳，還宮。陳顯達攻陷醴陽，左僕射、長樂王穆亮率騎一萬討之。

五月丁酉，詔六鎮、雲中、河西及關內六郡，各修水田，通渠溉灌。壬寅，增置彝器於太廟。

六月甲寅，宕昌國遣使朝貢。

秋七月己丑，幸靈泉池，遂幸方山。己亥，還宮。

八月甲子，勿吉國貢楛矢、石砮。

九月，吐谷渾、宕昌國遣使朝貢。甲午，詔曰：「日月薄蝕，陰陽之恒度耳，聖人懼人君之放怠，因之以設誡，故稱『日蝕修德，月蝕修刑』。廼癸巳夜，月蝕盡。公卿已下，宜慎刑罰以答天意。」丁酉，起宣文堂、經武殿。癸卯，侍中、司徒、淮南王他薨。吐谷渾、宕昌、武興諸國各遣使朝貢。

閏月甲子，帝觀築圓丘於南郊。乙丑，高麗國遣使朝貢。辛未，幸靈泉池。癸酉，還宮。

十有一月，詔以二雍、豫三州民飢，開倉賑恤。梁州刺史、臨淮王提坐貪縱，徙配北鎮。

十有二月，蠕蠕伊吾戍主高羔子率眾三千以城內附。以侍中、安豐王猛為開府儀同三司。

十有三年春正月辛亥，車駕有事於圓丘。於是初備大駕。乙丑，兗州民王伯恭聚眾勞山，自稱齊王。東萊鎮將孔伯孫討斬之。戊辰，蕭賾遣眾寇邊，淮陽太守王僧儁擊走之。

二月壬午，高麗國遣使朝獻。庚子，引羣臣訪政道得失損益之宜。

三月甲子，吐谷渾國遣使朝獻。夏州刺史章武王彬以貪賕削封。

夏四月丁丑，詔曰：「昇樓散物，以齎百姓，至使人馬騰踐，多有毀傷，今可斷之，以本所費之物，賜窮老貧獨者。」丁亥，幸靈泉池，遂幸方山。己丑，還宮。吐谷渾國遣使朝貢。

州鎮十五大飢，詔所在開倉賑恤。

五月庚戌，車駕有事於方澤。

六月，汝陰王天賜、南安王楨並坐贓賄免爲庶人。高麗國遣使朝貢。

秋七月甲辰，陰平國遣使朝貢。丙寅，幸靈泉池，與羣臣御龍舟，賦詩而罷。立孔子廟於京師。

八月乙亥，詔兼員外散騎常侍邢產、兼員外散騎侍郎侯靈紹使於蕭賾。戊子，詔諸州鎮有水田之處，各通溉灌，遣匠者所在指授。中尺國遣使朝貢。

九月丁未，吐谷渾、武興、宕昌諸國各遣使朝獻。出宮人以賜北鎮人貧鰥無妻者。

冬十月甲申，高麗國遣使朝貢。

十有一月己未，安豐王猛薨。

十有二月丙子，侍中、司空、河東王苟頹薨。甲午，蕭賾遣使朝貢。己亥，以尚書令尉元爲司徒，左僕射穆亮爲司空。

是歲，蠕蠕別帥叱呂勤率衆內附。

十有四年春正月乙丑，行幸方山。

二月辛未，行幸靈泉池。壬申，還宮。戊寅，初詔定起居注制。己卯，詔遣侍臣循行州郡，問民疾苦。

三月壬申，吐谷渾、宕昌、武興、陰平諸國並遣使朝貢。

夏四月，地豆于頻犯塞，甲戌，征西大將軍、陽平王頤擊走之[一]。甲午，詔兼員外散騎常侍邢產、兼員外散騎侍郎蘇季連使於蕭賾。

五月己酉，庫莫奚犯塞，安州都將樓龍兒擊走之。沙門司馬惠御自言聖王[三]，謀破平原郡。擒獲伏誅。

秋七月甲辰，詔罷都牧雜制[四]。丙午，行幸方山。丙辰，遂幸靈泉池。高麗國遣使朝貢。

八月丙寅朔，車駕還宮。辛卯，宕昌國遣使朝貢。詔議國之行次。

九月癸丑，太皇太后馮氏崩。壬戌，高麗國遣使朝貢。詔聽蕃鎮曾經內侍者前後奔赴。

冬十月戊辰，詔曰：「自丁荼苦，奄踰晦朔。仰遵遺旨，祖奠有期。朕將親侍龍輿，奉訣陵隧。諸常從之具，悉可停之。其武衛之官，防侍如法。」癸酉，葬文明太皇太后於永固陵。甲戌，車駕謁永固陵。羣臣固請公除，帝不許。己卯，車駕謁永固陵。庚辰，帝居廬，引見羣寮於太和殿，太尉、東陽王丕等據權制固請，帝引古禮往復，羣臣乃止。詔在禮志〔五〕。京兆王太興有罪，免官削爵。

詔曰：「公卿屢依金冊遺旨，中代權式，請過葬即吉。朕思遵遠古，終三年之制。依禮，既虞卒哭。此月二十一日授服，以葛易麻。既衰服在上，公卿不得獨釋於下，故於朕之授服，變從練禮，已下復爲節降，斟酌今古，以制厥衷，且取遺旨速除之一端，粗申臣子罔極之巨痛。」癸未，詔曰：「朕遠遵古式，欲終三年之禮。百辟羣官，據金冊顧命，將奪朕心，從先朝之制。朕仰惟金冊，俯自推省，取諸二衷，不許衆議，以衰服過碁，終四節之慕。又奉聖訓，聿脩誥旨，不敢闇嘿自居，以曠機政。庶不愆遺令之意，差展哀慕之情。普下州鎮，長至三元，絕告慶之禮。」甲申，車駕謁永固陵。辛卯，詔曰：「羣官以萬機事重，請求聽政。朕仰祇遺命，亦思無怠。但哀慕纏綿，心神迷塞，未堪自力以親政事。近侍先掌機衡者，皆謀猷所寄，且可任之，如有疑事，當時與論決。」

十有一月甲寅，詔曰：「垂及至節，感慕崩摧，凡在臣列，誰不哽切。内外職人先朝班

一九八

次及諸方雜客，冬至之日，盡聽入臨。三品已上衰服者至夕復臨，其餘，唯旦臨而已。其拜哭之節，一依別儀。」丁巳，蕭賾遣使朝貢。

十有二月壬午，詔依準丘井之式，遣使與州郡宣行條制，隱口漏丁，即聽附實。若朋附豪勢，陵抑孤弱，罪有常刑。

十五年春正月丁巳〔六〕，帝始聽政於皇信東室。初分置左右史官。吐谷渾國遣使朝貢。

二月乙亥，枹罕鎮將長孫百年請討吐谷渾所置洮陽、泥和二戍，許之。己丑，蕭賾遣使朝貢。

三月甲辰，車駕謁永固陵。己酉，悉萬斤等五國遣使朝貢。自正月不雨，至于癸酉。有司奏祈百神，詔曰：「昔成湯遇旱，齊景逢災，並不由祈山川而致雨，皆至誠發中，澍潤千里。萬方有罪，在予一人。今普天喪恃，幽顯同哀，神若有靈，猶應未忍安饗，何宜四氣未周，便欲祀事。唯當考躬責己，以待天譴。」甲戌，詔員外散騎常侍李彪、尚書郎公孫阿六頭使於蕭賾。己卯，經始明堂，改營太廟〔七〕。

夏四月癸亥，帝始進蔬食。乙丑，謁永固陵。

五月己亥，議改律令，於東明觀折疑獄[八]。乙卯，百年攻洮陽、泥和二戍，克之，俘獲三千餘人，詔悉免歸。高麗國遣使朝獻。丙辰，詔造五輅。

六月丁未，濟陰王鬱以貪殘賜死。

秋七月乙丑[九]，謁永固陵，規建壽陵。戊寅，吐谷渾國遣使朝貢。己卯，詔議祖宗，以道武為太祖。乙酉，車駕巡省京邑，聽訟而還。己亥，詔諸州舉秀才，先盡才學。

八月壬辰，議養老，又議肆類上帝，禋于六宗之禮，帝親臨決。詔郡國有時物可以薦宗廟者，貢之。戊戌，移道壇於桑乾之陰，改曰崇虛寺。己亥，詔諸州舉秀才，先盡才學。乙巳，親定禘祫之禮。丁巳，議律令事，仍省雜祀。

九月辛巳，蕭賾遣使朝貢。壬午，吐谷渾、高麗、宕昌、鄧至諸國並遣使朝獻。

冬十月庚寅，車駕謁永固陵。是月，明堂、太廟成。

十有一月丁卯，遷七廟神主於新廟。乙亥，大定官品。戊寅，考諸牧守。詔假通直散騎常侍李彪、假散騎侍郎蔣少遊使蕭賾。丙戌，初罷小歲賀。丁亥，詔二千石考在上上者，假四品將軍，賜乘黃馬一疋；上中者，五品將軍；上下者，賜衣一襲。

十有二月壬辰，遷社於內城之西。癸巳，頒賜刺史已下衣冠。以安定王休為太傅，齊郡王簡為太保。帝為高麗王璉舉哀於城東行宮。己酉，車駕迎春於東郊。辛亥，詔簡選

樂官。

十有六年春正月戊午朔，饗羣臣於太華殿。帝始爲王公興，懸而不樂。己未，宗祀顯祖獻文皇帝於明堂，以配上帝。遂升靈臺，以觀雲物；降居青陽左个，布政事。每朔，依以爲常。辛酉，始以太祖配南郊。壬戌，詔定行次，以水承金。甲子，詔罷祖祼[一〇]。乙丑，制諸遠屬非太祖子孫及異姓爲王，皆降爲公，公爲侯，侯爲伯，子男仍舊，皆除將軍之號。戊辰，帝臨思義殿，策問秀孝。丙子，始以孟月祭廟。

二月戊子，帝移御永樂宮。庚寅，壞太華殿，經始太極。辛卯，罷寒食饗。壬辰，幸北部曹，歷觀諸省，巡省京邑，聽理冤訟。甲午，初朝日于東郊，遂以爲常。丁酉，詔祀唐堯於平陽，虞舜於廣寧，夏禹於安邑，周文於洛陽[一一]。丁未，改謚宣尼曰文聖尼父，告謚孔廟。

三月丁卯，巡省京邑。癸酉，省西郊郊天雜事。乙亥，車駕初迎氣南郊，自此爲常。辛巳，以高麗王璉孫雲爲其國王。蕭賾遣使朝貢。是月，高麗、鄧至國並遣使朝貢。

四月丁亥朔，班新律令，大赦天下。癸巳，契齧國遣使朝貢。甲寅，幸皇宗學，親問博士經義。

五月癸未，詔羣臣於皇信堂更定律條，流徒限制，帝親臨決之。

六月己丑，高麗國遣使朝貢。甲辰，詔曰：「務農重穀，王政所先；勸率田疇，君人常事。今四氣休序，時澤滂潤，宜用天分地，悉力東畝。然京師之民，遊食者衆，不加督勸，或芸耨失時。可遣明使檢察勤惰以聞。」

秋七月庚申，吐谷渾世子賀虜頭來朝。壬戌，詔曰：「王者設官分職，垂拱責成，振網舉綱，衆目斯理。朕德謝知人，豈能一見鑒識，徒乖爲君委授之義。自今選舉，每以季月，本曹與吏部銓簡。」甲戌，詔兼員外散騎常侍宋弁、兼員外散騎侍郎房亮使於蕭賾。

八月庚寅，車駕初夕月於西郊，遂以爲常。辛卯，高麗國遣使朝貢。乙未，詔陽平王頤、左僕射陸叡督十二將七萬騎北討蠕蠕。丙午，宕昌王梁彌承來朝。司徒尉元以老遜位。己酉，以尉元爲三老，游明根爲五更。又養國老、庶老。將行大射之禮，雨，不克成。

癸丑，詔曰：「文武之道，自古並行，威福之施，必也相藉。故三五至仁，尚有征伐之事；夏殷明叡，未捨甲之行。然則天下雖平，忘戰者殆，不教民戰，可謂棄之。是以周立司馬之官，漢置將軍之職，皆所以輔文強武，威肅四方者矣。國家雖崇文以懷九服，修武以寧八荒，然於習武之方，猶爲未盡。今則訓文有典，教武闕然。將於馬射之前，先行講武之式，可敕有司豫修埒場。其列陣之儀，五戎之數，別俟後敕。」

九月甲寅朔，大序昭穆於明堂，祀文明太皇太后於玄室。辛未，帝以文明太皇太后再

周忌日，哭於陵左，絕膳二日，哭不輟聲。辛巳，武興王楊集始來朝。

冬十月乙酉，鄧至國遣使朝獻。己亥，以太傅、安定王休爲大司馬，特進馮誕爲司徒。

甲辰，詔以功臣配饗太廟。丙午，高麗國遣使朝獻。庚戌，太極殿成，大饗羣臣。

十有一月乙卯，依古六寢，權制三室，以安昌殿爲內寢，皇信堂爲中寢，四合殿爲外

寢〔一一〕。

十有二月，賜京邑老人鳩杖。是月，蕭賾遣使朝貢。

十有七年春正月壬子朔，帝饗百寮於太極殿。乙丑，詔曰：「夫駿奔入觀，臣下之常

式，錫馬賜車，君人之恒惠。今諸邊君蕃胤，皆虔集象魏，趨鏘紫庭。貢饗既畢，言旋無

遠。各可依秩賜車旗衣馬，務令優厚。其武興、宕昌，各賜錦繒纊一千；吐谷渾世子八

百；鄧至世子，雖因緣至都，亦宜賚及，可賜三百。命數之差，皆依別牒。」詔兼員外散騎

侍郎劉承叔使於蕭賾〔一三〕。乙亥，勿吉國遣使朝獻。丙子，以吐谷渾伏連籌爲其國王。庚

辰，齔大司馬、安定王休，太保、齊郡王簡朔望之朝。

二月乙酉，詔賜議律令之官各有差。己丑，車駕始籍田於都南。

三月戊辰，改作後宮，帝幸永興園，徙御宣文堂。吐谷渾國遣使朝獻。

夏四月戊戌，立皇后馮氏。是月，蕭賾征虜將軍、直閤將軍、蠻酋田益宗率部落四千餘戶內屬。

五月乙卯，宕昌、陰平、契丹、庫莫奚諸國並遣使朝獻。壬戌，宴四廟子孫於宣文堂，帝親與之齒，行家人之禮。甲子，帝臨朝堂，引見公卿已下，決疑政，録囚徒。丁丑，以旱撤膳。襄陽蠻酋雷婆思等率一千三百餘戶內徙，居於太和川。

六月丙戌，帝將南伐，詔造河橋。己丑，詔免徐、南豫、陝、岐、東徐、洛、豫七州軍糧。乙未，講武。乙巳，詔曰[四]：「六職備于周經，九列炳於漢晉，務必有恒，人守其職。比百秩雖陳，事典未敍。自八元樹位，躬加省覽，遠依往籍，近採時宜，作職員令二十一卷。事迫戎期，未善周悉。雖不足綱範萬度，永垂不朽，且可釋滯目前，蕤整時務。須待軍回，更論所闕，權可付外施行。其有當局所疑而令文不載者，隨事以聞，當更附之。」立皇子恂為皇太子。戊申，高麗國遣使朝獻。

秋七月癸丑，以皇太子立，詔賜民為人後者爵一級[五]，為公士；曾為吏屬者爵二級，為上造；鰥寡孤獨不能自存者，人粟五斛。戊午，中外戒嚴。是月，蕭賾死，孫昭業僭立。

八月乙酉，三老、山陽郡公尉元羕。丙戌，車駕類於上帝，遂臨尉元喪。丁亥，帝辭永固陵。己丑，車駕發京師，南伐，步騎百餘萬[一六]。太尉丕奏請以宮人從，詔曰：「臨戎不語內事，宜停來請。」壬寅，車駕至肆州，民年七十已上，賜爵一級。路見眇跛者，停駕親問，賜衣食，復終身[一七]。戊申，幸并州。親見高年，問所疾苦。

九月壬子，詔兼員外散騎常侍高聰、兼員外散騎侍郎賈禎使於蕭昭業。丁巳，詔以車駕所經，傷民秋稼者，畝給穀五斛。戊辰，濟河。詔洛、懷、并、肆所過四州之民，百年以上假縣令，九十以上賜爵三級，八十以上賜爵二級，七十以上賜爵一級；鰥寡孤獨不能自存者，粟人五斛，帛二匹；孝悌廉義、文武應求者，皆以名聞。又詔廝養之戶不得與士民婚；有文武之才、積勞應進者同庶族例，聽之。庚午，幸洛陽，周巡故宮基趾。帝顧謂侍臣曰：「晉德不修，早傾宗祀，荒毀至此，用傷朕懷。」遂詠黍離之詩，為之流涕。壬申，觀洛橋，幸太學，觀石經。乙亥，鄧至王像舒彭遣子舊詣闕朝貢[一八]。并奉表，求以位授舊，詔許之。丙子，詔六軍發軔。丁丑，戎服執鞭，御馬而出，羣臣稽顙於馬前，請停南伐，帝乃止。仍定遷都之計。

冬十月戊寅朔，幸金墉城。詔徵司空穆亮與尚書李沖、將作大匠董爵經始洛京。己卯，幸河南城。乙酉，幸豫州。癸巳，次於石濟。乙未，解嚴，設壇於滑臺城東，告行廟以

遷都之意。大赦天下。起滑臺宮。又詔京師及諸州從戎者賜爵一級，應募者加二級，主將加三級。癸卯，幸鄴城。乙巳，詔安定王休率從官迎家於代京，車駕送於漳水上。初，帝之南伐也，起宮殿於鄴西。

header

令優給。

十有一月癸亥，宮成，徙御焉。

十有二月戊寅，巡省六軍。庚寅，陰平國遣使朝貢。乙未，詔隱恤軍士，死亡疾病務

十有八年春正月丁未朔，朝羣臣於鄴宮澄鸞殿。丁巳，高麗國遣使朝獻。癸亥，車駕南巡。詔相、兗、豫三州：百年以上假縣令，九十以上賜爵二級，七十以上賜爵一級；孤老鰥寡不能自存者，賜粟五石、帛二匹；孝悌廉義、文武應求者，皆以名聞。戊辰，經殷比干之墓，祭以太牢。乙亥，幸洛陽西宮。

二月己丑[九]，行幸河陰，規建方澤之所。丙申，河南王幹徙封趙郡，潁川王雍徙封高陽。壬寅，車駕北巡。癸卯，濟河。蕭昭業遣使朝貢。甲辰，詔天下，喻以遷都之意。閏月癸亥，次句注陘南，皇太子朝于蒲池。壬申，至平城宮。癸酉，臨朝堂，部分遷留。甲戌，謁永固陵。

三月庚辰，罷西郊祭天。壬辰，帝臨太極殿，諭在代羣臣以遷移之略。

夏五月乙亥，詔罷五月五日、七月七日饗。

六月己巳，詔兼員外散騎常侍盧昶、兼員外散騎侍郎王清石使於蕭昭業。

秋七月乙亥，以宋王劉昶為大將軍。壬午，侍中、大司馬、安定王休薨。辛卯，高麗國遣使朝貢。壬辰，車駕北巡。戊戌，謁金陵。辛丑，幸朔州。是月，島夷蕭鸞殺其主蕭昭業，立昭業弟昭文。

八月癸卯，皇太子朝於行宮。甲辰，行幸陰山，觀雲川。丁未，幸閱武臺，臨觀講武。癸丑，幸懷朔鎮。己未，幸武川鎮。辛酉，幸撫冥鎮。甲子，幸柔玄鎮。乙丑，南還。所過皆親見高年，問民疾苦，貧窶孤老賜以粟帛。丙寅，詔六鎮及禦夷城人，年八十以上而無子孫兄弟，終身給其廩粟；七十以上家貧者，各賜粟十斛。又詔諸北城人，年滿七十以上及廢疾之徒，校其元犯，以準新律，事當從坐者，聽一身還鄉，又令一子扶養，終命之後，乃遣歸邊；自餘之處，如此之犯，年八十以上，皆聽還。戊辰，車駕次旋鴻池。庚午，謁永固陵。辛未，還平城宮。

九月壬申朔，詔曰：「三載考績，自古通經；三考黜陟，以彰能否。今若待三考然後黜陟，可黜者不足爲遲，可進者大成賒緩。是以朕今三載一考，考即黜陟，欲令愚滯無妨

於賢者，才能不壅於下位。各令當曹考其優劣，為三等。六品以下，尚書重問；五品以上，朕將親與公卿論其善惡。上上者遷之，下下者黜之，中中者守其本任[二０]。」壬午，帝臨朝堂，親加黜陟。壬辰，陰平王楊炅來朝。

冬十月甲辰，以太尉、東陽王丕為太傅[二一]。戊申，親告太廟，奉遷神主。辛亥，車駕發平城宮。壬戌，次於中山之唐湖。乙丑，分遣侍臣巡問民所疾苦。己巳，幸信都。庚午，詔曰：「比聞緣邊之蠻，多有竊掠，致有父子乖離，室家分絕，既虧和氣，有傷仁厚。方一區宇，子育萬姓，若苟如此，南人豈知朝德哉？可詔荊、郢、東荊三州勒敕蠻民，勿有侵暴。」是月，蕭鸞廢殺其主蕭昭文而僭立。

十有一月辛未朔，詔冀、定二州民：「百年以上假以縣令，九十以上賜爵三級，八十以上賜爵二級，七十以上賜爵一級；鰥寡孤獨不能自存者，賜以穀帛；孝義廉貞、文武應求者具以名聞。丁丑，車駕幸鄴。甲申，經比干之墓，傷其忠而獲戾，親為弔文，樹碑而刊之。己丑，車駕至洛陽。蕭鸞雍州刺史曹虎據襄陽請降。

十有二月辛丑朔，遣行征南將軍薛真度督四將出襄陽，大將軍劉昶出義陽，徐州刺史元衍出鍾離，平南將軍劉藻出南鄭。壬寅，革衣服之制。癸卯，詔中外戒嚴。戊申，優復代遷之戶租賦三歲。己酉，詔王、公、侯、伯、子、男開國食邑者：王食半，公三分食一，侯

伯四分食一，子男五分食一。辛亥，車駕南伐。丁卯，詔郢、豫二州之民：百齡以上假縣令，九十以上賜爵三級，八十以上賜爵二級，七十以上賜爵一級；孤寡鰥老不能自存者，賜以穀帛；緣路之民復田租一歲，孝悌廉義、文武應求具以名聞。戊辰，車駕至懸瓠。己巳，詔壽陽、鍾離、馬頭之師所獲男女之口皆放還南。

十有九年春正月辛未朔，朝饗羣臣於懸瓠。癸酉，詔禁淮北之民不得侵掠，犯者以大辟論。甲戌，檄喻蕭鸞。丙子，鸞龍陽縣開國侯王朗自渦陽來降。壬午，講武於汝水之西，大賚六軍。丙申，平南將軍王肅頻破蕭鸞將，擒其寧州刺史董巒。己亥，車駕濟淮。

二月甲辰，幸八公山。路中雨甚，詔去蓋。見軍士病者，親隱恤之。戊申，車駕巡淮而東，民皆安堵，租運屬路。壬子，高麗國遣使朝獻。丙辰，車駕至鍾離。戊午，軍士擒蕭鸞三千卒〔二〕，帝曰：「在君爲君，其民何罪。」於是免歸。辛酉，車駕發鍾離，將臨江水。司徒馮誕薨。壬戌，乃詔班師。丁卯，遣使臨江數蕭鸞殺主自立之罪惡。乙未，幸下邳。鄧至國遣使朝貢。

三月戊寅，幸邵陽。戊子，太師馮熙薨〔三〕。丁未，曲赦徐、豫二

夏四月庚子，車駕幸彭城。辛丑，帝爲太師馮熙舉哀於行在所。

辛亥，詔賜百歲以上假縣令，九十以上賜爵三級，八十以上

州，其運漕之士，復租賦三年。

賜爵二級，七十以上賜爵一級；孤寡老疾不能自存者，賜以穀帛，德著丘園者具以名聞；

蕭鸞民降者，給復十五年。癸丑，幸小沛，遣使以太牢祭漢高祖廟。己未，行幸瑕丘，遣使

以太牢祠岱岳。詔宿衛武官增位一級。庚申，行幸魯城，親祠孔子廟。辛酉，詔拜孔氏四

人、顏氏二人爲官。詔兗州刺史舉部內士人才堪軍國及守宰治行，具以名聞。又詔賜兗

州民爵及粟帛如徐州。又詔選諸孔宗子一人，封崇聖侯，邑一百戶，以奉孔子之祀。又詔

兗州爲孔子起園柏，修飾墳壠，更建碑銘，襃揚聖德。戊辰，行幸礁磝。太和廟成。

五月己巳，城陽王鸞赭陽失利，降爲定襄縣王。廣川王諧薨。庚午，遷文成皇后馮氏

神主于太和廟。甲戌，行幸滑臺。丙子，次于石濟。庚辰，皇太子朝於平桃城。高麗、吐

谷渾國並遣使朝貢。癸未，車駕至自南伐，告于太廟。甲申，減閑官祿以裨軍國之用。乙

酉，行飲至之禮，班賜有差。甲午，皇太子冠於廟。

六月己亥，詔不得以北俗之語言於朝廷，若有違者，免所居官。辛丑，詔復軍士從駕

渡淮者租賦三年。癸卯，詔皇太子赴平城宮。壬子，詔濟州、東郡、滎陽及河南諸縣車駕

所經者，百年以上賜假縣令，九十以上賜爵三級，八十以上賜爵二級，七十以上賜爵一

級；孤老鰥寡不能自存，賜以穀帛；孝悌廉義、文武應求者具以名聞。癸丑，詔求天下遺

書，祕閣所無、有裨益時用者加以優賞。乙卯，曲赦梁州，復民田租三歲。丙辰，詔遷洛之

民，死葬河南，不得還北。於是代人南遷者，悉爲河南洛陽人。戊午，詔改長尺大斗，依周禮制度，班之天下。

八月甲辰，幸西宮，路見壞冢露棺，駐輦薶之。乙巳，詔選天下武勇之士十五萬人爲羽林、虎賁，以充宿衛。丁巳，詔諸從兵從征被傷者皆聽還本。金墉宮成。甲子，引羣臣歷宴殿堂。

九月庚午，六宮及文武盡遷洛陽。丙戌，行幸鄴。丁亥，詔曰：「諸有舊墓，銘記見存，昭然爲時人所知者，三公及位從公者去墓三十步，尚書令僕、九列十五步，黃門、五校十步，各不聽墾殖。」壬辰，遣黃門郎以太牢祭比干之墓。乙未，車駕還宮。

冬十月甲辰，曲赦相州。民百年以上假郡守，九十以上假縣令，八十以上賜爵三級，七十以上賜爵二級；孤老痼疾不能自存者，賜以穀帛。丙辰，車駕至自鄴。辛酉，詔州郡諸有士庶經行脩敏、文思逸、才長吏治、堪幹政事者，以時發遣。壬戌，詔諸州牧精品屬官，考其得失，爲三等之科以聞，將親覽而升降焉。詔徐、兗、光、南青、荊、洛六州纂嚴戒備，應須赴集。

十有一月，行幸委粟山。議定圓丘。甲申，有事於圓丘。丙戌，大赦天下。

十有二月乙未朔，引見羣臣於光極堂，宣示品令，爲大選之始。辛酉，驃騎大將軍、司

州牧、咸陽王禧為長兼太尉，前南安王楨復本封，以特進、廣陵王羽為征東大將軍、開府儀同三司、青州刺史。甲子，引見羣臣於光極堂，班賜冠服。

二十年春正月丁卯，詔改姓為元氏。壬辰，改封始平王勰為彭城王，以定襄縣王鸞復封城陽王。

二月辛丑，帝幸華林，聽訟於都亭。壬寅，詔自非金革，聽終三年喪。丙午，詔畿內七十以上暮春赴京師，將行養老之禮。庚戌，幸華林，聽訟於都亭。癸丑，詔介山之邑，聽為寒食，自餘禁斷。

三月丙寅，宴羣臣及國老、庶老於華林園。詔曰：「國老黃耇以上，假中散大夫、郡守；耆年以上，假給事中、縣令；庶老，直假郡縣。各賜鳩杖、衣裳。」丁丑，詔諸州中正各舉其鄉之民望，年五十以上守素衡門者，授以令長。

夏四月甲辰，廣州刺史薛法護南叛。

五月丙子，詔曰：「農惟政首，稷實民先，澍雨豐洽，所宜敦勵。其令畿內嚴加課督，墮業者申以楚撻，力田者具以名聞。」丙戌，初營方澤於河陰。遣使者以太牢祭漢光武及明、章三帝陵。又詔漢、魏、晉諸帝陵，各禁方百步不得樵蘇踐蹋。丁亥，車駕有事於方

澤。

七月[一四]，廢皇后馮氏。戊寅，帝以久旱，咸秩羣神，自癸未不食至于乙酉，是夜澍雨大洽。

丁亥，詔曰：「炎陽爽節，秋零卷澍，在予之責，實深悚慄，故輟膳三晨，以命上訴。靈鑒誠款，曲流雲液。雖休勿休，寧敢惄息。將有賢人湛德，高士凝棲，雖加銓採，未能招致。其精訪幽谷，舉茲賢彥，直言極諫，匡予不及。又邪佞毀朝，固唯治蠹；貪夫竊位，大政以虧。主者彈劾不肖，明黜盜禄。又法爲治要，民命尤重，在京之囚，悉命條奏，朕將親案，以時議決。又疾苦六極，人神所矜，宜時訪恤，以拯窮廢。鰥寡困乏，不能自存者，明加矜恤，令得存濟。又輕徭薄賦，君人常理，歲中恒役，具以狀聞。又京民始業，農桑爲本，田稼多少，課督先，仲春奔會，禮有達式，男女失時者以禮會之。又夫婦之道，生民所以不[二五]，具以狀言。」

八月壬辰朔，幸華林園，親録囚徒，咸降本罪二等決遣之。戊戌，車駕幸嵩高。甲寅，還宮。丁巳，南安王楨薨。幸華林園聽訟。

九月戊辰，車駕閱武於小平津。癸酉，還宮。丁亥，將通洛水入穀，帝親臨觀。

冬十月戊戌，以代遷之士皆爲羽林、虎賁；司州之民，十二夫調一吏，爲四年更卒，歲

開番假，以供公私力役。己酉，曲赦京師。

十有一月乙酉，復封前汝陰王天賜孫景和爲汝陰王，前京兆王太興爲西河王。

閏月丙辰，右將軍元隆大破汾州叛胡。

十有二月甲子，以西北州郡旱儉[二六]，遣侍臣循察，開倉賑恤。乙丑，開鹽池之禁，與民共之。丙寅，廢皇太子恂爲庶人；丁卯，告太廟。戊辰，置常平倉。恒州刺史穆泰等在州謀反，遣行吏部尚書任城王澄案治之[二七]。樂陵王思譽坐知泰陰謀不告，削爵爲庶人。

二十有一年春正月丙申，立皇子恪爲皇太子，賜天下爲父後者爵一級。己亥，遣兼侍中張彝、崔光，兼散騎常侍劉藻，巡方省察，問民疾苦，黜陟守宰，宣揚風化。乙巳，車駕北巡。

二月壬戌，次於太原。親見高年，問所不便。乙丑，詔并州士人年六十已上，假以郡守。先是，定州民王金鉤訛言惑眾，自稱應王。丙寅，州郡捕斬之。癸酉，車駕至平城。

甲戌，謁永固陵。癸未，行幸雲中。

三月庚寅，車駕至自雲中。辛卯，謁金陵。乙未，車駕南巡。己酉，次離石。叛胡歸罪，宥之。甲寅，詔汾州民百年以上假縣令，九十以上賜爵三級，八十以上賜爵二級，七十

以上賜爵一級。丙辰，車駕次平陽，遣使者以太牢祭唐堯。

夏四月庚申，幸龍門，遣使者以太牢祭夏禹。癸亥，行幸蒲坂，遣使者以太牢祭虞舜。戊辰，詔脩堯、舜、夏禹廟。辛未，行幸長安。壬申，武興王楊集始來朝。乙亥，親見高年，問所疾苦。丙子，遣侍臣分省縣邑，賑賜穀帛。戊寅，幸未央殿、阿房宮，遂幸昆明池。癸未，大將軍、宋王劉昶薨。丙戌，遣使者以太牢祀漢帝諸陵。

五月丁亥朔，衛大國遣使朝貢。己丑，車駕東旋，汎渭入河。庚寅，詔雍州士人百年以上假華郡太守，九十以上假荒郡，八十以上假荒縣；庶老以年減一等，七十以上賜爵三級；其營船之夫，賜爵一級；孤寡鰥貧、窮痾廢疾，各賜帛二匹，穀五斛；其孝友德義、文學才幹，悉仰貢舉。壬辰，遣使者以太牢祭周文王於酆，祭武王於鎬。癸卯，遣使祭華嶽。

六月庚申，車駕至自長安。壬戌，詔冀、定、瀛、相、濟五州發卒二十萬，將以南討。癸亥，司空穆亮遜位。丁卯，部分六師，以定行留。

秋七月甲午，立昭儀馮氏為皇后。戊辰〔二八〕，以前司空穆亮為征北大將軍、開府儀同三司、冀州刺史。甲寅，帝親為羣臣講喪服於清徽堂。

八月丙辰，詔中外戒嚴。壬戌，立皇子愉為京兆王，懌為清河王，懷為廣平王。壬申，

行幸河南城。甲戌，講武於華林園。庚辰，車駕南討。

九月丙申，詔曰：「哀貧恤老，王者所先，鰥寡六疾，尤宜矜愍。可敕司州洛陽之民，年七十已上無子孫，六十已上無朞親，窮困無以自療者，皆於別坊遣醫救護，給以衣食；及不滿六十而有廢痼之疾，無大功之親，窮困無以自存者，給以衣食。」丁酉，詔河南尹李崇討梁州叛羌[二九]，受征西源懷節度。辛丑，帝留諸將攻赭陽，引師而南。癸卯，至宛城，夜襲其郛，克之。丁未，車駕發南陽，留太尉咸陽王禧、前將軍元英攻之。己酉，車駕至新野。

冬十月丁巳，四面進攻，不克，詔左右軍築長圍以守之。乙亥，追廢貞皇后林氏為庶人。

十有一月甲午，蕭鸞前軍將軍韓秀方、弋陽太守王副之[三〇]，後軍將軍趙祖悅等十五將來降。丁酉，大破賊軍於沔北，獲其將軍王伏保等。於是民皆復業，九十已上假以郡守，六十五以上假以縣令。新野民張晇柵萬餘家，拒守不下。

十有二月庚申，破之，俘斬萬餘。丁卯，詔流徒之囚[三一]，皆勿決遣，有登城之際，令其先鋒自效。庚午，車駕臨沔，遂巡沔東還。戊寅，車駕還新野。己卯，親行營壘，隱恤六軍。蕭鸞將王曇紛等萬餘人寇南青州黃郭戍，戍主崔僧淵擊破之，悉虜其眾。以齊郡王

子琛紹河間王若後。高昌國遣使朝貢。

二十有二年春正月癸未朔，朝饗羣臣於新野行宫。丁亥，拔新野，獲蕭鸞輔國將軍、新野太守劉忌，斬之於宛。戊子，鸞湖陽戍主蔡道福棄城遁走。辛卯，鸞赭陽戍主成公期、軍主胡松棄城遁走。壬辰，鸞輔國將軍、舞陰戍主黄瑤起及直閤將軍、臺軍主鮑舉、南鄉太守席謙相尋遁走，瑤起、鮑舉爲軍人所獲送。庚戌，行幸南陽。

二月乙卯，進攻宛北城。甲子，拔之，鸞冠軍將軍、南陽太守房伯玉面縛出降。庚午，車駕幸新野。辛未，詔以穰民首歸大順終始若一者，給復三十年，標其所居曰「歸義鄉」；次降者給復十五年。

三月壬午朔，大破鸞平北將軍崔惠景、黄門郎蕭衍軍於鄧城，斬獲首虜二萬有餘。庚寅，行幸樊城，觀兵襄沔，耀武而還。曲赦二荆、魯陽郡。鎮南將軍王肅攻鸞義陽。鸞遣將裴叔業寇渦陽。乙未，詔將軍鄭思明、嚴虚敬、宇文福等三軍繼援。辛丑，行幸湖陽。乙未[三]，次比陽。戊申，詔荆州諸郡之民，初降次附，復同穰縣。辛亥，行幸縣瓠。

夏四月甲寅，從征武直之官進位三階，文官二級，外官一階。庚午，發州郡兵二十萬人，限八月中旬集縣瓠。趙郡王幹薨。

五月丙午，詔在征身喪者，四品已下及卑兼之職給帛有差。

六月庚申，詔諸王將士戰没皆加優贈。

秋七月壬午，詔曰：「朕以寡德，屬茲靖亂，實賴羣英，凱清南夏，宜約躬賞效，以勸茂績。后之私府，便可損半；六宮嬪御，五服男女，常恤恒供，亦令減半；在戎之親，三分省一。」是月，蕭鸞死，子寶卷僭立。

八月辛亥，皇太子自京師來朝。壬子，蕭寶卷奉朝請鄧學擁其齊興郡內屬。敕勒樹者相率反叛。詔平北將軍、江陽王繼都督北討諸軍事以討之。壬戌〔三〕，高麗國遣使朝獻。

九月己亥，帝以蕭鸞死，禮不伐喪，乃詔反斾。庚子，仍將北伐叛虜。丙午，車駕發懸瓠。

冬十月己酉朔，曲赦二豫殊死已下，復民田租一歲。

十有一月辛巳，幸鄴。

十有二月甲寅，以江陽王繼定敕勒，乃詔班師。

二十有三年春正月戊寅朔，朝羣臣，以帝疾瘳上壽，大饗於澄鸞殿。壬午，幸西門豹

祠，遂歷漳水而還。蕭寶卷遣太尉陳顯達寇荆州。癸未，詔前將軍元英討之。乙酉，車駕發鄴，戊戌，至自鄴。庚子，告於廟社。癸卯，行飲至策勳之禮。甲辰，大赦天下。太保、齊郡王簡薨。

二月辛亥，以長兼太尉、咸陽王禧爲正太尉。癸亥，以中軍大將軍、彭城王勰爲司徒，復樂陵王思譽本封。癸酉，顯達攻陷馬圈戍。

三月庚辰，車駕南伐。癸未，次梁城。甲申，以順陽被圍危急，詔振武將軍慕容平城率騎五千赴之。丙戌，帝不豫，司徒、彭城王勰侍疾禁中，且攝百揆。丁酉，車駕至馬圈。詔鎮南大將軍、廣陽王嘉斷均口，邀顯達歸路。戊戌，頻戰破之，其夜，顯達及崔惠景、曹虎等宵遁。己亥，收其戎資億計，班賜六軍。諸將追奔及於漢水，斬獲及赴水而死者十八九，斬寶卷左軍將軍張于達等〔二四〕。賊將蔡道福、成公期率數萬人棄順陽遁走。

庚子，帝疾甚，車駕北次穀塘原。甲辰，詔賜皇后馮氏死。詔司徒勰徵太子於魯陽踐阼。詔以侍中、護軍將軍、北海王詳爲司空公，鎮南將軍王肅爲尚書令，鎮南大將軍、廣陽王嘉爲尚書左僕射，尚書宋弁爲吏部尚書，與侍中、太尉公禧，尚書右僕射、任城王澄等六人輔政。顧命宰輔曰：「粵爾太尉、司空、尚書令、左右僕射、吏部尚書，惟我太祖丕丕之業，與四象齊茂，累聖重明，屬鴻曆於寡昧。兢兢業業，思纂乃聖之遺蹤。遷都嵩極，定鼎

高祖紀第七下

二一九

河灤，庶南蕩甌吳，復禮萬國，以仰光七廟，俯濟蒼生。困窮早滅，不永乃志。公卿其善毗繼子，隆我魏室，不亦善歟？可不勉之！」

夏四月丙午朔，帝崩于穀塘原之行宮，時年三十三。祕諱，至魯陽發哀，還京師。上諡曰孝文皇帝，廟曰高祖。五月丙申，葬長陵。

帝幼有至性，年四歲，顯祖患癰，帝親自吮膿。五歲受禪，悲泣不能自勝。顯祖問帝，帝曰：「代親之感，內切於心。」顯祖甚歎異之。文明太后以帝聰聖，後或不利於馮氏，將謀廢帝。乃於寒月，單衣閉室，絕食三朝，召咸陽王禧，將立之，元丕、穆泰、李沖固諫，乃止。帝初不有憾，唯深德丕等。撫念諸弟，始終曾無纖介，惇睦九族，禮敬俱深。雖於大臣持法不縱，然性寬慈，每垂矜捨。進食者曾以熱羹傷帝手，又曾於食中得蟲穢之物，並笑而恕之。宦者先有譖帝於太后，太后大怒，杖帝數十，帝默然而受，不自申明。太后崩後，亦不以介意。

聽覽政事，莫不從善如流。哀矜百姓，恒思所以濟益。天地、五郊、宗廟二分之禮，常必躬親，不以寒暑為倦。尚書奏案，多自尋省。百官大小，無不留心，務於周洽。每言：凡為人君，患於不均，不能推誠御物，苟能均誠，胡越之人亦可親如兄弟。常從容謂史官

曰：「直書時事，無諱國惡。人君威福自己，史復不書，將何所懼。」南北征巡，有司奏請治道，帝曰：「粗脩橋梁，通輿馬便止，不須去草剗令平也。」凡所脩造，不得已而為之，不為不急之事損民力也。巡幸淮南，如在內地，軍事須伐民樹者，必留絹以酬其直，民稻粟無所傷踐。諸有禁忌禳厭之方非典籍所載者，一皆除罷。

雅好讀書，手不釋卷。五經之義，覽之便講，學不師受，探其精奧。史傳百家，無不該涉。善談莊老，尤精釋義。才藻富贍，好為文章，詩賦銘頌，有興而作〔三五〕。有大文筆，馬上口授，及其成也，不改一字。自太和十年已後詔冊，皆帝之文也。自餘文章，百有餘篇。愛奇好士，情如飢渴。待納朝賢，隨才輕重，常寄以布素之意。悠然玄邁，不以世務嬰心。至年十餘歲，能以指彈碎羊髆骨。及射禽獸，莫不隨所志斃之。帝之雅志，皆此類也。

史臣曰：有魏始基代朔，廓平南夏，闢壤經世，咸以威武為業，文教之事，所未遑也。高祖幼承洪緒，早著叡聖之風。時以文明攝事，優游恭己，玄覽獨得，著自不言，神契所標，固以符於冥化。及躬總大政，一日萬機，十許年間，曾不暇給，殊途同歸，百慮一致，至

夫生民所難行，人倫之高迹，雖尊居黃屋，盡蹈之矣。若乃欽明稽古，協御天人，帝王制作，朝野軌度，斟酌用捨，煥乎其有文章，海內生民咸受耳目之賜。加以雄才大略，愛奇好士，視下如傷，役己利物，亦無得而稱之。其經緯天地，豈虛謚也。

校勘記

〔一〕上谷張伏千　　疑當作「上谷公張伏千」。通鑑卷一三六齊紀二永明五年五月：「魏南部尚書公孫邃、上谷公張儵帥衆與桓天生復寇舞陰。」考異云：「齊書魏虜傳云：『偽安南將軍上谷公張遼東公、平南將軍上谷公又攻舞陰。』魏書帝紀云：『詔南部尚書公孫文慶、平南將軍上谷公張伏千南討舞陰。』按公孫邃傳……『邃字文慶，與內都幢將上谷公張儵南討舞陰戍。』蓋伏千亦儵字也。」公孫邃傳附見本書卷三三公孫表傳，是「上谷」下當脫去「公」字。「伏千」，司馬光所見魏書帝紀，作「伏千」。按其時「伏千」用作人名，見本書卷二六長孫肥傳、卷二七穆崇傳。

〔二〕「千」當爲「干」字之訛。

〔三〕陽平王頤擊走之　　「頤」，原作「熙」。按通鑑卷一三七齊紀三永明八年四月作「頤」。考異云：「帝紀作『熙』，又作『頤』，今從本傳。」又殿本考證云：「按熙本傳，泰常六年薨，距太和十四年已五六十年矣。考天象志，『地豆于頻犯塞，詔征西大將軍、陽平王頤擊走之』。蓋熙

與頤俱稱陽平王，音復相近，是以訛也。今據改。下文訛作「賾」者，徑改不出校。

（三）沙門司馬惠御 「司馬惠御」，北史卷三魏本紀三作「司馬御惠」。

（四）詔罷都牧雜制 「牧」下原有一字空格。按文義似不闕字，今據他本及北史卷三魏本紀三刪。

（五）詔在禮志 按本書卷一〇八之一禮志一具録孝文帝與羣臣往復之辭，並無具體詔文。據本書語例，疑「詔」爲「語」之訛。

（六）丁巳 原作「丁卯」，據北史卷三魏本紀三改。按是月甲午朔，無丁卯，丁巳爲二十四日。

（七）改營太廟 「營」字原闕，據本書卷一〇八之一禮志一、北史卷三魏本紀三補。

（八）於東明觀折疑獄 「折」上御覽卷一七九引後魏書、册府卷五八並有「親」字，疑是。

（九）秋七月乙丑 「乙丑」及下「戊寅」、「己卯」、「乙酉」四日，與本書卷一〇五之二天象志二太和十五年七月所見之「乙未」、「辛丑」、「癸卯」三組干支不應同月共存，當有一誤。本書卷一一二下靈徵志下記「（太和）十五年閏月，濟州獻三足烏」，知是年魏置閏無疑，惟不詳閏何月。據朔閏表，是年南齊閏七月，宋劉義叟長曆謂魏閏五月，清汪曰楨歷代長術輯要謂魏閏六月。若魏閏五月，則此紀所記「六月丁未」及七月日序合，却與天象志所記七月干支不合；若魏閏六月，與此處七月所記日序合，然上「六月丁未」則須作「閏六月丁未」方合。魏紀時誤以爲此處「秋七月」當作「秋閏七月」，如此便與天象志所記七月日序合。然若閏七月，上六月則不當有「丁未」。疑天象志二採宋書天文志以成文，却未改從魏

曆，魏曆此年實閏五月。

〔一〇〕詔罷祖祼 「祖祼」下原注「疑」字，北史卷三魏本紀三作「祖裸」，通鑑卷一三七齊紀三「永明十年正月作「祖課」。按「祖課」顯誤，「祖」字不見字書，或疑當作「祖裸」，爲北族習俗，亦乏確據。今刪所注「疑」字。

〔一一〕周文於洛陽 「周文」，疑當作「周文公」。按本書卷一〇八之一禮志一：「周文公制禮作樂，垂範萬葉，可祀於洛陽。」又，錢大昕考異卷二八云：「『周文』當爲『周公』之訛。」

〔一二〕四合殿爲外寢 「四合殿」原作「四下」，下注「疑」字。按冊府卷一三一：「（太和）四年正月，乾象四合殿成」，「（太和）十六年十一月，依古六寢，權制三室，以安昌殿爲內寢，皇信堂爲中寢，四合殿爲外寢」。今據改，並刪所注「疑」字。

〔一三〕詔兼員外散騎侍郎劉承叔使於蕭賾 北史卷三魏本紀三作「詔兼員外散騎常侍邢巒使於齊」。按趙翼陔餘叢考卷八：「按遣使必兩人，魏書凡遣使皆兩人並書，北史只書正使一人，此次魏書只書劉承叔，蓋脫落正使邢巒也。」邢巒出使事見本書卷六五本傳。魏遣使南朝通例，正使兼散騎常侍，副使兼散騎侍郎。劉承叔官銜說明他是副使，「詔」下疑脫去「兼員外散騎常侍邢巒」九字。

〔一四〕乙未講武乙巳詔曰 「乙未」，原作「丁未」，據三朝本、南監本、北監本、北史卷三魏本紀三改。按太和十七年六月庚辰朔，乙巳二十六日，敍事不當在丁未二十八日後。是月乙未爲十

〔一五〕詔賜民爲人後者爵一級　「爲人後」，北史卷三魏本紀三、御覽卷一○三引後魏書、冊府卷七九並作「爲父後」。

六日，日序合。

〔一四〕步騎百餘萬　「百餘萬」，本書卷一○五之二天象志二、卷一○五之四天象志四，北史卷三魏本紀三、御覽卷一○三引後魏書並作「三十餘萬」。

〔一三〕復終身　「復」字原闕，據三朝本、局本、北史卷三魏本紀三補。

〔一二〕鄧至王像舒彭遣子舊詣闕朝貢　「舊」，寰宇記卷八一劍南道松州引後魏書鄧至傳作「奮」。按「舊」「奮」形似而音異，當有一誤。

〔一一〕二月己丑　「己丑」原作「乙丑」，據三朝本、南監本、北監本、北史卷三魏本紀三改。按太和十八年二月丙子朔，無乙丑，己丑爲十四日。

〔一○〕中者守其本任　「中」字疑重出。通鑑卷一三九齊紀五建武元年九月引此詔作「中者守其本任」；本書卷二一上廣陵王羽傳載孝文帝與羽論考績云：「上下二等，可爲三品，中等但爲一品。所以然者，上下是黜陟之科，故旌絲髮之美，中等守本，事可大通。」同傳又載孝文帝黜陟東宮官屬，謂中庶子游肇及中舍人李平「識學可觀，可爲中」。周一良魏晉南北朝史札記魏書札記「考績制度」條據此證實其時考格「上下各有三品，而中只一品」。

〔九〕太尉東陽王丕不爲太傅　按上文十六年正月己云「諸遠屬非太祖子孫及異姓爲王，皆降爲公」。

元丕乃遠屬，本書卷一四東陽王丕傳亦先云「後例降王爵，封平陽郡公」，後云「遷太傅、錄尚書事」。此時不應仍稱「東陽王」。

〔二〕　戊子太師馮熙薨　按此承上爲太和十九年三月，馮熙墓誌云：「太和十九年歲在乙亥正月辛亥(當作「辛未」)朔廿四日甲午，年五十有八，薨于代平城第。」此當是史臣據平城報達之日而書。

〔三〕　軍士擒蕭鸞三千卒　「三千卒」，御覽卷一〇三引後魏書作「三卒」。

〔四〕　七月　據本書本紀書例，「七月」上疑脫「秋」字，北史卷三魏本紀三正作「秋七月」。

〔五〕　課督以不　「以」字原闕，據冊府卷七〇補。

〔六〕　西北州郡旱儉　「西北」，疑爲「南北」之訛。按「久旱」見上文七月，洛陽也遭受旱災，不應止稱「西北」。本書卷一〇五之二天象志二載：「以南北州郡旱，遣侍臣循察，開倉賑恤。」

〔七〕　任城王澄　「任城」下原衍「陵」字，據南監本、北監本、殿本刪。

〔八〕　戊辰　疑爲「戊戌」之訛。按是年七月丙戌朔，上甲午初九日，下甲寅二十九日，無戊辰，戊戌爲十三日。

〔九〕　叛羌　「羌」，疑當作「氐」。按本書卷六六李崇傳：「崇行梁州刺史。氐楊靈珍遣弟婆羅與子雙領步騎萬餘，襲破武興，與蕭鸞相結。詔崇爲使持節、都督隴右諸軍事，率衆數萬討之。」

〔一〇〕　王副之　本書卷九八島夷蕭道成傳作「王嗣之」。

〔三〕流徒之囚 「囚」，原作「内」，據殿本、北史卷三魏本紀三改。

〔三〕乙未 此「乙未」與上重出。按是年三月壬午朔，乙未爲十四日，辛丑爲二十日，戊申爲二十七日，後「乙未」疑爲「乙巳」二十四日或「丁未」二十六日之訛。

〔三〕壬戌 原作「壬午」，據三朝本、南監本、北監本、北史卷三魏本紀三改。按是月庚戌朔，無壬午，壬戌爲十三日。

〔三〕左軍將軍張于達 「張于達」，本書卷九八島夷蕭道成傳作「張子順」，南齊書卷二六陳顯達傳作「張千」。按通鑑卷一四二齊紀八永元元年本條考異云：「魏書作『張千達』，今從齊書。」是司馬光所見魏書「于」作「千」。按「張千達」作「張千」，當是雙名單稱，「子順」或是其字。

〔三〕有興而作 北監本、汲本、殿本、局本並作「任興而作」。

魏書卷八

世宗紀第八

世宗宣武皇帝，諱恪，高祖孝文皇帝第二子。母曰高夫人，初，夢爲日所逐，避於牀下，日化爲龍，繞己數匝，寤而驚悸，既而有娠。太和七年閏四月，生帝於平城宮。二十一年正月甲午〔一〕，立爲皇太子。

二十三年夏四月丁巳，即皇帝位于魯陽，大赦天下。帝居諒闇，委政宰輔。

五月丙子朔，高麗國遣使朝貢。

六月乙卯，分遣侍臣巡行郡國，問民疾苦，考察守令，黜陟幽明，文武應求，道著丘園者，皆加褒禮。戊辰，追尊皇妣曰文昭皇后。

秋八月戊申，遵遺詔，高祖三夫人已下悉歸家。癸丑，宮臣增位一級。癸亥，南徐州刺史沈陵南叛。

冬十月癸未〔二〕，鄧至國王像舒彭來朝〔三〕。丙戌，車駕謁長陵。丁酉，有事於太廟。

十有一月，幽州民王惠定聚衆反，自稱明法皇帝，刺史李肅捕斬之。

是歲，州鎮十八水，民飢，分遣使者開倉賑恤。高麗國遣使朝獻。

景明元年春正月壬寅，車駕謁長陵。乙巳，大赦，改年。丁未，蕭寶卷豫州刺史裴叔業以壽春內屬，驃騎大將軍、彭城王勰帥車騎十萬赴之。

二月戊戌，復以彭城王勰爲司徒。寶卷將胡松、李居士率衆萬餘屯宛〔四〕，陳伯之水軍沂淮而上，以逼壽春。

夏四月丙申，彭城王勰、車騎將軍王肅大破之，斬首萬數。己亥，皇弟恌薨。

五月甲寅，以北鎮大飢，遣兼侍中楊播巡撫賑恤。

六月丙子，司徒、彭城王勰進位大司馬，車騎將軍王肅加開府儀同三司。癸未，大陽蠻酋田育丘等率戶內附。

秋七月，寶卷又遣陳伯之寇淮南。庚子，吐谷渾國遣使朝獻。

八月乙酉，彭城王勰破伯之於肥口。乙未，高麗國遣使朝貢。

九月乙丑，東豫州刺史田益宗破寶卷將吳子陽、鄧元起於長風。齊州民柳世明聚衆

反。

冬十月丁卯朔，車駕謁長陵。庚寅[五]，齊、兗二州討世明，平之。丁亥，改授彭城王勰爲司徒、録尚書事。甲午，詔壽春置兵四萬人。

十有一月己亥，荆州刺史桓道進攻寶卷下管戍，拔之，降者二千餘户。丁巳，陽平王頤薨。

是歲，十七州大飢，分遣使者開倉賑恤。是冬，島夷蕭衍起兵東下，伐其主蕭寶卷。

二年春正月丙申朔，車駕謁長陵。庚戌，帝始親政。遵遺詔，聽司徒、彭城王勰以王歸第。太尉、咸陽王禧進位太保，司空、北海王詳爲大將軍、録尚書事。丁巳，引見羣臣於太極前殿，告以覽政之意。辛酉，高麗國遣使朝獻。壬戌，以太保、咸陽王禧領太尉，大將軍、廣陵王羽爲司徒[六]。詔曰：「朕幼承寶曆，艱憂在疚，庶事不親，風化未洽。今始覽政務，義協惟新，思使四方風從率善，可分遣大使，黜陟幽明。」

二月庚午，宿衛之官進位一級。甲戌，大赦天下。

三月乙未朔，詔曰：「比年以來，連有軍旅，役務既多，百姓彫弊。宜時矜量，以拯民瘼。正調之外，諸妨害損民一時蠲罷[七]。」辛亥，詔曰：「諸州刺史，不親民事，緩於督察，

郡縣稽違，旬月之間，纔一覽決。淹獄久訟，動延時序，百姓怨嗟，方成困弊。尚書可明條制，申下四方，令日親庶事，嚴勒守宰，不得因循，寬怠虧政。」壬戌，詔曰：「治尚簡靜，任貴應事。州府佐史，除板稍多，方成損弊，無益政道。又京師百司，寮局殷雜，官有閑長者，亦同此例。苟非稱要，悉從蠲省。」青、齊、徐、兗四州大飢，民死者萬餘口。是月，蕭衍立寶卷弟南康王寶融爲主，年號中興，東赴建業。

夏五月壬子，廣陵王羽薨。壬戌，太保、咸陽王禧謀反，賜死。

六月丁亥，考諸州刺史，加以黜陟。

秋七月乙巳，蠕蠕犯塞。乙未[八]，東豫州刺史田益宗破蕭寶卷將黃天賜於赤亭。辛酉，大赦天下。壬戌，車騎將軍、儀同三司王肅薨。

九月丁酉，發畿內夫五萬人築京師三百二十三坊[九]，四旬而罷。己亥，立皇后于氏。

乙卯，免壽春營戶爲揚州民。

冬十月丁卯，吐谷渾國遣使朝獻。辛未，蕭寶卷零陵戍主華候率戶內屬。十有一月丙申，以驃騎大將軍穆亮爲司空。丁酉，大將軍、北海王詳爲太傅，領司徒。

壬寅，改築圜丘於伊水之陽。乙卯，仍有事焉。

十二月，高麗國遣使朝貢。是月，寶卷直後張齊殺其主寶卷，降蕭衍，衍克建業。

三年春二月戊寅，詔曰：「自比陽旱積時，農民廢殖，寤言增愧，在予良多。申下州郡，有骸骨暴露者，悉可埋瘞。」

三月，魯陽蠻反。蕭寶卷弟建安王寶夤來降。

夏四月，詔撫軍將軍李崇討魯陽反蠻。是月，蕭衍又廢其主寶融而僭立，自稱曰梁。

閏月丁巳，司空穆亮薨。

五月，揚州小峴戍主党法宗襲蕭衍大峴戍，破之，擒其龍驤將軍邾菩薩，送之京師。

秋七月癸酉，于闐國遣使朝獻。詔加文官從征顯達宿衛者二階，閑散者一階。

八月癸卯，蕭寶融鎮南大將軍、江州刺史陳伯之遣使請降。乙卯，以前太傅、平陽公不爲三老。

九月丁巳，車駕行幸鄴。丁卯，詔使者弔殷比干墓。戊寅，閱武於鄴南。庚辰，武興國世子楊紹先遣使朝獻。

冬十月庚子，帝親射，遠及一里五十步，羣臣勒銘於射所。甲辰，車駕還宮。

十有一月己卯，詔：「京洛兵蕪，歲踰十紀。先皇定鼎舊都，惟新魏曆，翦垡榛荒，剗茲雲構，鴻功茂績，規模長遠。今廟社乃建，宮極斯崇，便當以來月中旬，蠲吉徙御。仰尋

遺意，感慶交衷。既禮盛周宣斯干之制，事高漢祖壯麗之儀，可依典故，備茲考告〔一〇〕，以稱邇人臣之望。」

十有二月戊子，詔曰：「民本農桑，國重蠶籍，粢盛所憑，冕織攸寄〔一一〕。比京邑初基，耕桑暫缺，遺規往旨，宜必祗修。今寢殿顯成，移御維始，春郊無遠，拂羽有辰。便可表譽千畝，開設宮壇，秉末援筐，躬勸億兆。」壬寅，饗羣臣于太極前殿，賜布帛有差，以初成也。甲辰，揚州破蕭衍將張囂之，斬級二千。

是歲，疏勒、罽賓、婆羅捺、烏萇、阿喻陀、羅婆、不崙、陁拔羅、弗波女提、斯羅、噠舍、伏者奚那太、羅槃、烏稽、悉萬斤、朱居槃、訶盤陁、撥斤、厭昧、朱沴洛、南天竺、持沙那斯、頭諸國並遣使朝貢〔一二〕。河州大飢，死者二千餘口。

四年春正月乙亥，車駕籍田於千畝。梁州氐楊會反。詔行梁州事楊椿、左將軍羊祉討之。

三月己巳，皇后先蠶於北郊。庚辰，揚州破蕭衍將於陰山，斬其龍驤將軍吳道爽等數千級〔一三〕。

夏四月癸未朔，以蕭寶寅爲鎮東將軍、東揚州刺史，封丹陽郡開國公、齊王。庚寅，南

天竺國獻辟支佛牙。戊戌，詔曰：「酷吏爲禍，綿古同患；孝婦淫刑，東海燋壤。今不雨十旬，意者其有冤獄乎？尚書鞫京師見囚，務盡聽察之理。」己亥，帝以旱減膳徹懸。辛丑，澍雨大洽。

五月甲戌，楊椿、羊祉大破反氐，斬首數千級。

六月壬午朔，封皇弟悦爲汝南王。丙戌，發冀、定、瀛、相、并、濟六州二萬人[一四]、馬千疋增配壽春。

秋七月乙卯，三老、平陽公元丕薨[一五]。庚午，詔還收鹽池利以入公。辛未，以彭城王勰爲太師。

八月庚子，以吏部尚書元英假鎮南將軍，攻蕭衍義陽。勿吉國貢楛矢。辛丑，行幸河南城離宮。

冬十有一月壬子，揚州大破蕭衍軍，斬其徐州刺史潘佛憐，擒司馬明素[一六]。己未，以武興國世子楊紹先爲其國王。癸亥，詔尚書左僕射源懷撫勞代都、北鎮，隨方拯恤。乙亥，鎮南將軍元英大破蕭衍將吳子陽於白沙，擒斬千數。

十有二月庚寅，詔鎮南將軍李崇討東荆反蠻。丙申，詔曰：「先朝制立軌式，庶事惟允。但歲積人移，物情乖惰。比或擅有增損，廢墜不行；或守舊遺宜，時有舛妨；或職分

錯亂，互相推委。其下百司，列其疑闕，速以奏聞。」癸卯，蕭衍梁州刺史平陽縣開國侯翟

遠、徐州刺史永昌縣開國侯陳虎牙降。

正始元年春正月庚戌，江州刺史曲江公陳伯之破蕭衍將趙祖悅於東關。丙辰，東荊

州刺史楊大眼大破羣蠻樊季安等。丙寅，大赦，改年。

二月戊子，蕭衍將姜慶真襲陷壽春外郭，州軍擊走之。丁酉，揚州統軍劉思祖大破衍

眾於邵陽，擒其冠軍將軍、邵陽縣開國侯張惠紹，驍騎將軍、祁陽縣開國男趙景悅等十將，

斬獲數千級。

三月壬申，元英破衍將王僧炳於樊城。

夏四月辛卯，高麗國遣使朝獻。

五月丁未朔，太傅、北海王詳以罪廢為庶人。

六月，以旱徹樂減膳。癸巳，詔曰：「朕以匪德，政刑多舛，陽旱歷旬，京甸枯瘁，在予

之責，夙宵疚懷。有司可循案舊典，祗行六事：圖圄冤滯，平處決之；庶尹廢職，量加修

舉[一七]；鰥寡困窮，在所存恤；役賦殷煩，咸加蠲省；賢良讜直，以禮進之；貪殘佞諛，時加

屏黜；男女怨曠，務令媾會。稱朕意焉。」甲午，帝以旱親薦享於太廟。戊戌，詔立周旦、

夷、齊廟於首陽山。庚子，以旱見公卿已下，引咎責躬。又錄京師見囚，殊死已下皆減一等，鞭杖之坐悉皆原之。

秋七月癸丑，蕭衍角城戍主柴慶宗以城來降。李崇大破諸蠻帥樊素安。

八月丙子，元英破蕭衍將馬仙琕於義陽。詔洛陽令有大事聽面敷奏。乙酉，元英攻義陽，拔之，擒送蕭衍冠軍將軍蔡靈恩等十餘將。辛卯，英又大破衍將，仍清三關。丁酉，封元英為中山王。戊戌，西羌宋萬率戶四千內附。

九月丙午，詔緣淮南北所在鎮戍，皆令及秋播麥，春種粟稻，隨其土宜，水陸兼用，必使地無遺利，兵無餘力，比及來稔，令公私俱濟也。又詔諸州蠲停徭役，不得橫有徵發。乙丑，蕭衍霍州刺史田道龍、義州刺史張宗之遣使內附。蠕蠕犯塞，詔左僕射源懷討之。

冬十月乙未，詔斷羣官白衣募吏。

十有一月戊午，詔曰：「古之哲王，剏業垂統，安民立化，莫不崇建膠序，開訓國胄，昭宣三禮，崇明四術，使道暢羣邦，風流萬宇。自皇基徙構，光宅中區，軍國務殷，未遑經建，靖言思之，有慚古烈。可敕有司依漢魏舊章，營繕國學。」

十有二月丙子，以苑牧公田分賜代遷之戶。己卯，詔羣臣議定律令。己亥，行幸伊

闕。

閏月癸卯朔，蕭衍行梁州事夏侯道遷據漢中來降，假尚書邢巒鎮西將軍，率衆以赴之。乙丑，驃騎大將軍、高陽王雍爲司空，尚書令、廣陽王嘉加儀同三司。

二年春正月丙子，以宕昌國世子梁彌博爲其國王。鄧至國遣使朝貢。

二月，梁州氐反，絶漢中運路。刺史邢巒頻大破之。

夏四月己未，城陽王鸞薨。乙丑，詔曰：「任賢明治，自昔通規，宣風贊務，實惟多士。而中正所銓，但存門第，吏部彝倫，仍不才舉。遂使英德罕昇，司務多滯。不精厥選，將何考陟？八座可審議往代貢士之方，擢賢之體，必令才學並申，資望兼致。」丙寅，以仇池氐叛，詔光禄大夫楊椿假平西將軍，率衆以討之。

五月辛巳，氐賊□虎率衆降。邢巒遣統軍王足西伐，頻破蕭衍諸軍，遂入劍閣，執衍輔國將軍范始男送京師。

六月己丑，詔曰：「先朝勳臣，或身罹譴黜，子孫沉滯；或宦途失次，有替舊流，因而弗採，何以獎勸？言念前績，情有親疎。宗及庶族，祖曾功績可紀而無朝官，有官而才堪優引者，隨才銓授。」

甲寅，蕭衍冠軍將軍李畝等置營始平郡東[一八]，涪水之北。王足逆擊敗之，斬衍冠軍將軍張湯，輔國將軍馬市，寧朔將軍李當、姜見祖，輔國將軍馮文豪，龍驤將軍何營之等。

甲子，詔尚書李崇、太府卿于忠、散騎常侍游肇、諫議大夫鄧羨、崇、忠使持節並兼侍中、羨兼黃門，俱為大使，糾斷外州畿內，其守令之徒咎失彰露者，即便施決，州鎮重職，聽為表聞。

乙丑，蕭衍冠軍將軍王景胤、輔國將軍魯方達等攻竹亭，王足大破之，斬其輔國將軍王明達、龍驤將軍張方猌。

丁卯，揚州刺史薛真度大破蕭衍將王超宗，俘斬三千級。

戊辰，蕭衍將魯方達屯戍新城，足又遣統軍盧祖遷等擊敗之，斬衍冠軍將軍楊伯仁、寧朔將軍任安定。

秋七月甲戌，詔曰：「朕纂馭寶曆，於今七載，德澤未敷，鑒不燭遠，人之冤瘼，所在猶滋，而糾察之獄未暢于下，賢愚靡分，皂白均貫，非所以革民耳目，使善惡勵心。今分遣大使，省方巡檢，隨其懲負與風響相符者，即加糾黜，以明雷霆之威，以申旌軒之舉，因以觀風辨俗，採訪功過，褒賞賢者，糾罰淫慝，理窮恤弊，以稱朕心。」

戊子，王足擊破蕭衍軍，斬其龍驤將軍喻增暉、寧朔將軍庫保壽、輔國將軍魯天惠、建

武將軍王文標。王足逼涪城，壬辰，蕭衍巴西太守庾域，冠軍將軍、統軍主李畋等逆戰，足擊破之，俘斬千數。

八月壬寅，詔中山王英南討襄沔。

庚戌，王足遣統軍紀洪雅、盧祖遷等攻破衍軍，斬其秦梁二州刺史魯方達等十五人。

壬子，王足又遣統軍盧祖遷等擊破衍軍，斬其都督、冠軍將軍、梓潼縣開國子王景胤，劉達等二十四將軍。

甲寅，揚州擊衍將姜慶真於羊石，破之。是月，衍沔東太守田青喜率郡七、縣三十一、戶萬九十內附。

九月己巳，揚州刺史元嵩擊破衍湘州刺史楊公則等，斬獲數千。

冬十有一月戊辰朔，武興國王楊紹先叔父集起謀反，詔光祿大夫楊椿討之。

王足圍涪城，益州諸郡戍降者十二三，民送編籍者五萬餘戶。既而足引軍而退。

十有二月庚申，又詔驃騎大將軍源懷慎〔九〕，令討武興反氐。

三年春正月丁卯朔，皇子生，大赦天下。壬申，梁秦二州刺史邢巒連破氐賊，克武興。

蕭衍冀州刺史桓和入寇南青州，州軍擊走之。

秦州民王智等聚衆二千自號王公，尋推秦州主簿呂苟兒爲主，年號建明。

己卯，楊集起兄弟相率降。

二月丙辰，詔曰：「昔虞戒面從，昌言屢進；周任諫輔，王闕必箴。朕仰纘鴻基，伏膺寶曆，思康庶績，一日萬幾，是以側望忠言，虛求讜直。而良策弗進，規畫無聞，豈所謂弼諧元首，匡救不逮者乎？可詔王公已下，其有嘉謀深圖、直言忠諫、利國便民、矯時厲俗者，咸令指事陳奏，無或依違。」戊午，詔右衞將軍元麗等討呂苟兒。乙丑，平南將軍陳伯之破蕭衍徐州刺史昌義之於梁城。是月，衍將蕭昞率衆五萬寇淮陽。

三月己巳，以戎旅大興，詔罷諸作。己卯，詔荊州刺史趙怡、平南將軍奚康生赴淮陽。樂良王長命坐殺人賜死，國除。戊子，名皇子曰昌。庚寅，平南將軍、曲江縣開國公陳伯之自梁城南奔。

夏四月乙未[二〇]，詔罷鹽池禁。甲辰，詔遣使者巡慰北邊酋庶。庚戌，以中山王英爲征南將軍、都督揚徐二道諸軍事，指授邊將。蕭衍江州刺史王茂先寇荊州，屯於河南城，詔平南將軍楊大眼討之。辛酉，大破之，斬其輔國將軍王花，首虜二千餘。進攻河南城，茂先逃潰，追奔至於漢水，拔其五城。將軍宇文福略衍司州，俘獲千餘口而還。

五月乙丑朔，詔尚書拯義陽初附之戶。丙寅，詔曰：「掩骼埋胔，古之令典，順辰脩

令,朝之恒式。今時澤未降,春稼已旱。或有孤老餒疾,無人贍救,因以致死,暴露溝壑者,洛陽部尉依法棺埋。」壬申,蕭衍將張惠紹入寇,陷宿豫。乙亥,衍將蕭容陷梁城〔二〕。

辛巳,衍將韋叡陷合肥城。壬午,詔尚書元遙率衆南討。

癸未,以秦隴未平,詔征西將軍于勁節度諸軍。

己丑,衍將又陷羊石、霍丘二城。

六月辛丑,又陷小峴戍。

乙巳,安西將軍元麗大破秦賊,斬賊帥王智五人,梟首六千。

丁未,假平南將軍奚康生破蕭衍將張惠紹,斬其徐州刺史宋黑。丁巳,詔尚書邢巒出討徐兗。

秋七月丙寅,衍將桓和寇孤山,陷固城。

庚辰,元麗大破秦賊,降呂苟兒及其王公三十餘人,秦涇二州平。

戊子,中山王英大破衍徐州刺史王伯敖於陰陵,斬其將二十五人,首虜五千有餘。己丑,詔發定、冀、瀛、相、并、肆六州十萬人以濟南軍。

八月壬寅,安東將軍邢巒破蕭衍將桓和於孤山,斬首萬餘級。將軍元恒別克固城,斬衍冠軍將軍桓方慶。統軍畢祖朽別克蒙山,斬衍龍驤將軍矯道儀等,斬賊及赴沂死者四

魏書 卷八

二四二

千餘人。兗州平。己酉,詔平南將軍、安樂王詮督後發諸軍以赴淮南。壬戌,曲赦涇、秦、岐、涼、河五州。

九月癸酉,邢巒大破衍軍於宿豫,斬其大將藍懷恭等四十餘人。張惠紹棄宿豫,蕭昞棄淮陽南走,追斬數萬級。徐州平。己丑,中山王英大破衍軍於淮南,衍中軍大將軍、臨川王蕭宏,尚書右僕射柳惔,徐州刺史昌義之等棄梁城沿淮東走。追奔次於馬頭,衍冠軍將軍、戍主朱思遠棄城宵遁,擒送衍將四十餘人,斬獲士卒五萬有餘。英遂攻鍾離。高麗國遣使朝貢。蕭衍遣將士卒三萬寇義陽。丁酉〔三〕,夜遁走,郢州刺史婁悅追擊,破之。

戊申,蠕蠕國遣使朝貢。己未,征虜將軍趙遐大破衍衆於潕城桑坪。

十有一月甲子,帝爲京兆王愉、清河王懌、廣平王懷、汝南王悅講孝經於式乾殿。庚寅,詔曰:「往歲隴右扇逆,合境不民。其中猶有卒能自守,無豫釁亂。疾風知勁,良在可嘉。尚書可甄量報賞,以表誠義。」是月,梁州再破反獠。

四年春二月丙午,吐谷渾、宕昌國並遣使朝獻。己未,勿吉國貢楛矢。

三月丙子,疊伏羅國遣使朝貢。

夏四月戊戌,鍾離大水。中山王英敗績而還。壬寅,吐谷渾、鳩磨羅、阿拔磨拔切磨

勒、悉萬斤諸國並遣使朝獻。

夏六月己丑朔〔二三〕，詔曰：「高祖德格兩儀，明並日月，播文教以懷遠人，調禮學以旌儁造，徙縣中區，光宅天邑，總霜露之所均，一姬卜於洛涘，戎繕兼興，未遑儒教。朕纂承鴻緒，君臨寶曆，思模聖規，述遵先志。今天平地寧，方隅無事，可敕有司準訪前式，置國子，立太學，樹小學於四門。」丙午，蕭衍龍驤將軍、馮翊太守宇文子生等七郡相率內附。丁未，社蘭達那羅、舍彌、比羅直諸國並遣使朝獻。

秋八月辛卯，契丹國遣使朝獻。己亥，中山王英、齊王蕭寶夤坐鍾離敗退，並除名為民。庚子，庫莫奚、宕昌、吐谷渾諸國遣使朝獻。辛丑，敦煌民飢，開倉賑恤。

九月己未，詔曰：「朕秉曆承天，履年將紀，徙正宮極，歲浹歸餘。台懿茂親，祇勤已久；列司英彥，庸續未酬。非所謂有功見知，賞以時及。其以司空、高陽王雍為太尉，尚書令、廣陽王嘉為司空，百官悉進位一級。」庚申，夏州長史曹明謀反，伏誅。甲子，開斜谷舊道。疏勒、車勒阿駒、南天竺、婆羅等諸國遣使朝獻。丙戌，司州民飢，開倉賑恤。

閏月甲午，禁大司馬門不得車馬出入。

冬十月丁巳，高麗、半社、悉萬斤、可流伽、比沙、疏勒、于闐等諸國並遣使朝獻。丁卯，皇后于氏崩。戊辰，疏勒國遣使朝貢。庚午，淮陽太守安樂以城南叛。辛未，嚈噠、波

斯、渴槃陁、渴文提不那杖忸杖提等諸國[二四]，並遣使朝獻。乙酉，葬順皇后於永泰陵。己

十有一月丁未，禁河南畜牝馬。自碣石至於劍閣，東西七千里，置二十二都尉。己

西、阿與陁、呵羅槃、陁跋吐羅諸國並遣使朝獻。

十有二月戊午，詔兵士鍾離沒落者，復一房田租三年。辛酉，特那杖提莎鉢離阿失勒

摩致鉢諸國遣使朝貢。甲子，蠕蠕、高車民他莫孤率部來降。丁丑，鉢崘、波利伏佛胃善、

乾達諸國遣使朝貢。

永平元年春正月戊戌，潁川太守王神念奔於蕭衍。

二月辛未，勿吉、南天竺國並遣使朝獻。

三月戊子，皇子昌薨。己亥，斯羅、阿陁、比羅、阿夷義多、婆那伽、伽師達、于闐諸國

並遣使朝獻。丙午，以去年旱儉，遣使者所在賑恤[二五]。

夏四月，阿伏至羅國遣使朝貢。

五月癸未，高麗國遣使朝獻。辛卯，帝以旱故，減膳撤懸。

六月壬申，詔曰：「慎獄重刑，著於往誥。朕御茲寶曆，明鑒未遠，斷決煩疑，寔有攸

愧。可依洛陽舊圖，脩聽訟觀，農隙起功，及冬令就。當與王公卿士親臨錄問。」癸酉，高

車國遣使朝貢。

秋七月辛卯，高車、契丹、汗畔、嚈噠諸國並遣使朝獻。甲午，以夫人高氏爲皇后。乙未，詔曰：「察獄以情，審之五聽，枷杖小大，各宜定準。然比廷尉、司州、河南、洛陽、河陰及諸獄官，鞫訊之理，未盡矜恕，掠拷之苦，每多切酷，非所以祗憲量衷、慎刑重命者也。推濫究枉，良軫於懷。可付尚書精檢枷杖違制之由，斷罪聞奏。」

八月癸亥，冀州刺史、京兆王愉據州反。乙丑，假尚書李平鎮北將軍、行冀州事以討之。丁卯，大赦，改年。庚午，吐谷渾、庫莫奚國並遣使朝貢。

九月辛巳朔，李平大破元愉於草橋。丙戌，復前中山王英本封。壬辰，蠕蠕國遣使朝貢。戊戌，殺侍中、太師、彭城王勰。辛丑，詔赦冀州民雜工役爲元愉所誑誤者，其能斬獲逆黨，別加優賞。癸卯，李平克信都，元愉北走，斬其所署冀州牧韋超、右衛將軍睦雅、尚書僕射劉子直、吏部尚書崔胐等。統軍叔孫頭執愉送信都。羣臣請誅愉，帝弗許，詔送京師。冀州平。庚子〔二六〕，鄴州司馬彭珍、治中督榮祖等謀叛，潛引蕭衍衆入義陽，鄴州刺史婁悅擊走之。詔將軍胡季智、屈祖等南赴義陽。遣中山王英督步騎三萬以赴之。

三關戍主侯登、陽鳳省等以城南叛，婁悅嬰城固守。豫州城人白早生殺刺史司馬悅〔二七〕，

冬十月丁巳，詔復故北海王詳本封，葬以王禮。

據城南叛,蕭衍遣將齊苟仁等四將以助之。詔尚書邢巒行豫州事,督將軍崔暹率騎討之。丙子,邢巒大破旱生及苟仁軍於鮑口。丁丑,前宿豫戍主成安樂子景儁殺宿豫戍主嚴仲賢,以城南叛。

十有一月庚寅,詔安東將軍楊椿率眾四萬攻宿豫。

十有二月己未,邢巒克懸瓠,斬白旱生,擒齊苟仁等,俘蕭衍卒三千餘人,分賜王公已下。癸亥,中山王英破衍將於楚城,擒衍寧朔將軍張疑等[二八]。郢州刺史婁悅破衍將馬仙琕於金山。壬申,漢東蠻民一萬七千戶相率內附。丙子,高麗國遣使朝獻。

是歲,高昌國王麴嘉遣其兄子私署左衛將軍孝亮奉表來朝,因求內徙,乞師迎接。

二年春正月,蕭衍遣王神念寇南兗。詔輔國將軍長孫稚假平南將軍為都督,率統軍邴虬等五軍以討之。丁亥,胡密、步就磨、忸密、槃是、悉萬斤、辛豆那、越拔忸諸國並遣使朝獻。壬辰,嚈噠、薄知國遣使來朝,貢白象一。乙未,高昌國遣使朝貢。丙申,中山王英進逼蕭衍長薄戍,戊戌,宵潰,殺傷千數。丁酉,拔武陽關[二九],擒衍雲騎將軍、松滋縣開國侯馬廣,冠軍將軍、遷陵縣開國子彭瓮生,驍騎將軍、當陽縣開國伯徐元季等二十六將,俘獲七千餘人。進攻黃峴、西關。衍將馬仙琕棄西關,李元履棄黃峴遁走。是月,涇州沙門

劉慧汪聚眾反〔三〇〕。詔華州刺史奚康生討之。

二月乙卯,詔曰:「比軍役頻興,仗多毀敗,在庫戎器,見有無幾。安不忘危,古人所戒,五兵之器,事須充積,經造既殷,非眾莫舉。今可量造四萬人雜仗。」

三月癸未,磨豆羅、阿曜社蘇突闔、地伏羅諸國並遣使朝獻。

夏四月己酉,詔以武川鎮飢,開倉賑恤。甲子,詔曰:「聖人濟世,隨物汙隆,或正或權,理無恒在。先朝以雲駕甫遷,嵩基始構,河洛民庶,徙舊未安,代來新宅,尚不能就。伊闕西南,羣蠻填聚;沔陽賊城,連邑作戍;蠢爾愚巴,心未純款。故暫抑育之仁,權緩肅姦之法。今京師天固,與昔不同。揚郢荊益,皆悉我有;保險諸蠻,罔不歸附;商洛民情,誠倍往日。唯樊襄已南,仁乖道政,被拘隔化,非民之咎。而無賴之徒,輕相劫掠,屠害良善,離人父兄。衍之爲酷,實亦深矣。便可放彼掠民,示其大惠,捨此殘賊,未令之愆。并敕緣邊州鎮,自今已後,不聽境外寇盜,犯者罪同境內。若州鎮主將,知容不糾,坐之如律。」

五月,高麗國遣使朝獻。辛丑,帝以旱故,減膳徹懸,禁斷屠殺。甲辰,幸華林都亭,親錄囚徒,犯死罪已下降一等。

六月,高昌國遣使朝獻。辛亥,詔曰:「江海方同,車書宜一,諸州軌轍南北不等。今

可申敕四方，使遠近無二。」

秋七月癸未，契丹國遣使朝獻。

八月丁未，鄧至國遣使朝獻。戊申，以鄧至國世子像覽蹄爲其國王。高昌、勿吉、庫莫奚諸國並遣使朝獻。

九月辛巳，封故北海王子顥爲北海王。壬午，詔定諸門闥名。

冬十月癸丑，以司空、廣陽王嘉爲司徒。庚午，鄆州獻七寶牀，詔不納。

十有一月甲申，詔禁屠殺含孕，以爲永制。己丑，帝於式乾殿爲諸僧、朝臣講維摩詰經。

十有二月，詔曰：「五等諸侯，比無選式。其同姓者出身：公正六下，侯從六上，伯從六下，子正七上，男正七下。異族出身：公從七上，侯從七下，伯正八上，子正八下，男從八上。清脩出身：公從八下，侯正九上，伯正九下，子從九上，男從九下。可依此敍之。」

三年春二月丙午，高昌、鄧至國並遣使朝獻。壬子，秦州沙門劉光秀謀反。州郡捕斬之。癸亥，秦州隴西羌殺鎮將趙儁，阻兵反叛。州軍討平之。

疊伏羅、弗菩提、朝陁咤、波羅諸國並遣使朝獻。

三月丙戌，皇子生，大赦天下。高麗、吐谷渾、宕昌諸國並遣使朝獻。

夏四月，平陽郡之禽昌、襄陵二縣大疫，自正月至此月，死者二千七百三十人。

五月丁亥，詔以冀定二州旱儉，開倉賑恤。

六月壬寅，詔重求遺書於天下。丁卯，名皇子曰詡。

閏月己亥，吐谷渾、高麗、契丹諸國各遣使朝貢。

秋七月己未，吐谷渾國遣使朝貢。

八月己卯，勿吉國遣使朝貢。

九月壬寅，烏萇、伽秀沙尼諸國並遣使朝獻。丙辰，高車別帥可略汗等率眾一千七百內屬。

冬十月辛卯，中山王英薨。丙申，詔曰：「朕乘乾御曆，年周一紀，而道謝擊壤，教慚刑曆。至於下民之縈鰥疾苦，心常愍之，此而不恤，豈爲民父母之意也。可敕太常於閑敞之處，別立一館，使京畿內外疾病之徒〔二〕，咸令居處。嚴敕醫署，分師療治，考其能否，而行賞罰。雖齡數有期，脩短分定，然三疾不同〔三〕，或賴針石，庶秦扁之言，理驗今日。又經方浩博，流傳處廣，應病投藥，卒難窮究。更令有司，集諸醫工，尋篇推簡，務存精要，取三十餘卷，以班九服，郡縣備寫，布下鄉邑，使知救患之術耳。」戊戌，高車、龜茲、難地、那

竭、庫莫奚等諸國並遣使朝獻。

十有二月己卯，高麗、比沙杖國遣使朝獻。辛巳，江陽王繼坐事除名。甲申，詔於青州立高祖廟。殿中侍御史王敞謀反伏誅。

四年春正月丁巳，汾州劉龍駒聚眾反。詔諫議大夫薛和率眾討之。甲子，阿悅陁、不數羅國並遣使朝獻。

二月壬午，青、齊、徐、兗四州民飢甚，遣使賑恤。

三月癸卯，婆比幡彌、烏萇、比地〔三三〕、乾達諸國並遣使朝獻。壬戌，司徒、廣陽王嘉薨。

夏四月，琅邪民王萬壽斬蕭衍輔國將軍、琅邪東莞二郡太守劉晰首，以胊山來降。徐州刺史盧昶遣琅邪戍主傅文驥率眾據之。甲戌，薛和大破山胡。蕭衍遣其鎮北將軍張稷及馬仙琕寇胊山。詔盧昶率眾赴之。

五月己亥，遷代京銅龍置天淵池〔三四〕。丙辰，詔禁天文之學。

六月乙亥，乾達、阿婆羅、達舍、越伽使密、不流沙諸國並遣使朝獻。

秋七月辛酉，吐谷渾、契丹國並遣使朝獻。

矢。

八月辛未，阿婆羅、達舍、越伽使密、不流沙等諸國並遣使朝獻。癸巳，勿吉國獻楛

九月甲寅，蕭衍九山戍主苟仁以戍來降〔三五〕。嘛嗟、朱居槃、波羅、莫伽陁、移婆僕羅、俱薩羅、舍彌、羅樂陁等諸國並遣使朝獻。

冬十月丁丑，婆比幡彌、烏萇、比地、乾達等諸國並遣使朝獻。

十有一月甲午，宕昌國遣使朝獻。己亥，詔李崇、奚康生等治兵壽春，以分胊山之寇。

戊申，難地、伏羅國並遣使朝獻。胊城陷，盧昶大敗而還。

十有二月壬申，詔曰：「進善退惡，治之通規，三載考察，政之明典。正始二年以來，于今未考，功過難齊，寧無昇降？從景明二年至永平四年，通考以聞。」戊子，大羅汗、婆來伽國遣使朝獻。

延昌元年春正月乙巳，以頻水旱〔三六〕，百姓饑弊，分遣使者開倉賑恤。戊申，疏勒國遣使朝獻。丙辰，以車騎大將軍、尚書令高肇為司徒公，光祿大夫、清河王懌為司空，司州牧、廣平王懷進號驃騎大將軍、儀同三司。

三月辛卯朔〔三七〕，渴槃陁國遣使朝獻。甲午，州郡十一大水，詔開倉賑恤。以京師穀

貴，出倉粟八十萬石以賑貧者。己未，安樂王詮薨。

夏四月，詔以旱故，食粟之畜皆斷之。丁卯，詔曰：「遷京嵩縣，年將二紀，虎闈闕唱演之音，四門絕講誦之業，博士端然，虛祿歲祀，貴遊之冑，歎同子衿，靖言念之，有兼愧慨。可嚴敕有司，國子學孟冬使成，太學、四門明年暮春令就。」戊辰，以旱，詔尚書與羣司鞫理獄訟，詔河北民就穀燕恒二州。辛未，詔饑民就穀六鎮。丁丑，帝以旱故，減膳撤縣。癸未，詔曰：「肆州地震陷裂，死傷甚多，言念毀沒，有酸懷抱。亡者不可復追，生病之徒宜加療救。可遣太醫、折傷醫，并給所須之藥，就治之。」乙酉，大赦，改年。詔立理訴殿、申訟車，以盡冤窮之理。

自二月不雨至於是晦。

五月辛卯，疏勒及高麗國並遣使朝獻。丙午，詔天下有粟之家，供年之外，悉貸饑民。

六月壬申，澍雨大洽。戊寅，通河南牝馬之禁。己卯，詔曰：「去歲水災，今春炎旱，百姓饑餒，救命靡寄，雖經踰月，不能養績。今秋輸將及，郡縣期於責辦，尚書可嚴勒諸州，量民資產，明加檢校，以救艱弊。」庚辰，詔出太倉粟五十萬石，以賑京師及州郡饑民。

秋七月，吐谷渾、契丹國並遣朝獻。

八月壬戌，吐谷渾國遣使朝貢。丁亥，勿吉國貢楛矢。

獻。

冬十月乙亥，立皇子詡為皇太子。是月，嚈噠、于闐、高昌及庫莫奚諸國並遣使朝

十有一月丙申，詔曰：「朕運承天休，統御宸宇，太子體藉靈明，肇建宮華，明兩既孚，三善方洽，宜澤均率壤，榮汎庶胤。其賜天下為父後者爵一級，孝子、順孫、廉夫、節婦旌表門閭，量給粟帛。」

十有二月己巳，詔守宰為御史所彈遇赦免者、及考在中第，皆代之。

二年春正月戊戌，帝御申訟車，親理冤訟。高麗國遣使朝獻。

二月丙辰朔，賑恤京師貧民。甲戌，以六鎮大饑，開倉賑贍。己卯，太尉、高陽王雍進位太保。庚辰，蕭衍郁州民徐玄明等斬送衍鎮北將軍、青冀二州刺史張稷首，以州內附，詔前南兗州刺史樊魯率衆赴之。

閏二月辛丑，以苑牧之地賜代遷民無田者。癸卯，定奴良之制，以景明為斷。

三月丙寅，高昌國遣使朝獻。是春，民饑，餓死者數萬口〔三八〕。

夏四月庚子，以絹十五萬匹賑恤河南郡饑民〔三九〕。

五月，壽春大水，遣平東將軍奚康生等步騎數千赴之。高麗國遣使朝獻。

六月乙酉，青州民饑，詔使者開倉賑恤。甲午，曲赦揚州。辛亥，帝御申訟車，親理冤訟。是夏，州郡十三大水。

秋八月辛卯，詔曰：「頃水旱互侵，頻年饑儉，百姓窘弊，多陷罪辜，煩刑之愧，朕用懼矣。其殺人、掠賣人、羣彊盜首，及雖非首而殺傷財主，曾經再犯、公斷道路劫奪行人者，依法行決，；自餘恕死。徒流已下各準減降。」庚戌，嚈噠、于闐、槃陁及契丹、庫莫奚諸國並遣使朝獻。

九月丙辰，以貴族豪門崇習奢侈，詔尚書嚴立限級，節其流宕。是月，勿吉、吐谷渾、鄧至國並遣使朝貢。

冬十月，詔以恒、肆地震，民多死傷，蠲兩河一年租賦。乙巳，詔以恒、肆地震，民多離災，其有課丁沒盡、老幼單辛[40]、家無受復者，各賜廩以接來稔[41]。高麗國遣使朝獻。

十有二月丙戌，丐洛陽、河陰二縣租賦。

三年春二月乙未，詔曰：「肆州秀容郡敷城縣、雁門郡原平縣，並自去年四月以來，山鳴地震，于今不已，告譴彰咎，朕甚懼焉，祗畏兢兢，若臨淵谷，可恤瘝寬刑，以答災譴[42]。」

三月，三關別將李世哲大破羣蠻，斬蕭衍龍驤將軍文思之、文天生。

夏四月，青州民饑，辛巳，開倉賑恤。乙巳，上御申訟車，親理冤訟。

六月，南荊州刺史桓叔興大破蕭衍軍於九山，斬其虎旅將軍、新豐縣開國子蔡令孫，冠軍將軍席世興、貞義將軍藍次孫。

秋七月丙子，勿吉國遣使朝貢。

八月甲申，帝臨朝堂，考百司而加黜陟。

九月，吐谷渾、契丹、勿吉諸國並遣使朝貢。

冬十月庚辰，詔驍騎將軍馬義舒慰諭蠕蠕。庫莫奚國遣使朝貢。

十有一月庚戌，南天竺、佐越費實諸國並遣使朝獻。辛亥，詔司徒高肇爲大將軍、平蜀大都督，步騎十五萬西伐〔四三〕。益州刺史傅豎眼出巴北〔四四〕，平南將軍羊祉出涪城，安西將軍奚康生出綿竹，撫軍將軍甄琛出劍閣。乙卯，以中護軍元遙爲征南將軍、東道都督，鎮遏梁楚。丁巳，幽州沙門劉僧紹聚衆反，自號淨居國明法王。州郡捕斬之。甲戌，高麗國遣使朝獻。

十有二月庚寅，詔立明堂。

四年春正月甲寅，帝不豫，丁巳，崩于式乾殿，時年三十三。

二月甲戌朔，上尊謚曰宣武皇帝，廟號世宗。甲午，葬景陵。

帝幼有大度，喜怒不形於色。雅性儉素。初，高祖觀諸子志尚，乃大陳寶物，任其所取，京兆王愉等皆競取珍玩，帝唯取骨如意而已。高祖大奇之。庶人恂失德，高祖謂彭城王勰曰：「吾固疑此兒有非常志相，今果然矣。」乃立爲儲貳。雅愛經史，尤長釋氏之義，每至講論，連夜忘疲。善風儀，美容貌，臨朝淵嘿，端嚴若神，有人君之量矣。

史臣曰：世宗承聖考德業，天下想望風化，垂拱無爲，邊徼稽服。而寬以攝下，從容不斷，〔太和〕之風替矣。比夫漢世，〔元〕、〔成〕、〔安〕、〔順〕之儔歟？

校勘記

〔一〕甲午　他本及本書卷七下高祖紀下太和二十一年正月、北史卷四魏本紀四、通鑑卷一四一齊紀七建武四年正月並作「丙申」。按是月己丑朔，甲午初六日，丙申初八日，日序俱合。

〔二〕冬十月癸未　「癸未」，原作「辛未」，據北史卷四魏本紀四改。按本月癸酉朔，無辛未，癸未十一日，日序合。

〔三〕 鄧至國王像舒彭來朝 「像舒彭」，原作「象舒彭」，據殿本改。按音譯本無定字，但本書卷七下高祖紀下太和十七年九月諸本並作「像舒彭」，今予統一。

〔四〕 寶卷將胡松李居士率衆萬餘屯宛 「宛」，本書卷六三王肅傳、通鑑卷一四三齊紀九永元二年三月作「死虎」。胡注云：「死虎，地名，在壽州壽春縣東四十餘里。」按「死虎塘」「死虎亭」，見水經注卷三二肥水。宋書卷八六劉勔傳：「豫州刺史殷琰反，勔破琰將劉順於宛唐」。齊書卷二六王敬則傳：「殷琰遣將劉從築四壘於死虎。」劉順即劉從，蕭子顯避齊諱改。通典卷一八一州郡一一古揚州上壽春條云：「今縣東四十餘里，宋殷琰築四壘於此。」知「死虎」「宛唐」實是一地，在壽春之東。疑此處「宛」本當同王肅傳作「死虎」，唐人諱改作「宛唐」，後又脫「唐」字。

〔五〕 庚寅 魏紀時誤云：是月丁卯朔，庚寅二十四日，不當在丁亥二十一日前，失序，或誤。

〔六〕 大將軍廣陵王羽爲司徒 「大將軍」上疑脫「車騎」二字，按本書卷二一上廣陵王羽傳，羽爲車騎大將軍，授司徒，不受，請爲司空，許之。「司徒」，北史卷四魏本紀四作「司空」。按「司徒」是記初授官，未必誤。

〔七〕 妨害損民 「妨害」，宋本冊府卷一四六作「妨官」，明本作「坊調」。

〔八〕 乙未 按是月癸巳朔，乙未初三日，上乙巳十三日，失序。此「乙未」及上「乙巳」疑有一誤。

〔九〕 發畿内夫五萬人築京師三百二十三坊 「五萬」，三朝本、南監本、北監本、殿本、北史卷四魏

本紀四、御覽卷一○三引後魏書並作「五萬五千」。「三百二十三坊」本書卷一八廣陽王嘉

傳、北史卷四魏本紀四作「三百二十坊」。

〔一○〕 備茲考告　「告」，南監本、局本、冊府卷一三並作「吉」。

〔一一〕 冕織攸寄　「冕織」，冊府卷一一五作「冕服」。

〔一二〕 諸國並遣使朝貢　按「諸國」國名，除見於史籍西域傳外，難以確知，今比對見於此紀他處及

諸史西域傳「諸國」，凡可以推知者加專名綫。「婆羅捺」當即見於永平二年十二月及四年九

月之「波羅」，亦即御覽卷七九七之「波羅奈」。「阿喻陁」當即見於正始四年十一月之「阿與

陁」。「不崙」即見於正始四年十二月之「鉢崙」。「陁拔羅」當即

見於正始四年十一月之「陁跋吐羅」。「斯羅」又見於永平元年三月，位於「諸國」之首，知此

處不與上「提」字連。「嚈舍」即見於永平四年六月之「達舍」。「羅槃」疑即見於正始四年十

一月之「呵羅槃」，此處脫「呵」字或省譯。「朱居槃」即本書卷一○二西域傳之「悉居半」及

「朱居」。「訶盤陁」當即西域傳之「渴槃陁」，洛陽伽藍記載宋雲行記之「漢盤陁」。「撥斤」

疑即見於隋書卷八三西域傳之「鏺汗」、「汗」訛「斤」。「厭昧」疑爲「嚈噠」之訛。「羅婆」、

「烏稽」、「朱沴洛」無從比對，然各自介於二者之間，亦加標斷。其他如「弗波女提」、「伏耆

奚那太」、「持沙那斯頭」，四字五字相連，不知是一名或二名，無從點斷，姑從闕疑。此紀及

下卷肅宗紀尚有多處列舉「諸國」，均從此例。除冊府有異文和疑有訛脫之外，不一一出校。

〔三〕揚州破蕭衍將於陰山斬其龍驤將軍吳道爽等數千級　按本書卷一九中任城王雲傳附元澄傳稱「攻蕭衍陰山戍，破之，斬其戍主龍驤將軍、都亭侯梅興祖。仍引攻白藥戍，又破之，斬其寧朔將軍、關內侯吳道爽」，卷九八島夷蕭衍傳同。則龍驤將軍乃梅興祖，吳道爽乃寧朔將軍。此處「龍驤將軍」下疑有脱文。

〔四〕發冀定瀛相并濟六州二萬人　「瀛」，原一字墨釘，據三朝本、南監本、殿本補。

〔五〕平陽公元丕　「公元」，原作墨釘，據三朝本、南監本、殿本補。

〔六〕徐州刺史潘佃憐擒司馬明素　本書卷一九中任城王雲傳附元澄傳稱「徐州刺史司馬明素」，「徐州長史潘伯憐」。此處不記司馬明素官職，又以潘佃憐爲刺史，疑有脱訛。「佃」疑爲「伯」之形訛。

〔七〕量加修舉　「量」，他本並作「重」。

〔八〕蕭衍冠軍將軍李畋　「李畋」，通鑑卷一四六梁紀二天監四年六月作「李畎」。按本書卷六五邢巒傳稱蕭衍「輔國將軍李畋戍石同」，卷七一李苗傳稱苗叔父李畎爲蕭衍寧州刺史，曾拒王足於涪。北史卷四五李苗傳作「李畎」。「畋」「畎」官職軍號，雖諸傳所載各異，其人却均爲於涪城拒敵王足之梁將，當是一人。

〔九〕源懷慎　按本書卷四一源懷傳云本名「思禮」，「後賜名懷」，此作「懷慎」。源懷傳或是雙名單稱，非必傳是而紀誤。

〔三〇〕乙未　此下疑脫「朔」字。按北史卷四魏本紀四作「丁未」。是年四月乙未朔，丁未乃十三日。然「乙未」下尚記有甲辰初十日事，若依北史作「丁未」，則失序。

〔三一〕衍將蕭容陷梁城　「蕭容」，本書卷六五邢巒傳、卷九八島夷蕭衍傳作「蕭密」。按梁書卷二武帝紀中天監五年五月乙亥稱「臨川王宏前軍克梁城」，「容」或「密」當是避孝文帝諱改。本書亦有作「蕭宏」者，本卷正始三年九月己丑見「衍中軍大將軍、臨川王蕭宏」。或是避諱不盡，或是後人回改。

〔三二〕丁酉　此「丁酉」記事上接九月己丑，下有戊申、己未二日事，下接十一月甲子日事。按九月癸亥朔，己丑二十七日，已是月末，無丁酉、戊申、己未三日。通鑑卷一四六梁紀二天監五年記丁酉、戊申事於十月條下，十月壬辰朔，丁酉初六日、戊申十七日、己未二十八日，日序合。魏紀時誤云：「『丁酉』上當脫『冬十月』三字。」

此紀無十月，十一月前又不著「冬」字，於例不合。

〔三三〕夏六月己丑朔　「夏六月」，按前已見「夏四月」，此「六月」上之「夏」字重出，於例當是衍文。

〔三四〕渴文提不那杖忸杖提等諸國　按以上諸國無考，「那」下「杖」字，冊府卷九六九作「伏」。又「杖提」亦見於下十二月辛酉所記朝貢諸國，或別是一國名。

〔三五〕遺使者所在賙恤　「賙恤」，北史卷四魏本紀四作「振恤」，冊府卷一〇五作「賑恤」。按本書「賙恤」只見二例，而本卷「賑恤」十四例，「賙恤」只此一見。真大成中古史書校證（下簡稱

真大成校證）謂北史例改魏書「賑恤」作「振恤」，疑原當作「賑恤」。

〔二六〕庚子　按是月辛巳朔，庚子二十日，「庚子」前記辛丑二十一日、癸卯二十三日事，失序。魏紀時誤疑上文連敍元愉叛事，致「庚子」事誤置於後。

〔二七〕豫州城人白早生殺刺史司馬悦　「城」上原衍「彭」字，據冊府卷一二一刪。按彭城不屬豫州。本書卷六七崔光傳附崔鴻傳、卷七九董紹傳稱「豫州城人白早生」，卷一九下南安王楨傳附元英傳、卷六一薛安都傳附薛懷吉傳、卷六五邢巒傳、卷七六盧同傳稱「豫州城民白早生」，卷三七司馬悦傳、卷五二趙逸傳附趙隆傳、卷九八島夷蕭衍傳稱「懸瓠城民白早生」，乃其時州鎮屯戍軍所屬人口專稱，懸瓠即豫州治所，與彭城無涉。卷八七劉侯仁傳稱「城人白早生」，俱不見「彭城」。「城人」或「城民」

〔二八〕擒衍寧朔將軍張疑　「張疑」，本書卷一九下南安王楨傳附元英傳作「張道凝」，又稱「斬道凝」。

〔二九〕「中山王英」至「丁酉拔武陽關」　「丁酉」，按是月己卯朔，「丁酉」十九日，不當在「戊戌」二十日之後。本書卷一九下南安王楨傳附元英傳……「英至長薄，馬廣夜遁入於武陽，英進師攻之」，梁將彭瓮生等馳援武陽，元英緩攻而縱使入城，「瓮生等既入武陽，英促圍攻之」，六日而廣等降」。則「拔武陽關」距戊戌日長薄戍潰逾於六日。此處「丁酉」必誤。魏紀時誤云：丁未二十九日，後戊戌九日，「疑『丁酉』為『丁未』之訛」。

〔三〇〕 劉慧汪 「慧」，他本並作「惠」。以下凡人名用字「慧」「惠」之異，不再出校。

〔三一〕 疾病之徒 「病」，册府卷一四六作「痼」。

〔三二〕 然三疾不同 「三疾」，御覽卷一〇三引後魏書作「六疾」。按「三疾」見論語陽貨，指狂、矜、愚，與詔書所言不類。「六疾」見左傳昭公元年醫和語，疑「六疾」是。

〔三三〕 比地 册府卷九六九作「北地」。

〔三四〕 遷代京銅龍置天淵池 「池」下北史卷四魏本紀四、册府卷一三有「西」字，疑是。按本書卷九三恩倖茹皓傳謂「皓性微工巧，多所興立。爲山於天淵池西」云云，當是一事。

〔三五〕 蕭衍九山戍主苟仁以戍來降 「仁」，原作一字空格，據他本補。按上文見「齊苟仁」。

〔三六〕 以頻水旱 「頻」下北史卷四魏本紀四、册府卷一〇五並有「年」字，疑是。

〔三七〕 三月辛卯朔 「三月」，原作「二月」。按是年二月丙辰朔，三月辛卯朔。下記「甲午」「己未」，乃三月四日、三月二十九日。「己未」所記「安樂王詮薨」，本書卷一〇五之二天象志二正作「延昌元年三月己未」，知「二」乃「三」字之訛。今據改。

〔三八〕 民饑餓死者數萬口 「民」上疑脫「京師」二字。按本書卷一〇五之一天象志一稱延昌二年春「京師民饑，死者數萬口」。下文即記以絹「賑恤河南郡饑民」，河南郡乃畿郡，亦即「京師」。

〔三九〕 以絹十五萬匹賑恤河南郡饑民 「十五萬匹」，御覽卷一〇三引後魏書作「五十五萬匹」。

〔四〕 以答災譴 「災譴」，北史卷四魏本紀四、御覽卷一〇三引後魏書、册府卷一四三並作「災譴」。

〔四〕 賜廩 北史卷四魏本紀四、宋本册府卷一四六作「賜廩粟」。

〔四〕 單辛 北史卷四魏本紀四、册府卷一四六作「單立」，疑是。

〔三〕 步騎十五萬西伐 「十五萬」，原作「十萬」，據三朝本、南監本、北監本、殿本改。按本書卷一〇五之二天象志二、北史卷四魏本紀四、通鑑卷一四七梁紀三天監十三年冬十月並作「十五萬」。檢本書隨高肇伐蜀諸將本傳，甄琛率「步騎四萬」，奚康生、羊祉各率「步騎三萬」，傅豎眼率「步兵三萬」，已達十三萬，知「十五萬」是。

〔四〕 益州刺史傅豎眼出巴北 「巴北」，本書卷七〇傅豎眼傳、卷一〇五之四天象志四延昌元年作「北巴」。按隋書卷二九地理志上巴西郡下稱「梁置南梁、北巴州」，州在今閬中縣境。天象志所云即出此紀，疑原作「北巴」，傳本誤倒。

魏書卷九

肅宗紀第九

肅宗孝明皇帝，諱詡，世宗宣武皇帝之第二子，母曰胡充華。永平三年三月丙戌，帝生于宣光殿之東北，有光照于庭中。延昌元年十月乙亥，立爲皇太子。

四年春正月丁巳夜，即皇帝位。戊午，大赦天下。己未，徵下西討東防諸軍。庚申，詔太保、高陽王雍入居西柏堂，決庶政，又詔任城王澄爲尚書令，百官總己以聽於二王。己巳，勿吉、達檠、地豆和、尼步伽、拔但、佐越費實等諸國遣使朝獻。

二月庚辰，尊皇后高氏爲皇太后。辛巳，司徒高肇至京師，以罪賜死。蕭衍寧州刺史任太洪率衆寇關城，益州長史成興孫擊破之。癸未，太保、高陽王雍進位太傅、領太尉，司空、清河王懌爲司徒，驃騎大將軍、廣平王懷爲司空。己亥，尊胡充華爲皇太妃。宕昌國遣使朝獻。

三月甲辰朔，皇太后出俗爲尼，徙御金墉。丙辰，詔進宮臣位一級。先是，蕭衍於浮山堰淮，規爲揚徐之害，詔平南將軍楊大眼討之。乙丑，進文武羣官位一級。

夏四月，梁州刺史薛懷吉破反氐賊於沮水[一]。

五月甲寅，南秦州刺史崔暹擊破氐賊，解武興圍。

六月，沙門法慶聚衆反於冀州，殺阜城令，自稱「大乘」。丁未，詔假右光禄大夫元遙征北大將軍，攻討法慶。

秋七月癸卯，蠕蠕國遣使朝獻。

宕昌國遣使朝獻。

八月乙亥，領軍于忠矯詔殺左僕射郭祚、尚書裴植，免太傅、領太尉、高陽王雍官，以王還第。丙子，尊皇太妃爲皇太后。己卯，吐谷渾國遣使朝獻。庚辰，蕭衍定州刺史田超秀率衆三千請降。戊子，帝朝皇太后於宣光殿，大赦天下。己丑，司徒、清河王懌進位太傅，領太尉；司空、廣平王懷爲太保，領司徒[二]；驃騎大將軍、任城王澄爲司空。庚寅，車騎大將軍于忠爲尚書令，特進崔光爲車騎大將軍，並儀同三司。壬辰，復前江陽王繼本國；以濟南王彧復先封，爲臨淮王。羣臣奏請皇太后臨朝稱制。

九月乙巳，皇太后親覽萬機，詔曰：「高祖革禮成治，遺澤在民。世宗纂承丕業，聖德昭遠。朕以沖孺，屬當寶圖，洪基至重，若履冰薄。王公百辟，羣牧庶官，皆受遇先朝，寵

榮自昔，宜各勉崇，共康世道，勠力竭誠，以匡輔不逮。其有懷道丘園、昧跡板築、山栖谷飲、舒卷從時者，宜廣戔帛，緝和鼎餗。有能讜言直諫、濟世益時者，在所以聞，當待以不次之位。孝子順孫、義夫節婦，表其門閭，以彰厥美。高年孤獨不能自存者，贍以粟帛。若因饑失業、天屬流離，或賣鬻男女以為僕隸者，各聽歸還。比冀方未肅，徐城寇擾，將統久勞，士卒疲弊，並遣撫慰，賜以衣馬。緣邊州鎮，固捍之勞，朔方酉庶，北面所委，亦令勞賚，以副其心。其有先朝舊事寢而不舉、頃來便習不依軌式者，並可疏聞，當加覽裁。若益時利治、不拘常制者，自依別例。其明相申約，稱朕意焉。」

甲寅，征北元遙破斬法慶及渠帥百餘人，傳首京師。安定王燮薨。庚申，高昌、庫莫奚、契丹諸國並遣使朝獻。蕭衍將趙祖悅襲據硤石。癸亥，詔定州刺史崔亮假鎮南將軍，率諸將討之；冀州刺史蕭寶夤為鎮東將軍，次淮堰。戊辰，鄧至國遣使朝貢。

冬十月庚午朔，勿吉國貢楛矢。壬午，高麗、吐谷渾國並遣使朝獻。乙酉，以安定公胡國珍為中書監、儀同三司。甲午，蕭衍弘化太守杜桂舉郡內屬。

十有二月辛丑，以高陽王雍為太師。己酉，鎮南崔亮破祖悅，遂圍硤石。丁卯，帝、皇太后謁景陵。高車國遣使朝獻。

熙平元年春正月戊辰朔，大赦，改年。荆沔都督元志大破蕭衍軍，斬其恒農太守王世

定等。以吏部尚書李平爲鎮軍大將軍兼尚書右僕射，爲行臺，節度討硤石諸軍。

二月乙巳，鎮東蕭寶寅大破衍將於淮北。癸亥，初聽秀才對策，第居中上已上，敍之。

乙丑，鎮南崔亮、鎮軍李平等克硤石，斬衍豫州刺史趙祖悅，傳首京師，盡俘其衆。是月，

吐谷渾、宕昌、鄧至諸國並遣朝貢。

三月辛未，以揚州刺史李崇爲驃騎將軍，儀同三司。壬辰，以硤石俘虜分賜百寮。

夏四月戊戌，以瀛州民饑，開倉賑恤。高昌、陰平國並遣使朝獻。

五月丁卯朔，詔曰：「炎旱積辰，苗稼萎悴，比雖微澍，猶未霑洽，晚種不納，企望憂

勞，在予之責，思自兢厲。尚書可釐恤獄犴，察其淹枉，簡量輕重，隨事以聞，無使一人怨

嗟，增傷和氣。土木作役，權皆休罷，勸農省務，肆力田疇。庶嘉澤近降，豐年可必。」蕭衍

衡州刺史張齊寇益州〔三〕，復以傅豎眼爲刺史以討之，頻破賊軍，斬其將任太洪首。庚午，

詔放華林野獸於山澤。丙戌，吐谷渾遣使朝獻。

秋七月庚午，重申殺牛之禁。丙子，詔兵士征硤石者復租賦一年。傅豎眼大破張齊，

齊遁走。乙酉，高昌國遣使朝獻。

八月乙巳，以侍中、中書監、儀同三司、安定郡開國公胡國珍爲都督雍涇岐華東秦豳

六州諸軍事、驃騎大將軍、開府儀同三司、雍州刺史。丙午,詔曰:「先賢列聖,道冠生民,仁風盛德,焕乎圖史。暨曆數永終,迹隨物變,陵墜沓藹,鞠爲茂草,古帝諸陵,多見踐藉。可明敕所在,諸有帝王墳陵,四面各五十步勿聽耕稼。」宕昌國遣使朝貢。

九月丁丑,淮堰破,蕭衍緣淮城戍村落十餘萬口,皆漂入于海。

十有二月癸巳,詔洛陽、河陰及諸曹雜人年七十已上、鰥寡貧困不能自存,及年雖少而痼疾長廢、窮苦不濟者,研實具列以聞。

二年春正月,大乘餘賊復相聚結,攻瀛州。刺史宇文福討平之。甲戌,大赦天下。戊子,勿吉國遣使朝貢。庚寅,詔遣大使巡行四方,問疾苦,恤孤寡,黜陟幽明。又詔:「選曹用人,務在得才[四]。廣求栖遁,共康治道。州鎮城隍,各令嚴固。齋會聚集,糾執妖誼。圄圉皆令造屋,桎梏務存輕小。工巧浮迸,不得隱藏。絹布繪綵,長短合式。偷竊軍階,亦悉沙汰。籍貫不實,普使糾案,聽自歸首,通違加罪。」詔中尉元匡考定權衡。癸丑[五],地伏羅、罽賓國並遣使朝獻。

二月庚子,契丹、鄧至、宕昌諸國並遣使朝獻。丁未,封御史中尉元匡爲東平王。

三月甲戌,吐谷渾國遣使朝獻。丁亥,太保、領司徒、廣平王懷薨。

夏四月甲午，高麗、波斯、疏勒、嚈噠諸國並遣使朝獻。丁酉，詔京尹所統，百年以上

賜大郡板，九十以上賜小郡板。戊申，以中書監、開府儀同三司胡國珍爲司徒公，特進、汝

南王悅爲中書監、儀同三司。乙卯，皇太后幸伊闕石窟寺，即日還宮。安定王超改封北平

王。

五月辛酉，詔曰：「揚州硤石、荊山、新淮、鄭城兵士戰沒者，追給斂財，復一房五年；

若無妻子，復其家一人二年。身被三瘡，賞一階；雖一瘡而四體廢落者，亦同此賞。」庚

辰，重申天文之禁，犯者以大辟論。乙酉，鄧至國遣使朝貢。

秋七月乙丑，地伏羅、罽賓國並遣使朝獻。乙亥，中書監、儀同三司、汝南王悅坐殺人

免官，以王還第。己巳〔六〕，車駕有事於太廟。

八月戊戌，宴太祖以來宗室年十五以上於顯陽殿，申家人之禮。己亥，詔庶族子弟年

未十五不聽入仕。詔曰：「皇魏開基，道邁周漢，蟬連二都，德盛百祀，雖帝胤蕃衍，親賢

並茂，而猶沉屈素履，巾褐衡門，非所謂廣命戚族，翼屛王室者也。今可依世近遠，敍之列

位。」庚子，詔咸陽、京兆二王子女還附屬籍。壬寅，吐谷渾國遣使朝獻。丁未，詔侍中、太

師、高陽王雍入居門下，參決尚書奏事。己酉，契丹國遣使朝貢。

九月辛酉，吐谷渾國遣使朝貢。丙寅，詔曰：「察訟理冤，實維政首，躬親聽覽，民信

所由。比日諒闇之中，治綱未振，獄犴繁廣，嗟訴驟聞，雖曰司存，每多誣壅。曾是寡德，寔深矜慨。自今月望，當暫出城闈，親納滯枉。主者可宣諸近遠，咸使聞知。」是月，城青、齊、兗、涇、平、營、肆七州所治東陽、歷城、瑕丘、平涼、肥如、和龍、九原七城。

冬十月庚寅，以幽、冀、滄、瀛四州大饑，遣尚書長孫稚、兼尚書鄧羨、元纂等巡撫百姓，開倉賑恤。丁酉，年呂國貢楛矢[七]。戊戌，以光州饑弊，遣使賑恤。乙卯，詔曰：「北京根舊，帝業所基，南遷二紀，猶有留住。懷本樂故，未能自遣，若未遷者，悉可聽其仍停，安堵永業。門才術藝應於時求者，自別徵引，不在斯例。周之子孫，漢之劉族，遍於海內，咸致蕃衍，豈拘南北千里而已哉。」

十有一月甲子，蕭衍平西將軍、巴州刺史牟漢寵遣使請降。

十有二月丁未，蠕蠕國遣使朝貢。

神龜元年春正月甲子，詔以氐酋楊定爲陰平王。丙寅，以特進、江陽王繼爲驃騎大將軍、儀同三司。壬申，詔曰：「朕沖昧撫運，政道未康，民之疾苦，弗遑紀恤，夙宵矜慨，鑒寐深懷，眷彼百齡，悼茲六極。京畿百年以上給大郡板，九十以上給小郡板，八十以上給大縣板，七十以上給小縣板；諸州百姓，百歲以上給小郡板，九十以上給上縣板，八十以

上給中縣板；鰥寡孤獨不能自存者，賜粟五斛、帛二匹。」庚辰，詔以雜役之戶或冒入清流，所在職人皆五人相保，無人任保者奪官還役。乙酉，加特進、汝南王悅儀同三司。秦州羌反。幽州大饑，民死者三千七百九十九人，詔刺史趙邕開倉賑恤。

二月戊申，嚈噠、高麗、勿吉、吐谷渾、宕昌、疏勒、久末陁、末久半諸國〔八〕，並遣使朝獻。己酉，詔以神龜表瑞，大赦改年。東益州氐反。蠕蠕國遣使朝貢。南

三月辛酉，以尚書右僕射于忠爲儀同三司。辛巳，儀同三司、尚書右僕射于忠薨。

秦州氐反，遣龍驤將軍崔襲持節喻之。吐谷渾國遣使朝貢。

夏四月丁酉，司徒胡國珍薨。甲辰，江陽王繼改封京兆王。辛亥，舍摩國遣使朝獻。丁未，波斯、疏勒、烏萇、龜茲諸國並遣使朝獻。

五月，高麗、高車、高昌諸國並遣使朝貢。

自正月不雨至于六月辛卯，澍雨乃降。

秋七月，河州民却鐵忽聚衆反，自稱水池王。詔行臺源子恭討之。

閏月戊戌，吐谷渾國遣使朝貢。甲辰，開恒州銀山之禁，與民共之。

八月癸丑朔，詔曰：「朕沖昧纂曆，未閑政道，皇太后殷憂在疚，始覽萬幾。故獄犴淹枉，百姓冤弊，言念繁刑，思存降省，京師見囚，殊死以下可悉減一等。」丁巳，詔曰：「頃年

以來，戎車頻動，服制未終，奪哀從役。罔極之痛弗申，鞠育之恩靡報，非所謂敦崇至道者也。自今雖金革之事，皆不得請起居喪。」甲子，勿吉國遣使朝貢。鐵忽相率降於行臺源子恭。

九月癸未朔，以右光禄大夫劉騰爲衞將軍、儀同三司。戊申，皇太后高氏崩于瑶光寺。

冬十月丁卯，以尼禮葬於北邙。

十有二月辛未，詔曰：「民生有終，下歸兆域，京邑隱賑，口盈億萬，貴賤攸憑，未有定所，爲民父母，尤宜存恤。今制乾脯山以西，擬爲九原。」

二年春正月丁亥，詔曰：「朕以沖眇，纂承寶位，夙夜惟寅，若涉淵海。賴皇太后慈仁，被以夙訓。自臨朝踐極，歲將半紀，天平地成，四海寧乂。天道高遠，巍巍難名，猶以攝提自居，稱號弗備，非所以崇奉坤元，允協億兆者也。宜遵舊典，稱詔宇内，以副黎蒸元之望。」是月，改葬文昭皇太后高氏。

二月乙丑，齊郡王祐薨。庚午，羽林千餘人焚征西將軍張彝第，歐傷彝，燒殺其子始均。吐谷渾、宕昌國並遣使朝貢。乙亥，大赦天下。丁丑，詔求直言，諸有上書者聽密封

通奏。壬寅〔九〕,詔曰:「農要之月,時澤弗應,嘉穀未納,三麥枯悴。德之無感,歎懼兼懷。可敕內外,依舊雩祈,率從祀典。察獄理冤,掩胔埋骼。冀瀛之境,往經寇暴,死者既多,白骨橫道,可遣專令收葬。賑窮恤寡,救疾存老,準訪前式,務令周備。」

三月甲辰,澍雨大洽。

夏四月乙丑,嚈噠國遣使朝貢。

五月戊戌,以司空、任城王澄爲司徒,驃騎大將軍、儀同三司、京兆王繼爲司空。

秋八月己未,御史中尉、東平王匡坐事削除官爵。辛未,以左光祿大夫皇甫集爲征西將軍、儀同三司。

九月庚寅,皇太后幸松高山。癸巳,還宮。瀛州民劉宣明謀反,事覺伏誅。

冬十有一月乙酉,蠕蠕莫緣梁賀侯豆率男女七百人來降。

十有二月癸丑,司徒、任城王澄薨。庚申,大赦天下。詔除淫祀,焚諸雜神。

是歲,高麗王雲死,以世子安爲其國王。

正光元年春正月乙酉,詔曰:「建國緯民,立教爲本,尊師崇道,茲典自昔。來歲仲陽,節和氣潤,釋奠孔顏,乃其時也。有司可豫繕國學,圖飾聖賢,置官簡牲,擇吉備禮。」

夏四月丙辰，詔尚書長孫稚巡撫北藩，觀察風俗。

五月辛巳，詔曰：「朕以寡薄，運膺寶圖，雖未明求衣，惕懼終日，而闇昧多闕，炎旱為災，在予之愧，無忘寢食。今刑獄繁多，囹圄尚積，宜敷仁惠，以濟斯民。八座可推鞫見囚，務申枉濫。」癸未，詔曰：「攘災招應，脩政為本，民乃神主，寔宜率先。刺史守令與朕共治天下，宜哀矜勿喜，視民如傷。況今炎旱歷時，萬姓彫弊，而不撫恤窮冤，理決庶獄。可嚴敕州郡，善加綏隱，務盡聰明，加之祇肅，必使事允人神，時致靈應。其賦役不便於民者，具以狀聞，便當蠲罷。」

秋七月丙子，侍中元乂、侍中劉騰奉帝幸前殿[一〇]，矯皇太后詔曰：「魏有天下，奕葉重光。高祖孝文皇帝，以英聖馭天，徙京定鼎。世宗宣武皇帝，以睿明承業，廓寧區夏，而鴻勳未半，早已登遐[一一]。乃令車書弗同，鯨寇尚熾。幼主稚弱，夙纂寶曆，曾是宗祐，莫克祇奉，朕所以敬順羣請，臨朝總政。帝年以長，久思退身，所以往歲殷勤，具陳情旨，百官內外，已照此懷。而僉爾衆意，苦見勤奪[一二]，俛俛從事，以迄于茲。自此春來，先疾屢發，藥石攝療，莫能善瘳，夏首及今，數加動劇，便不堪日釐萬務，巨細兼省。帝齒周星紀，識學逾躋，日就月將，人君道茂，足以撫緝萬邦，諧決百揆。朕當率前志，敬遜別宮，遠惟復子明辟之義，以自綏養，寔望羣公逮于黎庶，深鑒斯理。如此，則上下休嘉，天地清晏，

魏道熙隆，人神慶悅，不其善歟？」乃幽皇太后於北宮，殺太傅、領太尉、清河王懌，總勒禁旅，決事殿中。

八月甲寅，相州刺史、中山王熙舉兵欲誅乂、騰，不果見殺。

九月壬辰，蠕蠕主阿那瓌來奔。戊戌，以太師、高陽王雍爲丞相，加後部羽葆、鼓吹、班劍四十人。

冬十月乙卯，以驃騎大將軍、儀同三司、汝南王悅爲太尉公。

十有一月己亥，詔曰：「蠕蠕世雄朔方，擅制漠裔[三]，隣通上國，百有餘載。自神鼎南底，累紀于茲，虔貢雖違，邊燧靜息，憑心象魏，潛款彌純。今其主阿那瓌屬離時難，邦分親析，萬里遠馳，庇命有道。悲同申、伍，忠孝足矜。方存興滅之師，以隆繼絕之舉，宜且優以賓禮，期之立功，疏爵胙土，大啓河岳，可封朔方郡開國公、蠕蠕王，食邑一千户，錫以衣冕，加以軺車，祿恤儀衛，同乎戚蕃。」

十有二月壬子，詔曰：「蠕蠕王阿那瓌，遭離寇禍，遠來投庇，邦分衆析，猶無定主，而永懷北風，思還綏集。啓訴情切，良用愍然。夫存亡恤敗，自古通典。可差國使及彼前後三介，與阿那瓌相隨，并敕懷朔都督，簡銳騎二千，躬自率護，送達境首，令觀機招納。若彼候迎，宜錫筐篚車馬之屬，務使優隆，禮餞而返；如不容受，任聽還闕。其行裝資遣，付

尚書量給。」辛酉，以司空、京兆王繼爲司徒公。

二年春正月，南秦州氐反。

二月庚戌，假光祿大夫邢巒撫軍將軍以討之。癸亥，車駕幸國子學，講孝經。

三月庚午，帝幸國子學，祠孔子，以顏淵配。甲午，右衞將軍奚康生於禁內將殺元叉，不果，爲叉矯害。以儀同三司劉騰爲司空公。

夏四月庚子，司徒、京兆王繼進位太保。壬寅，車騎大將軍、儀同三司崔光爲司徒公。

蕭衍義州刺史文僧明率衆內屬。

閏月丁巳，居密、波斯國並遣使朝貢。

五月辛巳，南荊州刺史桓叔興自安昌南叛。乙酉，烏萇國遣使朝貢。

六月己巳，高昌國遣使朝貢。癸巳，勿吉國遣使朝貢。

秋七月癸丑，詔曰：「時澤弗降，禾稼形損，在予之責，夙宵震懼，雖克躬撤降，仍無招感。有司可脩案舊典，祗行六事：囹圄淹枉，隨速鞫決；庶尹廢職，量加脩屬；鰥獨困窮，務令會偶。庶革止懲違，有弭災沴。」

在所存恤；役賦煩民，咸加蠲省；賢良讜直，以時升進，貪殘邪佞，即就屏黜；男女怨曠，

八月己巳，伏羅國遣使朝貢。蠕蠕後主郁久閭侯匿伐來奔懷朔鎮〔一四〕。

十有一月乙未朔，高昌國遣使朝貢。戊申，衛大將軍、儀同三司皇甫集薨。癸丑，侍中、車騎大將軍侯剛加儀同三司。

十有二月甲戌，詔司徒崔光、安豐王延明等議定服章。庚辰，以東益、南秦氐反，詔中軍將軍、河間王琛討之，失利。

三年春正月辛亥，帝耕籍田。

夏四月庚辰，以高車國主覆羅伊匐爲鎮西將軍、西海郡開國公、高車王。

六月己巳，詔曰：「朕以沖昧，夙纂寶歷，不能祇奉上靈，感延和氣，致令炎旱頻歲，嘉雨弗洽，百稼燋萎，晚種未下，將成災年，秋稔莫覬。在予之責，憂懼震懷。今可依舊分遣有司，馳祈嶽瀆及諸山川百神能興雲雨者，盡其虔肅，必令感降，玉帛牲牢，隨應薦享。上下羣官，側躬自厲，理冤獄，止土功，減膳撤懸，禁止屠殺。」

秋七月壬子，波斯、不漢、龜茲諸國遣使朝貢。

冬十月己巳，吐谷渾國遣使朝貢。

十有一月乙巳，車駕有事於圓丘。丙午，詔曰：「治歷明時，前王茂軌，考辰正律，奕

代通規。是以北平革定於漢年，楊偉草筭於魏世。自皇運肇基，典章猶缺，推步晷曜，未盡厥理。先朝仍世，每所慨然。至神龜中，始命儒官，改抒疎踳，回度易憲，始會璇衡。今天正斯始，陽煦將開，品物初萌，宜變耳目，所謂魏雖舊邦，其曆維新者也。便可班宣內外，號曰正光曆。又首節嘉辰，獲展丘祎，神人交和，理契幽顯，思與億兆共此維新，可大赦天下。」

十有二月癸酉，以左光祿大夫皇甫度爲儀同三司。乙酉，以車騎大將軍、尚書右僕射元欽爲儀同三司。太保、京兆王繼爲太傅，司徒崔光爲太保。丁亥，以牧守安立碑頌，輒興寺塔；第宅豐侈，店肆商販，詔中尉端衡，蕭厲威風，以見事糾劾，七品、六品，祿足代耕，亦不聽錮貼店肆，爭利城市。

四年春二月壬申〔二五〕，追封故咸陽王禧爲敷城王，京兆王愉爲臨洮王，清河王懌爲范陽王，以禮加葬。丁丑，河間王琛、章武王融，並以貪汙削爵除名。己卯，以蠕蠕主阿那瓌率衆犯塞，遣尚書左丞元孚兼尚書，爲北道行臺，持節喻之。蠕蠕後主侯匿伐來朝京師。宕昌國遣使朝貢。司空劉騰薨。

夏四月，阿那瓌執元孚，驅掠畜牧北遁。甲申，詔驃騎大將軍、尚書令李崇，中軍將

軍、兼尚書右僕射元纂率騎十萬討蠕蠕，出塞三千餘里，不及而還。

秋七月辛亥，詔曰：「達尊斯在，齒預一焉，崇敬黃耇，先代通訓。故方叔以元老處位，充國緣自彊見留。雖七十致仕，明乎典故，然以德尚壯，許其繫維。今庶寮之中，或年迫懸車，循禮宜退。但少收其力，老棄其身，言念勤舊，睠然未忍。或戴白在朝，未當外任；或停私歷紀，甫受考級；如此之徒，雖滿七十，聽其苡民，以終常限。或新解郡縣，或外佐始停，已滿七十，方求更敍者，不拘斯例。其有高名俊德、老成髦士，灼然顯達，爲時所知者，見在朝官，依令合解者，可給本官半禄，以終其身。使辭朝之叟，不恨歸於閭巷矣。」

八月己巳，詔曰：「狂蠢肆暴，陵竊北垂，雖軍威時接，賊徒懾道，然獷虐所過，多離其禍，言念斯弊，有軫深懷。可敕北道行臺，遣使巡檢，遭寇之處，饑餒不粒者，厚加賑恤，務令存濟。」戊寅，詔曰：「朕以眇闇，忝承鴻緒，因祖宗之基，託王公之上，每鑒寐屬慮，思康億兆。比雨旱愆時，星運舛錯，政理闕和，靈祇表異，永尋夕惕，載惄于懷。宜詔百司各勤厥職，諸有鰥寡窮疾冤滯不申者，並加蠲恤。若孝子順孫、廉貞義節、才學超異、獨行高時者，具以言上，朕將親覽，加以旌命。」癸未，追復故范陽王懌爲清河王。

九月丁酉，庫莫奚國遣使朝獻。詔侍中、太尉、汝南王悦入居門下，與丞相、高陽王雍

參決尚書奏事。

冬十有一月丙申，趙郡王謐薨。丁酉，太保崔光薨。

十有二月，蕭衍遣將寇邊，詔假征南將軍崔延伯討之。以太尉、汝南王悅為太保。徐州刺史、北海王顥坐貪汙削除官爵。

五年春正月辛丑，車駕有事於南郊。

閏二月癸巳，嚈噠國遣使朝貢。

三月，沃野鎮人破落汗拔陵聚眾反[一六]，殺鎮將，號真王元年。詔臨淮王彧為鎮軍將軍，假征北將軍，都督北征諸軍事以討之。

夏四月，高平酋長胡琛反，自稱高平王，攻鎮以應拔陵。別將盧祖遷擊破之，琛北遁。

五月，臨淮王彧敗於五原，削除官爵。壬申，詔尚書令李崇為大都督，率廣陽王淵等北討。

六月，秦州城人莫折大提據城反，自稱秦王，殺刺史李彥。詔雍州刺史元志討之。南秦州城人孫掩[一七]、張長命、韓祖香據城反，殺刺史崔遊以應大提。大提遣城人卜朝襲克

高平[一八]，殺鎮將赫連略、行臺高元榮。大提尋死，子念生代立，僭稱天子，號年天建，置立
百官。丁酉，大赦。

秋七月甲寅，詔吏部尚書元脩義兼尚書僕射，為西道行臺，率諸將西討。戊午，復河
間王琛、臨淮王彧本封。都督崔遲失利于白道，大都督李崇率衆還平城，坐長史祖瑩截没
軍資，免除官爵。

丁丑，念生遣其都督楊伯年、樊元、張朗等攻仇鳩、河池二戍，東益州刺史魏子建遣將
尹祥、黎叔和擊破之，斬樊元首，殺賊千餘人。

是月，涼州幢帥于菩提、呼延雄執刺史宋穎據州反。念生遣其兄高陽王天生下隴東
寇[一九]。

八月甲午，元志大敗於隴東，退守岐州。丙申，詔曰：「賞貴宿勞，明主恒德；恩沾舊
績，哲后常範。太祖道武皇帝應期撥亂，大造區夏；世祖太武皇帝纂戎丕緒，光闡王業；
躬率六師，埽清逋穢；諸州鎮城人，本充牙爪，服勤征旅，契闊行間，備嘗勞劇。逮顯祖獻
文皇帝，自北被南，淮海思乂，便差割彊族，分衛方鎮。高祖孝文皇帝，遠遵盤庚，將遷嵩
洛，規遏北疆，蕩闢南境，選良家酋附[二〇]，增戍朔垂，戎捍所寄，寔惟斯等。先帝以其誠效
既亮，方加酬錫，會宛郢馳烽，胸泗告警，軍旗頻動，兵連積歲，茲恩仍寢，用迄于今，怨叛

之興,頗由於此。朕叨承乾曆,撫馭宇宙,調風布政,思廣惠液,宜追述前恩,敷茲後施。諸州鎮軍貫,元非犯配者,悉免爲民,鎮改爲州,依舊立稱。此等世習干戈,率多勁勇,今既甄拔,應思報效。可三五簡發,討彼沙隴。當使人齊其力,奮擊先驅,妖黨狂醜,必可蕩滌。衝鋒斬級,自依恒賞。」丁酉,南秀容牧子于乞真反,殺太僕卿陸延。別將尒朱榮討平之。

戊戌,莫折念生遣都督竇雙攻盤頭郡。東益州刺史魏子建遣將竇念祖討之,斬雙,擒斬千餘人。

九月壬申,詔尚書左僕射、齊王蕭寶夤爲西道行臺大都督,率征西將軍、都督崔延伯,又詔復撫軍將軍、北海王顥官爵,爲都督,並率諸將西討。乙亥,帝幸明堂,餞寶夤等。是月,蕭衍遣將裴邃、虞鴻襲據壽春外城,刺史長孫稚擊走之,邃退屯黎漿。詔河間王琛總衆援之。衍又遣將寇淮陽,詔祕書監、安樂王鑒率衆討之。吐谷渾主伏連籌兵討涼州[三],于菩提棄城走,追斬之,城民趙天安復推宋穎爲刺史。

冬十月,營州城人劉安定、就德興據城反,執刺史李仲遵。城人王惡兒斬安定以降。德興東走,自號燕王。胡琛遣其將宿勤明達寇幽、夏、北華三州。壬午,詔都督、北海王顥率諸將討之。

十有一月戊申，莫折天生攻陷岐州，執都督元志及刺史裴芬之。高平人攻殺卜朝，共迎胡琛。

十有二月壬辰，詔太傅、京兆王繼爲太師、大將軍，率諸將討之。嚈噠、契丹、地豆于、庫莫奚諸國並遣使朝貢。汾州正平、平陽山胡叛逆。詔復征東將軍、章武王融封爵，爲大都督，率衆討之。山南行臺、東益州刺史魏子建招降南秦氐民，復六郡十二戍，又斬賊王韓祖香。南秦賊王張長命畏逼，乃告降於蕭寶夤。

是月，莫折念生遣兵攻涼州，城人趙天安復執刺史以應之。

孝昌元年春正月庚申，徐州刺史元法僧據城反，害行臺高諒，自稱宋王，號年天啓，遣其子景仲歸於蕭衍。衍遣其將胡龍牙、成景儁、元略等率衆赴彭城。詔祕書監、安樂王鑒回師以討之，鑒於彭城南擊元略，大破之，盡俘其衆，既而不備，爲法僧所敗。衍遣其豫章王綜入守彭城，法僧擁其寮屬，守令、兵戍及郭邑士女萬餘口南入。詔鎮軍將軍、臨淮王或，尚書李憲爲都督，衛將軍、國子祭酒、安豐王延明爲東道行臺，復儀同三司李崇官爵，爲東道大都督，俱討徐州。崇以疾不行。

癸亥，蕭寶夤、崔延伯大破秦賊於黑水，斬獲數萬，天生退走入隴西，涇、岐及隴東悉

平。以太師、大將軍、京兆王繼爲太尉，餘官如故。

二月，以領軍將軍元叉爲驃騎大將軍、儀同三司。詔追復樂良王長命本爵，以其子忠紹之。

侍中、特進、衛大將軍穆紹爲儀同三司。戊戌，大赦。

壬辰〔二〕，莫折念生遣都督楊鮓、梁下辯、姜齊等攻仇池郡城，行臺、東益州刺史魏子建遣將盛遷擊破之，斬下辯、齊等首。壬寅，詔曰：「勸善黜惡，經國茂典。其令每歲一終，郡守列令長，刺史列守相，以定考課，辯其能否。若有濫謬，以考功失衷論。」是月，齊州魏郡民房伯和聚衆反〔三〕。會赦，乃散。

三月己巳，詔太尉、西道都督、京兆王繼班師。壬申，詔曰：「丞相高陽王，道德淵廣，明允篤誠，儀形太階，垂風下國，寔所以予違汝弼，致治責成，宜班新制，宣之遐邇。其州郡先上司徒公文，悉可改上相府施行，符告皆亦如之。」甲戌，詔曰：「選衆而舉，其來自昔。朕纘承大業，綜理萬幾，求賢致治，心焉若渴。知人則哲，振古所難，宜博訪公卿，採茲聲實。可令第一品以下五品以上，人各薦其所知，不限素身居職。必使精辯器藝，具注所能，然後依牒簡擢，隨才收敍，庶濟濟之美，無替往時，謇謇之直，有申茲歲。」蕭衍遣其北梁州長史錫休儒、司馬魚和、上庸太守姜平洛等入寇直城，梁州刺史傅豎眼遣息敬紹率衆拒擊，大破之，擒斬三千餘人；休儒等走還魏興。

是月，齊州清河民崔畜殺太守董遵，

廣川民傅堆執太守劉莽反。青州刺史、安樂王鑒討平之。

是月,破落汗拔陵別帥王也不盧等攻陷懷朔鎮。

夏四月,蕭衍益州刺史蕭淵猷遣將樊文熾、蕭世澄等率衆圍小劍戍。益州刺史邴虬遣子子達、行臺魏子建遣別將淳于誕拒擊之。

辛卯,皇太后復臨朝攝政,引羣臣面陳得失。詔曰:「朕以寡昧,夙承天歷,茫若涉海,罔知所濟,寔憑宗社降祐之靈,庶勉幼志,以康世道。而神龜之末,權臣擅命,元叉、劉騰陰相影響,遂使皇太后幽隔後宮,太傅清河王無辜致害,相州刺史中山王熙橫被夷滅,右衛將軍奚康生仍見誅翦。從此已後,無所畏忌,恣諸侵求,任所與奪。無君之心,積習稍久;不臣之迹,緣事彌彰。蔽耳目之明,專生殺之柄,天下為之不康,四郊由茲多壘。此而可忍,孰不可懷!雖屢經赦宥,未容致之于法,猶宜辨正,以謝朝野。騰身既往,可追削爵位。叉之罪狀,誠合徽纆,但以宗枝舅戚,特加全貸[二四],可除名為民。」

壬辰,征西將軍、都督崔延伯大敗於涇川,戰歿。

五月戊辰,淳于誕等大破蕭衍軍,俘斬萬計,擒蕭世澄等十一將,文熾僅以身免,走成都。

戊子[二五],驃騎大將軍、儀同三司李崇薨。

六月癸未,大赦,改年。詔文武之官,從軍二百日,文官優一級,武官優二級。蠕蠕主

阿那瓌率眾大破拔陵，斬其將孔雀等。諸將逼彭城，蕭綜夜潛出降，蕭衍諸將奔退，眾軍追躡，免者十一二。

秋八月癸酉，詔斷遠近貢獻珍麗，違者免官。柔玄鎮人杜洛周率眾反於上谷，號年真王，攻沒郡縣，南圍燕州。

戊子，莫折念生遣都督杜黑兒、杜光等攻仇池郡。行臺魏子建遣將成遷擊破之，斬杜光首。

九月乙卯，詔減天下諸調之半[二六]。丙辰，詔左將軍、幽州刺史常景爲行臺，征虜將軍元譚爲都督，以討洛周。辛酉，詔曰：「追功表德，爲善者勸。祖宗功臣，勒銘王府，而子孫廢替，淪於凡民，爵位無聞，遷流有失。潁川名守，重泉令宰，惠風美政，結於民心，而猶同常品，未蒙褒陟，非所謂愛及甘棠，彝倫攸敍者也。其功臣名將爲先朝所知、子孫屈塞不見齒敍，牧守令長聲稱卓然者，皆仰有司具以名聞。朕將振彼幽滯，用闡治風。」壬戌，詔百官五品已上，各舉所知。辛未，曲赦南、北兩秦州。

冬十月，蠕蠕國主阿那瓌遣使朝貢。是月，吐谷渾國復討趙天安，降之。河州長史元永平、治中孟賓等推嚈噠使主高徽行州事，而前刺史梁釗子景進攻殺之，景進又自行州事。

冬十有一月辛亥[二七]，詔曰：「大孝榮親，著之昔典，故安平毫釐，諸子滿朝。自今諸有父母年八十以上者，皆聽居官祿養，溫清朝夕。」時四方多事，諸蠻復反。

十有二月壬午，詔曰：「高祖以大明定功，世宗以下武寧亂，聲溢朔南，化清中宇，業盛隆周，祚延七百。朕幼齡纂曆，夙馭鴻基，戰戰兢兢，若臨淵谷。闇於治道，政刑未孚，權臣擅命，亂我朝式。致使西秦跋扈，朔漠構妖，蠢爾荊蠻，氛埃不息。孔熾甚於涇陽，出軍切於細柳。而師旅盤桓，留滯不進，北淯懸危，南陽告急，將虧荊沔之地，以致蹙國之憂。今茅轂扼腕，爪牙歡憤，勒截長蛇，使人神兩泰，幽明獻吉。朕將躬馭六師，掃蕩逋穢。其配衣六軍，並欲摧挫封豕，前驅後隊，左翼右師，必令將帥雄果，軍吏明濟，別立募格，聽其自新，廣下州郡，令赴軍所。其有失律亡軍、兵戍逃叛、盜賊劫掠伏竄山澤者，免其往咎，錄其後效。今先討荊蠻，疆理南服，戈旗東指，埽平淮外。然後奮七萃於西戎，騰五牛於北狄；躬撫亂離之苦，面恤饑寒之患。百官內外、牧守軍宰，宜各肅勤，用明爾宇，飲至廟庭，沉璧河洛，告成泰岱，豈不盛歟！是月，以臨淮王或爲征南大將軍，率衆討魯陽職。」山胡劉蠡升反，自稱天子，置官寮。

蠻。

二年春正月庚戌，封廣平王懷庶長子、太常少卿誨為范陽王。壬子，以太保、汝南王悅領太尉。是月，都督元譚次於軍都，為洛周所敗。五原降户鮮于脩禮反於定州，號魯興元年。詔左光禄大夫長孫稚為使持節、假驃騎將軍、大都督、北討諸軍事，與都督河間王琛率將討之。

二月甲申，帝、皇太后臨大夏門，親覽冤訟。是月，疊伏羅國遣使朝貢。

三月庚子，以驃騎大將軍、徐州刺史、安豐王延明為儀同三司。北討都督河間王琛、長孫稚失利奔還，詔免琛、稚官爵。庫莫奚國遣使朝貢。

夏四月，大赦天下。癸巳，以侍中、車騎大將軍、城陽王徽為儀同三司。朔州城人鮮于阿胡、庫狄豐樂據城反。丁未[二八]，都督李琚次於薊城之北，又為洛周所敗，琚戰没。戊申，以驃騎大將軍、開府、齊王寶夤為儀同三司。甲寅，西部敕勒斛律洛陽反於桑乾，西與河西牧子通連。別將尒朱榮擊破之。

五月丁未，車駕將北討，内外戒嚴。前給事黄門侍郎元略自蕭衍還朝，封義陽王。以丞相、高陽王雍為大司馬；吏部尚書、廣陽王淵為驃騎大將軍、儀同三司，尋為大都督，率都督章武王融北討脩禮。戊申，燕州刺史崔秉率衆棄城南走中山。乙丑，以安西將軍、光

禄大夫宗正珍孫爲都督，討汾州反胡。

六月己巳，曲赦齊州。

詔假鎮西將軍、都督長孫稚討雙熾，平之。

都督元恒芝爲車騎大將軍、儀同三司。戊寅，詔復京兆王繼本封江陽王。

「自運屬艱棘，歷載於茲，烽驛交馳，旌鼓不息，祖宗盛業，危若綴旒，社稷鴻基，殆將淪墜。

朕威德不能遐被，經略無以及遠，俾令蒼生罹此塗炭，何以苟安黃屋，無愧黔黎。今便避

居正殿，疏餐素服。當親自招募，收集忠勇。其有直言正諫之士，敢決徇義之夫，二十五

日悉集華林東門，人別引見，共論得失。班告內外，咸使聞知。」乙未，以衞將軍、東平王略

爲左光禄大夫、儀同三司。

秋七月丙午，杜洛周遣其別帥曹紇真寇掠幽州。行臺常景遣都督于榮邀于栗園〔二九〕，

大破之，斬紇真，獲三千餘級〔三〇〕，牛驢二萬餘頭。戊申，恒州陷，行臺元纂奔冀州。甲子，

蕭衍將元樹、湛僧珍等寇壽春。

八月丙子，進封廣川縣開國公元羆爲常山王〔三一〕。以驃騎大將軍、東道行臺、臨淮王

彧爲儀同三司。戊寅，帝幸南石窟寺，即日還宮。戊子，進散騎常侍、御史中尉、武城縣開

國公攸爲長樂王。都督伊瓫生討巴，失利戰歿。癸巳，賊帥元洪業斬鮮于脩禮，請降，

爲賊黨葛榮所殺。都督亣朱榮於肆州執刺史尉慶賓，令其從叔羽生統州事。

九月辛亥，葛榮敗都督廣陽王淵、章武王融於博野白牛邏，融歿於陣。榮自稱天子，號曰齊國，年稱廣安。甲申〔三二〕，常景又破洛周，斬其武川王賀拔文興、別帥侯莫陳升，生擒男女四百口，牛驢五千餘頭。就德興攻陷平州，殺刺史王買奴。

是月，莫折天生請降〔三三〕，蕭寶夤使行臺左丞崔士和入據秦州。天生復叛，送士和於胡琛，殺之。

冬十有一月戊戌，杜洛周攻陷幽州，執刺史王延年及行臺常景。丙午，稅京師田租，畝五升；借賃公田者，畝一斗〔三四〕。

閏月，稅市人出入者各一錢，店舍爲五等。齊州平原民劉樹、劉蒼生聚衆反，州軍破之，劉樹奔蕭衍。衍將元樹逼壽春〔三五〕，揚州刺史李憲力屈，以城降之。初留州、郡、縣及長史、司馬、戍主副質子於京師。衍又遣將攻逼新野，詔都督魏承祖討之。詔曰：「頃舊京淪覆，中原喪亂，宗室子女，屬籍在七廟之內，爲雜戶濫門所拘辱者，悉聽離絕。」

三年春正月甲戌，以司空公皇甫度爲司徒，儀同三司蕭寶夤爲司空，車騎將軍、北海王顥爲車騎大將軍、儀同三司。徐州民任道棱聚衆反，襲據蕭城以叛。州軍討平之。

辛巳，葛榮陷殷州，刺史崔楷固節死之，遂東圍冀州。甲申，詔峻鑄錢之制。蕭寶夤、

元恒芝大敗于涇州，大隴都督、南平王仲冏，小隴都督高聿並相尋退散，東秦州刺史潘義

淵以汧城降賊。高平虜賊逼岐州，城人執刺史魏蘭根，以城應之。幽州刺史畢祖暉、行臺

羊深並奔退，祖暉於陣歿。北海王顥尋亦敗走。賊帥胡引祖據北華州以應之。賊帥叱干

騏驎入據幽州〔三六〕。曲赦關西及正平、平陽、建興。戊子，以司徒皇甫度爲太尉。己丑，以

四方未平，詔內外戒嚴，將親出討。辛卯，蕭衍將湛僧珍圍東豫州〔三七〕，詔散騎常侍元暐爲

都督以討之。是月，衍又遣將彭羣、王辯等率衆數萬逼琅邪，詔青州、南青二州討之。

二月丁酉，詔曰：「關隴遭罹寇難，燕趙賊逆憑陵，蒼生波流，耕農廢業，加諸轉運，勞

役已甚，州倉儲實，無宜懸匱，自非開輸賞之格，何以息漕運之煩。凡有能輸粟入瀛、定、

岐、雍四州者，官斗二百斛賞一階；入二華州者，五百石賞一階。不限多少，粟畢授官。」

虜賊據潼關。丁未，追復故東平王匡爵，改封濟南王。庚申，東郡民趙顯德反，殺太守裴

烟，自號都督，立其兄子爲太守，詔都督李叔仁討之。是月，蕭衍將成景儁寇彭城，詔員外

常侍崔孝芬爲行臺，率將擊走之。

三月甲子，詔將西討，中外戒嚴。虜賊走，復潼關。戊辰，詔將回駕北討，詔金紫光祿

大夫源子邕爲大都督，討葛榮。辛未，齊州廣川民劉鈞執清河太守邵懷，聚衆反，自署大

行臺。清河民房須自署大都督[二八]，屯據昌國城。

夏四月，別將元斌之討東郡，斬顯德。己酉，蠕蠕國遣使朝貢。

六月，蠕蠕國遣使朝貢。是月，詔都督李叔仁討劉鈞，平之。

秋七月，陳郡民劉獲、鄭辯反於西華，號年天授，州軍討平之。相州刺史、安樂王鑒據州反。己丑，大赦天下。是月，青州刺史、彭城王劭，南青州刺史胡平，遣將斬蕭衍將彭羣首，俘獲二千餘人。

八月，都督源子邕、李軌、裴衍攻鄴。丁未，斬鑒，相州平。仍令子邕等討葛榮。

九月己卯[二九]，東豫州刺史元慶和以城南叛。戊子，蠕蠕國遣使朝貢。秦州城民杜粲殺莫折念生，自行州事。南秦州城民辛琛自行州事，遣使歸罪。

冬十月戊申，曲赦恒農已西，河北、正平、平陽、邵郡及關西諸州。辛亥，以衛將軍、討虜大都督尒朱榮為車騎將軍、儀同三司。甲寅，雍州刺史蕭寶夤據州反，自號曰齊，年稱隆緒。詔尚書右僕射長孫稚討之。

十有一月己丑，葛榮攻陷冀州，執刺史元孚，逐出居民，凍死者十六七。

十有二月戊申，都督源子邕、裴衍與葛榮戰，敗於陽平東北漳水曲，並戰歿。是月，杜粲為駱超所殺，超遣使歸罪。

武泰元年春正月癸亥，以北海王顥爲驃騎大將軍、開府儀同三司、相州刺史。乙丑，

定州爲杜洛周所陷，執刺史楊津。瀛州刺史元寧以城降於洛周。皇女生，祕言皇子。丙

寅，大赦，改元。丙子，長孫稚平潼關。丁丑，雍州城人侯終德相率攻寶夤，寶夤攜南陽公

主及子，與百餘騎渡渭而走，雍州平。

癸丑，帝崩於顯陽殿，時年十九。甲寅，皇子即位，大赦天下。皇太后詔曰：「皇家握

盜燒劫鞏縣以西，關口以東[四〇]，公路澗以南。詔武衛將軍李神軌爲都督，討平之。

二月，以長孫稚爲車騎大將軍、開府儀同三司、雍州刺史、兼尚書僕射、西道行臺。羣

曆受圖，年將二百，祖宗累聖，社稷載安。高祖以文思先天，世宗以下武經世，朕肱惟良，

元首穆穆。及大行在御，重以寬仁，奉養率由，温明恭順。朕以寡昧，親臨萬國，識謝塗

山，德慚文母。屬妖逆遞興，四郊多故。實望穹靈降祐，麟趾衆繁。自潘充華有孕椒宮，

冀誕儲兩，而熊羆無兆，維虺遂彰。于時直以國步未康，假稱統胤，欲以底定物情，係仰宸

極。何圖一旦，弓劍莫追，國道中微，大行絕祀。皇曾孫故臨洮王寶暉世子釗，體自高祖，

天表卓異，大行平日養愛特深，義齊若子，事符當璧。及翊日弗念，大漸彌留，乃延入青

蒲，受命玉几。暨陳衣在庭，登策靡及，允膺大寶，即日踐阼。朕是用惶懼忸怩，心焉靡

泪[四二]。今喪君有君，宗祐惟固，宜崇賞卿士，爰及百辟，凡厥在位，並加陟敘。內外百官文武、督將征人，遭艱解府，普加軍功二階；其禁衞武官，直閣以下直從以上及主帥，可軍功三階；其亡官失爵，聽復封位。謀反大逆削除者，不在斯限。若二品以上不能自受者，任授兒弟。可班宣遠邇，咸使知之。」乙卯，幼主即位。儀同三司、大都督尒朱榮抗表請入奔赴，勒兵而南。是月，杜洛周爲葛榮所幷。

三月癸未，葛榮攻陷滄州，執刺史薛慶之，居民死者十八九。甲申，上尊謚曰孝明皇帝，乙酉，葬於定陵，廟號肅宗。

夏四月戊戌，尒朱榮濟河。庚子，皇太后、幼主崩。

史臣曰：魏自宣武已後，政綱不張。肅宗沖齡統業，靈后婦人專制，委用非人，賞罰乖舛。於是釁起四方，禍延畿甸，卒於享國不長。抑亦淪胥之始也，嗚呼！

〔二〕司徒清河王懌進位太傅領太尉司空廣平王懷爲太保領司徒　原作「司徒清河王懌進位太尉司空廣平王懷爲太尉領司徒」，據三朝本、南監本、北監本、殿本改。北史卷四魏本紀四敍此事同。按清河王懌「進位太尉」、廣平王懷「爲太尉」，重出，且與本卷熙平二年三月丁亥記「太保、領司徒、廣平王懷薨」、正光元年七月丙子記「殺太傅、領太尉、清河王懌」均不合。

〔三〕蕭衍衡州刺史張齊寇益州　「衡州」疑誤。按本書卷七〇傅豎眼傳、卷九八島夷蕭衍傳並稱張齊爲「衡州刺史」，然據梁書卷一七張齊傳，齊時爲益州之巴西梓潼二郡太守，未曾任衡州刺史，且梁衡州在含洭（今廣東英德），與益州遠不相及。

〔四〕選曹用人務在得才　「用人務」，原作三字空格，據他本補。

〔五〕癸丑　按是月癸亥朔，無「癸丑」。「癸丑」上敍「庚寅」事，乃正月二十八日，「癸丑」乃二月二十二日，且當在下二月「庚子」初九日、「丁未」十六日事之後，失序。魏紀時誤云：「原文必有竄亂。」

〔六〕己巳　按是月庚申朔，「己巳」爲初十日，不當在「乙亥」十六日後。干支失序，或「乙亥」「己巳」有一誤。北史卷四魏本紀四同誤。

〔七〕年呂國貢楛矢　「年呂國」，册府卷九六九作「勿吉國」，疑是。按「年呂國」別無所見，「勿吉國貢楛矢」，例見本書卷七下高祖紀下太和十二年八月，卷八世宗紀景明四年八月，正始四年二月、永平四年八月、延昌元年八月。

〔八〕末久半諸國 「末久半」，疑爲「悉久半」或「朱久半」之訛。按「末久半」疑即本書卷八世宗紀景明三年之「朱居槃」、卷一〇二西域傳之「悉居半」，亦即西域傳末引宋雲行記之「朱居」。

〔九〕壬寅 按是月辛亥朔，無「壬寅」。此「壬寅」上承「丁丑」二十七日事，下接三月「甲辰」事。魏紀時誤云：二月「丁丑」後有戊寅，爲二十八日，「疑『壬寅』爲『戊寅』之訛」。

〔一〇〕侍中劉騰 「侍中」，北史卷四魏本紀四作「中常侍」。按本書卷九四劉騰傳，騰在宣武帝時已官中常侍，胡太后臨朝，「除崇訓太僕，加中侍中」。中侍中爲閹人之職，見於本書卷一一三官氏志所載太和前官品令及隋書卷二七百官志中。

〔一一〕早已登遐 「早已」，御覽卷一〇三引後魏書作「早年」。

〔一二〕苦見勤奪 「勤奪」，按文義，疑爲「勸奪」之訛。

〔一三〕擅制漢裔 「漢裔」，册府卷九六三作「漢表」，御覽卷一〇三引後魏書作「漢表」。

〔一四〕蠕蠕後主郁久閭侯匿伐 「侯」，本書卷一〇三蠕蠕傳、通鑑卷一四九梁紀五普通二年九月作「俟」，疑是。「伐」，原作「代」，據本書卷一〇三蠕蠕傳、北史卷四魏本紀四、通鑑卷一四九梁紀五普通二年九月改。下四年二月「侯匿伐」之「伐」同改。

〔一五〕壬申 原作「壬辰」，據三朝本、南監本、殿本、北史卷四魏本紀四改。按是月戊午朔，無壬辰，壬申爲十五日。

〔一六〕三月沃野鎮人破落汗拔陵聚衆反 「汗」，北史卷四魏本紀四作「韓」。「落」，他處或作

〔六〕、「洛」，音譯無定字。按本書此事繫於正光五年三月，通鑑卷一四九梁紀五繫於梁普通四年亦即魏正光四年三月，考異云：「魏帝紀：『正光五年破落汗拔陵反，詔臨淮王〔或討之。五月，〕或敗，削官。』按令狐德棻周書賀拔勝傳：『衛可孤圍懷朔鎮經年，勝乃告急於或。』然則拔陵反當在四年。蓋帝紀因詔〔或討拔陵〕而言之，非拔陵於時始反也。」拔陵之反實當在正光四年冬。

〔七〕南秦州城人孫掩　「孫掩」，本書卷五七崔挺傳附崔遊傳作「孫獠」。御覽卷一〇三引後魏書作「孫獠」，下注「張絞切」。按「獠」字音力弔切，與「褾」同音，御覽注音雖不確，却可證此處「掩」爲「獠」字之訛。然通鑑卷一五〇梁紀六普通五年六月亦作「孫掩」。

〔八〕卜朝　本書卷六一薛安都傳附薛巒傳、册府卷四四二、通鑑卷一五〇梁紀六普通五年六月並作「卜胡」。

〔九〕念生遣其兄高陽王天生下隴東寇　「兄」，本書卷一四河間公齊傳附元志傳、卷五九蕭寶夤傳、通鑑卷一五〇梁紀六普通五年八月並作「弟」，然本書卷七三崔延伯傳亦作「兄」。

〔一〇〕酋附　「附」，北監本、汲本、殿本、局本並作「帥」，汲本旁注「宋本作『附』」。

〔一一〕吐谷渾主伏連籌兵討涼州　「兵」，上北史卷四魏本紀四有「遣」字，按文義當有。

〔一二〕壬辰　是月丙子朔，壬辰爲十七日，不當在上戊戌二十三日後，失序。

〔一三〕齊州魏郡民房伯和聚衆反　「魏郡」，洪頤煊諸史考異卷九云：「地形志齊州有東魏郡，此

〔一四〕『魏郡』上當脱『東』字。

〔一五〕特加全賞　御覽卷一○三引後魏書作『特全弘賞之法』。

〔一六〕戊子　是月乙巳朔，無『戊子』。『戊子』爲六月十五日，且日序在下『六月癸未』之後。疑此『戊子』有訛字。

〔一七〕詔減天下諸調之半　『諸調』，册府卷四九○、御覽卷一○三引後魏書並作『租調』。

〔一八〕冬十有一月　『冬』字疑衍。按上已見『冬十月』。

〔一九〕丁未　按本月己巳朔，無『丁未』及下『戊申』，下五月復見此二日。魏紀時誤云：『疑『丁未』爲『乙未』之訛，『戊申』爲『戊戌』之訛。』

〔二○〕栗園　原作『粟園』，通鑑卷一五一梁紀七普通七年七月作『栗園』。胡注：『栗園當在范陽固安縣界，固安之栗，天下稱之。』薊城（即范陽治）附近『栗園』亦見北齊書卷二一高乾傳。今據改。

〔二一〕獲三千餘級　『三千』，原作『三十』，據南監本、北監本、殿本、通鑑卷一五一梁紀七普通七年六月改。

〔二二〕進封廣川縣開國公元岠爲常山王　『岠』，原作『邵』。按建義元年元岠墓誌云『王諱岠，字子開』，乃清河王懌第二子。本書卷九四閹官劉思逸傳見『清河王息岠』，知本書之『常山王邵』，即墓誌之『常山王岠』。『岠』字見集韻卷三宵韻下，即昭穆之『昭』。梁書卷二八韋放

傳、卷三二陳慶之傳敍大通元年即魏孝昌三年梁攻圍渦陽、並云魏遣「常山王元昭」等統兵

救援、亦即墓誌之「元矾」。其時「常山王」唯此一人。「邵」乃「矾」形近而訛、今據改。本書

卷一〇孝莊紀建義元年四月庚子、卷一二孝靜紀興和元年三月甲寅及上引劉思逸傳同改。

〔三一〕甲申　按是月丁酉朔、無甲申、疑有訛誤。

〔三二〕莫折天生請降　「莫折天生」、疑爲「莫折念生」之訛。按本書卷五九蕭寶寅傳稱「念生事迫、

乃詐降於寶寅」、卷六六崔亮傳附崔士和傳稱「時莫折念生遣使詐降」。時念生自號天子主

其事、「請降」或「詐降」均當以念生爲主。

〔三三〕借貸公田者畝一斗　「一斗」、原作「一升」、據本書卷一一〇食貨志、北史卷四魏本紀四、冊

府卷四八七、通典卷五食貨五改。

〔三四〕元樹　原作「原樹」、據上文本年七月甲子、本書卷九八島夷蕭衍傳、梁書卷三武帝紀下普通

七年十一月辛巳改。

〔三五〕叱干騏驎　原作「比干騏麟」、據本書卷二一上北海王詳傳附元顥傳、卷一一三官氏志「叱干

氏」條改。

〔三六〕蕭衍將湛僧珍　「湛僧珍」、册府卷一二一作「湛僧」、通鑑卷一五一梁紀七大通元年正月作

「湛僧智」、考異云：「魏帝紀及曹世表作『湛僧』、今從梁夏侯夔傳。」知通鑑、册府所見魏

書此紀及司馬光所見魏書曹世表傳、本無「珍」字、然本書卷七二曹世表傳作「湛僧珍」、且上

文孝昌二年七月甲子、卷九八島夷蕭衍傳、北齊書卷一九王懷傳也都作「湛僧珍」。疑其人

雖實名「僧智」，而當時北人自呼作「僧珍」，或單稱作「僧」。

〔三八〕　房須　本書卷二一下彭城王勰傳附元劭傳、冊府卷一二一並作「房頎」。

〔三九〕　己卯　原作「辛卯」，據本書卷一〇五之一天象志一改。按是月辛酉朔，無辛卯，己卯爲十九

日，日序合。

〔四〇〕　羣盜燒劫鞏縣以西關口以東　「關口」，疑是「關口」之訛。按「關口」不明所指。通鑑卷一五

二梁紀八大通二年二月記作「鞏西關口以東」。胡注：「謂鞏縣以西，伊闕口以東也。」本書

卷六六李崇傳附李神軌傳記此事云：「蠻帥李洪扇動諸落，伊闕已東，至於鞏縣，多被燒劫。」

此紀之「關口以東」，即李神軌傳之「伊闕已東」。「關口」即伊闕之口。本書卷一三皇后宣武

靈皇后胡氏傳記胡氏「幸闕口溫水」，今洛陽市洛南區龍門（即伊闕口）一帶仍以溫泉著稱，

是伊闕之口「魏末即稱「闕口」之證。

〔四一〕　心焉靡泊　「泊」，御覽卷一〇三引後魏書作「訴」。

魏書卷十

孝莊紀第十

孝莊皇帝，諱子攸，彭城王勰之第三子，母曰李妃。肅宗初，以勰有魯陽翼衛之勳，封武城縣開國公。幼侍肅宗書於禁內。及長，風神秀慧，姿貌甚美。拜中書侍郎、城門校尉、兼給事黃門侍郎，雅爲肅宗所親待，長直禁中。遷散騎常侍、御史中尉。孝昌二年八月，進封長樂王。轉侍中、中軍將軍。三年十月，以兄彭城王劭事，轉爲衛將軍、左光祿大夫、中書監，實見出也。

及武泰元年春二月，肅宗崩，大都督尒朱榮將向京師，謀欲廢立。以帝家有忠勳，且兼民望，陰與帝通，榮乃率衆來赴。

夏四月丙申，帝與兄弟夜北渡河。丁酉，會榮於河陽。戊戌，南濟河，即帝位。以兄彭城王劭爲無上王，弟霸城公子正爲始平王。以榮爲使持節、侍中、都督中外諸軍事、大

將軍、尚書令、領軍將軍、領左右，封太原王。己亥，百寮相率，有司奉璽綬，備法駕，奉迎於河梁。庚子，車駕巡河，西至陶渚〔　〕。榮以兵權在己，遂有異志，乃害靈太后及幼主，次害無上王劭、始平王子正，又害丞相高陽王雍、司空公元欽、儀同三司元恒芝、儀同三司東平王略、廣平王悌、常山王昭、北平王超、任城王彝、趙郡王毓〔二〕、中山王叔仁、齊郡王溫，公卿已下二千餘人。列騎衛帝，遷於便幕。既而榮悔，稽顙謝罪。語在榮傳。

辛丑，車駕入宮，御太極殿，詔曰：「太祖誕命應期，龍飛燕代，累世重光，載隆帝緒。冀欲闡茲洪業，永在無窮。豈圖多難，遭茲百六，致使妖悖四起，內外競侵，朝無恤政之臣，野多怨酷之士，實由女主專朝，致茲顛覆。孝明皇帝大情沖順，深存隱忍，奄棄萬國，眾用疑焉。苟求胡出，入守神器，凡厥有心，莫不解體。太原王榮，世抱忠孝，功格古今，赴義晉陽，大會河洛，乃推翼朕躬，應茲大命。德謝少康，道愧前緒，猥以眇身，君臨萬國，如涉淵海，罔知所濟。可大赦天下，改武泰為建義元年。從太原王督將軍士，普加五階，在京文官兩階，武官三級。復天下租役三年。」

壬寅，太原王尒朱榮上表，請追諡無上王為皇帝。餘死於河陰者，諸王、刺史贈三司，三品者令僕，五品者刺史，七品以下及民郡、鎮。諸死者子孫，聽立後，授封爵。詔從之。

癸卯，以前太尉公、江陽王繼為太師、司州牧；驃騎大將軍、開府儀同三司、相州刺史、北

海王顥爲太傅、開府，仍刺史；平東將軍、光祿大夫、清淵縣開國侯李延寔爲太保，進封陽

平王，尋轉太傅；安南將軍、并州刺史元天穆爲太尉公，封上黨王；侍中、車騎大將軍、儀

同三司楊椿爲司徒公；車騎大將軍、儀同三司、頓丘郡開國公穆紹爲司空公，領尚書令，

進爵爲王；使持節、車騎大將軍、雍州刺史、上黨公長孫稚爲驃騎大將軍、開府儀同三司，

進爵爲王；尋改封馮翊王；中軍將軍、殿中尚書元諶爲儀同三司、尚書左僕射，封魏郡王；

中軍將軍、給事黃門侍郎元順爲東海王；金紫光祿大夫、廣陵王恭爲儀同三司。甲辰，追

復故廣陽王淵、故樂安王鑒爵。通直散騎常侍、敷城王坦爲咸陽王，諫議大夫元貴平爲東

萊王，直閤將軍元肅爲魯郡王，祕書郎中元曄爲長廣王，馮翊郡開國公源紹景復先爵隴西

王，扶風郡開國公馮冏，東郡公陸子彰、北平公長孫悅並復其先王爵，以北平王超還復爲

安定王。丁未，詔內外解嚴。庚戌，封大將軍尒朱榮次子又羅爲梁郡王。詔蠕蠕主阿那

瓌贊拜不名，上書不稱臣。

是月，汝南王悅、北海王顥、臨淮王彧前後奔蕭衍，郢州刺史元願達據城南叛。

五月丁巳朔，加大將軍尒朱榮北道大行臺。以尚書右僕射元羅爲東道大使，征東將

軍、光祿勳元欣副之，巡方黜陟，先行後聞。辛酉，大將軍尒朱榮還晉陽，帝餞於邙陰。丙

寅，詔曰：「自孝昌之季，法令昏泯，懷忠守素，擁隔莫申，深怨宿憾，控告靡所。其有事在

通途，橫被疑異，名例無爽，枉見排抑，或選舉不平，或賦役煩苛，諸如此者不可具說。其

有訴人經公車注不合者，悉集華林東門，朕當親理冤獄，以申積滯。」己巳，齊州郡民賈皓

聚眾反，夜襲州城，會明退走。乙亥，晉州刺史樊子鵠克唐州，斬刺史崔元珍、行臺酈惲，

傳首京師。壬午，詔求德行、文藝、政事強直者，縣令、太守、刺史皆敍其志業，具以表聞。

得三人以上，縣令、太守、刺史賞一階；舉非其人，亦黜一階。又以舊敍軍勳不過征虜，自

今以後宜依前式以上，餘階積而爲品。其從興駕北來之徒，不在此例。悉不聽破品受階，

破階請帛。

　先是，蕭衍遣其將曹義宗寇荊州。癸未，以中軍將軍、吏部尚書費穆爲使持節、都督

南征諸軍事，節度荊州刺史王羆以討之。

　六月丁亥朔，追封兄真定縣開國公子直爲陳留王〔三〕。庚寅，以鎮軍將軍、金紫光祿

大夫李虔爲車騎大將軍、儀同三司、特進。辛卯，南荊州刺史李志據城南叛。通直散騎常

侍高乾邕及弟等，率合流民，起兵於齊州之平原，頻破州軍，詔東道大使元欣喻旨，乃降。

　是月，葛榮飢，使其僕射任褒率車三萬餘乘南寇，至沁水。癸卯，以高昌王世子光爲

平西將軍、瓜州刺史，襲爵泰臨縣開國伯〔四〕。高昌王。　太尉公、上黨王天穆爲大都督、東

北道諸軍事，率都督宗正珍孫、奚毅、賀拔勝、尒朱陽都等討任褒。帝以寇難未夷，避正

殿，責躬撤膳。又班募格，收集忠勇。其有直言正諫之士、敢決徇義之夫、陳國家利害之謀、赴君親危難之節者，集華林園，面論事。

幽州平北府主簿河間邢杲，率河北流民十餘萬户反於青州之北海，自署漢王，號年天統。

戊申，以征東將軍、金紫光禄大夫李叔仁爲車騎大將軍、儀同三司，率衆討之。詔直寢紀業持節募新免牧户，有投名効力者授九品官。己酉，詔諸有私馬仗從戎者，職人，優兩大階，亦授實官；白民，出身外優兩階，亦授實官。若武藝超倫者，雖無私馬，亦依前條；雖不超倫，但射槊翹關一藝而膽略有施者，依第出身外，特優一大階。若無姓第者，從八品出身，階依前加，特授實官。辛亥，詔曰：「朕當親御六戎，埽靜燕代，大將軍、太原王尒朱榮率精甲十萬爲左軍，上黨王天穆總衆八萬爲前軍，司徒公楊椿勒兵十萬爲右軍，司空公穆紹統卒八萬爲後軍。」

是月，葛榮衆退屯相州之北。

秋七月丁巳，詔從四品以上從征者不得優階，正四品者優一階。軍級從三品以上從征，四品者優一大階[五]。正五品以下，還依前格，若有征階十餘，計入四品、三品。限授五階。己未，詔前試守東郡太守唐景宣爲持節、都督[六]，於東郡召募僑居流民二千人[七]，渡河便爲柵，準望臺軍。是月，齊獻武王於鄴西北慰喻葛榮別帥稱王者七人，衆

萬餘,降之。乙丑,加大將軍尒朱榮柱國大將軍、錄尚書事。辛巳,尚書奏斷百官公給衣冠、劍佩、綬舄。壬子〔八〕,光州人劉舉聚衆數千反於濮陽,自稱皇武大將軍。是月,高平鎮人万俟醜奴僭稱大位,署置百官。是月〔九〕,臨淮王彧自江南還朝。

八月,太山太守羊侃據郡引蕭衍將軍王僧辯攻兗州〔一〇〕。甲辰,詔大都督宗正珍孫率南廣州刺史、都督鄭先護討劉舉於濮陽,破平之。以侍中、驃騎大將軍、臨淮王彧爲儀同三司。

是月,葛榮率衆圍相州。

九月乙丑,詔太尉公、上黨王天穆討葛榮,次於朝歌之南。己巳,以征東將軍、齊州刺史元欣爲沛郡王。壬申,柱國大將軍尒朱榮率騎七萬討葛榮於滏口〔一一〕,破擒之,餘衆悉降。冀、定、滄、瀛、殷五州平。乙亥,以平葛榮,大赦天下,改爲永安元年。辛巳,以柱國大將軍、太原王尒朱榮爲大丞相、都督河北畿外諸軍事,以榮子平昌郡開國公文殊、昌樂郡公文暢並進爵爲王,以司徒公楊椿爲太保,城陽王徽爲司徒。

冬十月丁亥,尒朱榮檻送葛榮於京師。帝臨閶闔門,榮稽顙謝罪,斬於都市。丙申,以撫軍將軍、太常卿、太原王世子菩提爲使持節、驃騎大將軍、開府儀同三司。丁酉,以冀州之長樂、相州之南趙、定州之博陵、滄州之浮陽、平州之遼西、燕州之上谷、幽州之漁陽

七郡,各萬户,增封太原王尒朱榮爲太原國。戊戌,又加榮太師。庚戌,以侍中、鎮南將軍、太原郡開國公于暉兼尚書左僕射,爲行臺,與齊獻武王討羊侃。壬子,太師、江陽王繼薨。癸丑,以膠東縣開國侯李侃復其祖爵南郡王。

是月,車騎大將軍、儀同三司李叔仁討邢杲於濰水,失利而還。大都督費穆大破蕭衍軍,擒其將曹義宗,檻送京師。蕭衍以北海王顥爲魏主,號年孝基,入據南兗之銍城。

十有一月戊午,以無上王世子詔爲彭城王,陳留王子寬爲陳留王,寬弟剛爲浮陽王,剛弟質爲林慮王。癸亥,齊獻武王、行臺于暉,與徐兗行臺崔孝芬、大都督刁宣大破羊侃於瑕丘,侃奔蕭衍。兗州平。戊寅,以上黨王天穆爲大將軍、開府,世襲并州刺史。封前將軍、太中大夫元凝爲東安王。

十有二月庚子,詔行臺于暉回師討邢杲,次於歷下。

是歲,葛榮餘黨韓樓復據幽州反。

二年春正月甲寅,于暉所部都督彭樂率二千餘騎北走於韓樓,乃班師。二月癸未朔,詔諸禁衞之官從戎有功及傷夷者,赴選先敍。甲午,尊皇考爲文穆皇帝,廟號肅祖,皇妣爲文穆皇后。燕州民王慶祖聚衆於上黨,自稱爲王。柱國大將軍尒朱

榮討擒之。壬寅，詔散騎常侍、濟陰王暉業兼行臺尚書，督都督李德龍、丘大千鎮梁國。

三月壬戌，詔大將軍、上黨王天穆與齊獻武王討邢杲。

夏四月癸未，遷肅祖文穆皇帝及文穆皇后神主于太廟，內外百寮普汎加一級。曲赦畿內，死罪至流人減一等，徒刑以下悉免。庚子，詔太原王尒朱榮下將士並汎加二級。辛丑，上黨王天穆、齊獻武王大破邢杲於齊州之濟南，杲降，送京師，斬於都市。元顥攻陷考城，執行臺元暉業、都督丘大千。

五月壬子朔〔三〕，元顥克梁國。丁巳，以撫軍將軍、前徐州刺史楊昱爲使持節，鎮東將軍、東南道大都督，率眾鎮滎陽；尚書僕射尒朱世隆鎮虎牢；侍中尒朱世承鎮嶥岅。辛酉，詔私馬仗從戎優階授官。壬戌，又詔募士一依征葛榮。甲子，又詔職人及民出馬，優階各有差。乙丑，內外戒嚴。癸酉，元顥陷滎陽，執楊昱。尒朱世隆棄虎牢遁還。甲戌，車駕北巡，乙亥，幸河內。丙子，元顥入洛。丁丑，進封城陽縣開國公元祉爲平原王，安昌縣開國侯元鷙爲華山王，並加儀同三司。戊寅，行臺崔孝芬、大都督刁宣破元顥後軍都督侯暄於梁國，斬之，擒其卒三千人。以侍中、車騎將軍、尚書右僕射尒朱世隆爲使持節、行臺僕射、本將軍、相州刺史，鎮鄴城，以便宜從事。又詔上黨百年以下九十以上板三品郡，八十以上四品郡，七十以上五品郡。太原王尒朱榮會車駕於長子，即日反斾。上黨王天

三一〇

穆北渡，會車駕於河內。

六月己丑，儀同三司費穆爲顥所害。壬寅，克河內，斬太守元襲、都督宗正珍孫。

秋七月戊辰，都督尒朱兆、賀拔勝從硤石夜濟，破顥子冠受及安豐王延明軍，元顥敗走。庚午，車駕入居華林園，昇大夏門，大赦天下。以使持節、車騎將軍、都督、潁川郡開國公尒朱兆爲車騎大將軍、儀同三司。詔以前朝勳書多竊冒，宜一切焚棄之，若立効灼然爲時所知者，別加科賞。蕃客及邊酋翻城降，有勳未敍者，不在焚斷之限。北來軍士及隨駕文武、馬渚立義〔三〕，加沉五級；河北執事之官，二級；河南立義及迎駕之官，并中途扈從，亦二級。壬申，以柱國大將軍、太原王尒朱榮爲天柱大將軍，加前後部羽葆、鼓吹。癸酉，臨潁縣卒江豐斬元顥，傳首京師。甲戌，以大將軍、上黨王天穆爲太宰，司徒公、城陽王徽爲大司馬、太尉公。乙亥，宴勞天柱大將軍尒朱榮、上黨王天穆及北來督將於都亭，出宮人三百、繒錦雜綵數萬匹，班賜有差。又諸州郡遣使奉表行宮者，並加一大階。丁丑，獲元顥弟項〔四〕，斬於都市。詔受元顥爵賞，階級，悉追奪之。己卯，以鎮東將軍、南青州刺史元旭爲襄城王，平南將軍、南兗州刺史元遵爲汝陽王。

閏月辛巳，帝始居宮內。辛卯，以車騎將軍、兼吏部尚書楊津爲司空。巴州刺史嚴始欣據州南叛，蕭衍遣其將蕭玩、張鴻、江茂達等率衆赴援。

八月庚戌朔，詔諸有公私債負，一錢以上巨萬以還，悉皆禁斷，不得徵責。己未，以侍中、太傅李延寔為司徒公。丁卯，封瓜州刺史元太榮為東陽王。甲戌，侍中、太保楊椿致仕。乙亥，詔車騎將軍、右光祿大夫奚毅板授天柱大將軍尒朱榮、太宰天穆下勳及祖父叔伯耆年者牧守有差。

九月，大都督侯淵討韓樓於薊，破斬之。幽州平。万俟醜奴攻東秦城，陷之，殺刺史高子朗。

冬十月丁丑，以前司空公、丹陽王蕭贊為司徒公。

十有一月己卯，就德興自營州遣使請降。丁亥，詔羣官休停在外者皆令赴闕，程會有差。丙午，以大司馬、太尉公、城陽王徽為太保，司徒公、丹陽王蕭贊為太尉公，開府儀同三司，雍州刺史長孫稚為司徒公。

十有二月辛亥，蕭衍兗州刺史張景邕、荊州刺史李靈起、雄信將軍蕭進明來降。

三年春正月己丑，益州刺史長孫壽、梁州刺史元儔等，遣將與征巴州都督元景夏討嚴始欣，斬之。蕭衍都督蕭玩、何難尉、陳愁敗走，斬玩首，俘獲萬餘人。辛丑，東徐州城民呂文欣、王赦等殺刺史元太賓〔一五〕，據城反。以撫軍將軍、都官尚書樊子鵠兼右僕射，為行

魏書卷十

三一二

臺，督征南將軍、都督賈顯智，征東將軍、徐州刺史嚴思達以討之。

二月甲寅，克之。東徐平。

三月，醜奴大行臺尉遲菩薩寇岐州，大都督賀拔岳、可朱渾道元大破之。

夏四月丁巳，以侍中、太尉公、丹陽王蕭贊爲使持節、都督齊濟兗三州諸軍事、驃騎大將軍、開府儀同三司、齊州刺史。丁卯，雍州刺史尒朱天光討醜奴、蕭寶夤於安定，破擒之，囚送京師。甲戌，以關中平，大赦天下。醜奴斬於都市，寶夤賜死於駝牛署。

六月戊午，詔胡氏親屬受爵於朝者黜附編民[一六]。嚈噠國獻師子一。

是月，白馬龍涸胡王慶雲僭稱大位於水洛城[一七]，署置百官。

秋七月丙子，天光平水洛城，擒慶雲，坑其城民一萬七千。癸巳，蕭衍民革虮、卜湯世率堡聚內附。 庚子，車騎大將軍、儀同三司李叔仁坐事除名爲民。

九月辛卯，天柱大將軍尒朱榮、上黨王天穆自晉陽來朝。 戊戌，帝殺榮、天穆於明光殿，及榮子儀同三司菩提。 乃昇闔閭門，詔曰：

蓋天道忌盈，人倫嫉惡，疎而不漏，刑之無捨。 是以呂霍之門，禍譴所伏；梁董之家，咎徵斯在。 頃孝昌之末，天步孔艱，女主亂政，監國無主。 尒朱榮爰自晉陽，同憂王室，義旗之建，大會盟津，與世樂推，共成鴻業。 論其始圖，非無勞效。 但致遠恐

泥，終之實難，曾未崇朝，豺聲已露。河陰之役，安忍無親。王公卿士，一朝塗地，宗戚靡遺，内外俱盡。假弄天威，殆危神器。時事倉卒，未遑問罪。尋以葛賊横行，馬首南向，捨過責成，用平醜虜。及元顥問鼎，大駕北巡，復致勤王，展力行所。以此論功，且可補過。

既位極宰衡，地踰齊、魯，容養之至，豈復是過？但心如猛火，山林無以供其暴；意等漏卮，江河無以充其溢。既見金革稍寧，方隅漸泰，不推天功，專爲己力，與奪任情，臧否肆意，無君之跡，日月以甚。拔髮數罪，蓋不足稱；斬竹書愆，豈云能盡。方復託名朝宗，陰圖釁逆，睥睨天居，窺覦聖曆。乃有裂冠毀冕之心，將爲拔本塞源之事。天既厭亂，人亦悔禍，同惡之臣，密來投告。將而必誅，罪無容捨。又元天穆宗室末屬，名望素微，遭逢際會，頗參義舉。不能竭其忠誠以奉家國，乃復棄本逐末，背同即異，爲之謀主，成彼禍心。是而可忍，孰不可恕！並以伏莘，自貽伊戚。元惡既除，人神慶泰，便可大赦天下。

遣武衛將軍奚毅、前燕州刺史崔淵率兵鎮北中〔八〕。是夜，僕射尒朱世隆、榮妻鄉郡長公主，率榮部曲焚西陽門，出屯河陰。己亥，攻河橋，擒毅等於途，害之，據北中城，南逼京邑。詔以驃騎大將軍、雍州刺史、廣宗郡開國公

尒朱天光為侍中、儀同三司，以侍中、司空公楊津為使持節、督并肆燕恒雲朔顯汾蔚九州諸軍事、驃騎大將軍、并州刺史、兼尚書令、北道大行臺，經略并肆。庚子，詔諸舊代人赴華林園，帝將親簡敍。以撫軍將軍、金紫光禄大夫高乾邑為侍中、河北大使，招集驍勇。

冬十月癸卯朔，封安南將軍、大鴻臚卿元寶炬為南陽王，大宗正卿、汝陽縣開國公元脩為平陽王，通直散騎常侍、龍驤將軍、新陽縣開國伯元誕為昌樂王。復通直散騎常侍、琅邪縣開國公。李叔仁官爵[一九]，仍為使持節、大都督，以討世隆。以魏郡王諶徙封趙郡王，諶弟子趙郡王實改封平昌王。儀同三司李虔蒨。丁未，班募攻河橋格，賞帛授官各有差。戊申，皇子生，大赦天下，文武百寮汎二級。以平南將軍、中書令魏蘭根兼尚書左僕射，為河北行臺，定相殷三州稟蘭根節度。

乙卯，通直散騎常侍、假平西將軍、都督李苗以火船焚河橋，尒朱世隆退走。丙辰，詔大都督、兼尚書僕射、行臺源子恭率步騎一萬出自西道，行臺楊昱領都督李侃希等部募勇士八千往從東路，防討之。子恭仍鎮太行丹谷。世隆至建州，刺史陸希質拒守，城陷，盡屠之，唯希質獲免。以中軍將軍、前東荊州刺史元顯恭為使持節、都督晉南汾三州諸軍事、鎮西將軍、晉州刺史、兼尚書左僕射，為征西道行臺[二〇]，節度都督薛善樂、薛脩義、裴元儁、薛崇禮、薛憘族等。丁卯，詔以世隆北叛，河內固守，其在城督將文武普加二級，兵

士給復三年。

壬申，尒朱世隆停建興之高都，尒朱兆自晉陽來會之，共推太原太守、行并州刺史長廣王曄爲主，大赦所部，號年建明，普汎四級。徐州刺史尒朱仲遠反，率衆向京師。十有一月癸酉朔，詔車騎將軍、左衛將軍鄭先護爲使持節、大將軍、大都督，與都督李侃希赴行臺楊昱以討之。乙亥，以使持節、兼尚書令、西道大行臺、司徒公長孫稚爲太尉公，侍中、尚書令、驃騎大將軍、開府儀同三司、臨淮王彧爲司徒公。丙子，以驃騎大將軍、儀同三司，雍州刺史、廣宗郡開國公尒朱天光開府，進爵爲王。丁丑，尒朱仲遠陷西兗州，執刺史王衍。癸未，以右衛將軍賀拔勝爲東征都督。壬辰，又以左衛將軍、大都督鄭先護兼尚書左僕射，爲行臺，與勝並討仲遠。戊戌，詔罷魏蘭根行臺，以後將軍、定州刺史薛曇尚爲使持節、兼尚書，爲北道行臺，隨機召發。行豫州刺史元崇禮殺後行州事陰遵和[二]擅攝豫州。庚子，賀拔勝與仲遠戰於滑臺東，失利，仍奔之。

十有二月壬寅朔，甲辰，尒朱兆寇丹谷，都督崔伯鳳戰歿，都督羊文義、史五龍降兆[三]，大都督源子恭奔退。甲辰，尒朱兆、尒朱度律自富平津上，率騎涉渡，以襲京城。事出倉卒，禁衛不守。帝出雲龍門。兆逼帝幸永寧佛寺，殺皇子，并殺司徒公、臨淮王彧，左僕射、范陽王誨。戊申，元曄大赦天下。尒朱度律自鎮京師。甲寅，尒朱兆遷帝於晉陽；甲子，崩

於城內三級佛寺，時年二十四。并害陳留王寬。

是月，河西人紇豆陵步蕃，破落韓常大敗尒朱兆於秀容。齊州城人趙洛周據西城反，應尒朱兆，刺史、丹陽王蕭贊棄城走。南陽太守趙脩延執荊州刺史李琰之，自行州事。中興二年諡爲武懷皇帝，太昌元年又諡孝莊皇帝，廟號敬宗。十一月，葬於靜陵。

史臣曰：魏自孝昌之末，天下淆然，外侮內亂，神器固將無主。莊帝潛思變化，招納勤王，雖時事孔棘，而卒有四海。猾逆既翦，權強擅命，抑是兆謀運智之秋，勞謙夕惕之日也。未聞長轡之策，遽深負刺之恐，謀謨罕術，授任乖方，猜嫌行戮，禍不旋踵。嗚呼！胡醜之爲釁也，豈周衰晉末而已哉！至於高祖不祀，武宣享廟，三后降鑒，福祿固不永矣。

校勘記

〔二〕西至陶渚 「陶渚」御覽卷一〇四引後魏書、通鑑卷一五二梁紀八大通二年四月並作「淘渚」。

〔三〕趙郡王毓 「毓」，原作「敏」。按本書卷二一上趙郡王幹傳：「子毓，字子春，襲。」莊帝初，河

陰遇害。」今存建義元年元毓墓誌。「毓」與「春」名、字相應。「敏」乃形近而訛，今據改。

〔三〕 子直 原作「子真」，據北監本、殿本、汲本、局本、本書卷二一下彭城王勰傳附元子直傳、正光五年元子直墓誌改。

〔四〕 襲爵泰臨縣開國伯 「泰臨」，原作「秦臨」，據殿本、本書卷二一出帝紀永熙二年十月、卷一一下彭城王勰傳附元子直傳改。

○一高昌傳改。

〔五〕 軍級從三品以上從征四品者優一大階 「從征」下冊府卷六二二無「四品」二字。按有此二字，文義晦澀，疑衍，或「從征」下有脫文。

〔六〕 試守東郡太守 「東」，原作一字空格，據他本補。

〔七〕 僑居流民 「居流」，原作墨釘，據三朝本、南監本、殿本補。

〔八〕 壬子 按是月丙辰朔，無壬子。魏紀時誤云：「壬子」上接「辛巳」二十六日，下接八月，「當為『壬午』之訛」，壬午二十七日，『子』『午』形近。

〔九〕 是月 按上已見「是月」，不應重出，疑衍。

〔一〇〕 太山太守羊侃據郡引蕭衍將軍王僧辯攻兗州 「王僧辯」、「僧」字疑衍。按本書卷五八楊昱傳敍此事作「王辯」，王辯又屢見卷二一下彭城王勰傳附元劼傳、卷七九鹿念傳等。梁書卷三九羊侃傳，侃降梁，「遣羊鴉仁、王弁率軍應接」。「王辯」即「王弁」。考梁書卷四五王僧辯傳及卷五元帝紀，本年王僧辯為荊州刺史蕭繹屬下，身在荊州，與接應羊侃之「王弁」非一

人。此處本當同楊昱傳作「王辯」，即梁書之「王弁」。

〔二〕 柱國大將軍尒朱榮率騎七萬討葛榮於滏口　「七萬」，三朝本、南監本、北監本、殿本、北史卷五魏本紀五、御覽卷一〇四引後魏書並作「七千」，疑是。按本書卷七四尒朱榮傳：「乃率精騎七千，馬皆有副，倍道兼行，東出滏口。」通鑑卷一五二梁紀八大通二年九月稱尒朱榮「自帥精騎七千」，胡注：「『魏收魏書云：「帥騎七萬。」』」則胡三省所見之本，此紀已作「七萬」。

〔三〕 五月壬子朔　「壬子」，原作「壬寅」，據三朝本、南監本、北史卷五魏本紀五改。按是月壬子朔，無壬寅。

〔三〕 北來軍士及隨駕文武馬渚立義　「馬渚」，原作「諸」，據册府卷七九改。按尒朱兆等攻元顥，於馬渚渡河，歷見本書卷七五尒朱兆傳、卷五八楊播傳附楊侃傳。周書卷三四楊摽傳記，元顥入洛，「詔摽率其宗人，收船馬渚」，後尒朱兆率軍渡河，即因其船。「馬渚立義」當指楊摽等助兆軍渡河者。此次賞格分別等級，「北來軍士」、「隨駕文武」及「馬渚立義」是第一等，下「河北執事之官」、「河南立義」等等爲第二等，均具體指明某地、某事，其間忽然插入泛指之「諸立義」，不類。

〔四〕 獲元顥弟項　「項」，原作一字空格，他本並作「瑱」。按本書卷二一上北海王詳傳原稱「顥弟瑱」，他本當是據傳補。檢册府卷二八一稱「顥弟項」，太昌元年元瑱墓誌與册府合。知傳作「瑱」，乃「項」之形訛，諸本補字又承傳之誤，今並改。上建義元年四月「中軍將軍、給事黃門

侍郎元頊爲東海王」同改。

〔一五〕 元太賓 本書卷七九鹿悆傳、册府卷三五四、通鑑卷一五四梁紀一〇中大通二年正月並作「元大賓」。

〔一六〕 詔胡氏親屬 「胡氏」，原作「胡民」。按通鑑卷一五四梁紀一〇中大通二年六月作「胡氏」。胡注：「謂靈后親屬也。」時尒朱氏專權，即是胡人，豈有專抑胡民親屬之事。胡說是，今據改。

〔一七〕 水洛城 原作「永洛城」。按張元濟百衲本魏書校勘記，百衲本之底本原作「水洛城」，張從諸本改作「永洛城」。據通鑑卷一五四梁紀一〇中大通二年六月作「水洛城」。胡注：「水經注：水洛水導源隴山，西逕水洛亭西，南注略陽川。」九域志：水洛城在德順軍西南一百里。范仲淹曰：朝那之西，秦亭之東，有水洛城。」引據甚明。本書及其他史籍「水洛」多訛作「永洛」。舊本不誤，百衲本誤改，今回改。以下同改，不一一出校。

〔一八〕 前燕州刺史崔淵率兵鎮北中 「崔淵」，御覽卷一〇四引後魏書作「侯淵」，疑是。按北史卷五魏本紀五作「侯深」，「淵」作「深」，與御覽所引合。其一，本書卷八〇有傳，其人時在中山，且是尒朱榮黨羽，莊帝誅除尒朱榮之始，自不會委以北中。其一，侯剛子，卷九三侯剛傳不載，見於卷二五長孫稚傳，爲稚之女婿。侯剛自稱上谷侯氏，上谷屬燕州，侯剛傳稱剛請以長子詳爲燕州刺史。時俗以任本州刺史爲榮，詳升遷，其弟淵繼

〔一九〕復通直散騎常侍琅邪縣開國公李叔仁官爵　北史卷五魏本紀五作「琅邪公昶爲太原王」，不載復李叔仁官爵事。按李叔仁附見本書卷七三崔延伯傳，寥寥數語，北史卷三七李叔仁傳較詳，均不載封「琅邪公」之事。本書卷二一上咸陽王禧傳附元昶傳，稱其「起家通直散騎常侍、琅邪縣開國公，邑五百户」。莊帝初，特封太原王」與北史合。疑本條原文本作：「通直散騎常侍、琅邪縣開國公昶爲太原王。復李叔仁官爵，仍爲使持節、大都督以討世隆。」脱去「昶爲太原王」五字，讀不可通，後人又將「復」字前移，遂如今狀。今於「開國公」下句斷。

〔二〇〕征西道行臺　本書卷一九下城陽王長壽傳附元顯恭傳作「西北道行臺」。顯恭軍號爲「鎮西」，與「征西」無涉，且無以軍號爲行臺之例，通鑑當以是徑删「征」字。魏末西道行臺例防遏關隴，西北道行臺防遏汾水流域。　時長孫稚爲西道大行臺，雍州刺史；顯恭受任晉州刺史，正在洛陽西北。

〔二一〕陰遵和　原作「陰導和」，據本書卷五二陰仲達傳附陰遵和傳、册府卷九二八改。

〔二二〕史五龍　本書卷四一源賀傳附源子恭傳、卷七五尒朱兆傳、周書卷一四賀拔勝傳、册府卷四四、通鑑卷一五四梁紀一〇中大通二年十二月，洛陽伽藍記卷二平等寺條並作「史仵龍」。

魏書卷十一

廢出三帝紀第十一

前廢帝廣陵王　後廢帝安定王　出帝平陽王

前廢帝，諱恭，字脩業，廣陵惠王羽之子也，母曰王氏。少端謹，有志度。長而好學，事祖母、嫡母以孝聞。正始中，襲爵。延昌中，拜通直散騎常侍。神龜中，進兼散騎常侍。正光二年，正常侍，領給事黃門侍郎。帝以元叉擅權，遂稱疾不起。久之，因託瘖病。五年，就除金紫光祿大夫〔一〕，加散騎常侍。建義元年，除儀同三司。

王既絶言，垂將一紀，居於龍花寺，無所交通。永安末，有白莊帝者，言王不語將有異圖；民間遊聲，又云有天子之氣。王懼禍，逃匿上洛，尋見追躡，執送京師，拘禁多日，以無狀獲免。

及莊帝崩，尒朱世隆等以元曄疎遠，又非人望所推，以王潛嘿晦身，有過人之

等大悦。

量，將謀廢立，恐實不語，乃令王所親申其意，且兼迫脅。王遂答曰：「天何言哉！」世隆

春二月己巳，曄進至邙南，世隆等奉王東郭之外，行禪讓之禮，羣臣上表曰：「否泰沿時，殷憂啓聖，故六飛在御，三石興符。伏惟陛下運屬千齡，智周萬物，獨昭繫象，妙極天人，寶曆有歸，光宅攸屬，而將安獨善，不務兼濟，靈命徘徊，幽明載佇。伏願時順謳謠，念茲宗祐，用捨勞疾，允答人神。」王答曰：「自量眇身，是以讓執。然王公勤至，不可拒違。今敬承所陳，惟愧弗堪負荷耳。」太尉公尒朱度律奉進璽綬袞冕之服，乃就輅車，百官侍衛，入自建春、雲龍門，昇太極前殿，羣臣拜賀。

禮畢，登閶闔門，詔曰：「朕以寡薄，撫臨萬邦，思與億兆同茲慶泰。可大赦天下，以魏爲大魏，改建明二年爲普泰元年。其稅市及稅鹽之官，可悉廢之。百雜之户，貸賜民名，官任仍舊。天下調絹，四百一四。内外文武，普汎四階；合敘未定第者，亦沾級。除名免官者，特復本資，品封依舊。潁川王尒朱兆、彭城王尒朱仲遠、隴西王尒朱天光、樂平王尒朱世隆、常山王尒朱度律，車騎大將軍、儀同三司齊獻武王，都督斛斯椿下軍士，普汎六級。」庚午，詔曰：「朕以眇身，臨王公之上，夕惕祗懷，若履冰谷。賴七廟之靈，百辟忠誠之舉，庶免墜殁。夫三皇稱皇，五帝云帝，三代稱王，迭沖挹也。自秦之末，競爲皇帝。

忘負乘之深衊，垂貪鄙於萬葉。予今稱帝，已爲褒矣！可普告令知。」

是月，鎮遠將軍清河崔祖螭聚青州七郡之衆十餘萬人圍東陽。幽州刺史劉靈助起兵於薊。撫軍將軍、金紫光禄大夫、兼侍中、河北大使高乾邕及弟平北將軍、通直散騎常侍敖曹，率衆夜襲冀州，執刺史元嶷，殺監軍孫白鷂，共推前河內太守封隆之行州事。

三月癸酉，封長廣王曄爲東海王。詔太師、驃騎大將軍、青州刺史、魯郡王蕭還爲太師；特進、車騎大將軍、沛郡王欣爲太傅、司州牧，改封淮陽王；驃騎大將軍、隴西王尒朱天光，並爲大將軍；柱國大將軍、并州刺史、潁川王尒朱兆爲天柱大將軍；驃騎大將軍、儀同三司、左衞將軍、大都督、晉州刺史、平陽郡開國公齊獻武王封勃海王，增邑五百户；特進、車騎大將軍、清河王亶爲儀同三司；侍中、太傅、驃騎大將軍、開府儀同三司、尚書令、樂平王尒朱世隆爲太保；開府、前司徒公長孫稚爲太尉公、錄尚書事；侍中、驃騎大將軍、開府儀同三司、趙郡王諶爲司空公。稚固辭，尋除驃騎大將軍、開府儀同三司。丙子，帝引見尚書右僕射元羅及皇宗於顯陽殿，勞勉之。丁丑，加驃騎大將軍、北華州刺史公孫略儀同三司。己卯，詔右衞將軍賀拔勝并尚書一人募伎作及雜户從征者，正入出身，皆授實官，私馬者優一大階。庚辰，以侍中、衞將軍、咸陽王坦，衞將軍、尚書左僕射、南陽王寶炬，侍

中、征東將軍、平陽王脩，並儀同三司。乙酉，詔簡北來及在京二官員外剩置者。己丑，以持節、驃騎將軍、涇州刺史賀拔岳爲儀同三司、岐州刺史，使持節、車騎大將軍、渭州刺史侯莫陳悅爲儀同三司、秦州刺史。庚寅，詔天下有德孝仁賢忠義志信者，可以禮召赴闕。戊，以使持節、侍中、車騎大將軍斛斯椿，侍中、衛將軍元受，並特進、儀同三司。詔曰：不應召者以不敬論。丙申，劉靈助率衆次於安國城，定州刺史侯淵破斬之，傳首京師。戊

「頃官方失序，仍令沙汰，定員簡剩，已有判決。退下之徒，微亦可憫。諸在簡下，可特優一級，皆授將軍，預參選限，隨能補用。」

是春，冠軍將軍、南青州刺史茹懷朗使其部將何寶率步騎三千擊蕭衍守將於琅邪，擒其尚書左僕射、儀同三司、雲麾將軍、徐兗二州刺史劉相如〔二〕。

夏四月癸卯，幸華林都亭燕射，班錫有差。太樂奏伎有倡優爲愚癡者，帝以非雅戲，詔罷之。壬子，有事於太廟。癸丑，詔以齊獻武王爲使持節、侍中、都督冀州諸軍事、驃騎大將軍、開府儀同三司、大都督、東道大行臺、冀州刺史、驃騎大將軍、安定王尒朱智虎爲開府儀同三司、肆州刺史。乙卯，以右衛將軍賀拔勝、武衛將軍大野拔並爲儀同三司。己未，帝於顯陽殿簡試通直散騎常侍、散騎侍郎、通直郎、剩員非才他轉之。癸亥，隴西王尒朱天光大破宿勤明達，擒送京師，斬之。丙寅，以侍中、驃騎大將軍尒朱彥伯爲司徒公。

詔有司不得復稱僞梁[三]，罷細作之條，無禁鄰國往還。詔員外諫議大夫、步兵校尉、奉車都尉、羽林監、給事中、積射將軍、奉朝請、殿中將軍、宮門僕射、殿中司馬督、治禮郎十一官，得俸而不給力，老合外選者，依常格，其未老欲外選者，聽解。其七品以上，朔望入朝，若正員有闕，隨才進補。前員外簡退優階者追之，稱事簡下者，仍優一級。

先是，南陽太守趙脩延執刺史李琰之；五月丙子，荊州城民斬脩延，送首，還推琰之爲刺史。爾朱仲遠使其都督魏僧勔等討崔祖螭於東陽，擒斬之。

六月庚申，齊獻武王以爾朱逆亂，始興義兵於信都。癸亥，帝臨顯陽殿，親理冤訟[四]。戊辰，以使持節、驃騎大將軍、開府爾朱弼爲儀同三司。

命南趙郡太守李元忠爲刺史，鎮廣阿。西定殷州，斬其刺史爾朱羽生，爾朱世隆等害前太保楊椿、前司空公楊津及其家。丙戌，司徒公爾朱彥伯以旱遜位。戊子，除彥伯侍中、開府儀同三司。庚寅，以侍中、太保、開府、尚書令、樂平王爾朱世隆爲儀同三師[五]，位次上公。

秋七月壬申，爾朱世隆等害前太保楊椿、前司空公楊津及其家。

八月庚子，詔隴西王爾朱天光下文武討宿勤明達者，汎三級。潁川王爾朱兆率步騎二萬出井陘，趨殷州，李元忠棄城還信都。丙午，常山王爾朱度律、彭城王爾朱仲遠等率衆出抗義旗。

九月丁丑，以侍中、驃騎將軍盧同，驃騎大將軍杜德，車騎大將軍橋寧並爲儀同三司。己卯，以使持節、都督東道諸軍事、兼尚書令、東道大行臺、彭城王尒朱仲遠爲太宰。庚辰，加使持節、大將軍、都督關中諸軍事、兼尚書令、西道大行臺、隴西王尒朱天光爲大司馬。驃騎大將軍、青州刺史、開府儀同三司穆紹薨。癸巳，追尊皇考爲先帝，皇妣王氏爲先太妃。封皇弟永業爲高密王，皇子子恕爲勃海王。

冬十月壬寅，齊獻武王推勃海太守元朗即皇帝位於信都。

二年春三月，齊獻武王敗尒朱天光等於韓陵〔六〕。

夏四月辛巳，齊獻武王與廢帝至邙山，使魏蘭根慰諭洛邑，且觀帝之爲人。蘭根忌帝雅德，還致毀謗，竟從崔㥄議，廢帝於崇訓佛寺，而立平陽王脩爲帝。帝既失位，乃賦詩曰：「朱門久可患，紫極非情翫。顛覆立可待，一年三易換。時運正如此，唯有修真觀。」

太昌初，帝殂於門下外省，時年三十五。出帝詔百司赴會，大鴻臚監護喪事，葬用王禮，加以九旒、鑾輅、黃屋、左纛、班劍百二十人，二衞、羽林備儀衞。

魏書卷十一

三二八

後廢帝，諱昱，字仲哲，章武王融第三子也，母曰程氏。少稱明悟。永安二年，爲肆州魯郡王後軍府錄事參軍、儀同開府司馬。元曄之建明二年正月戊子，爲冀州勃海太守。及齊獻武王起義兵，將誅暴逆，乃推戴之。

冬十月壬寅，即皇帝位於信都城西。昇壇焚燎[七]，大赦，稱中興元年。文武百官普汎四級。以齊獻武王爲侍中、丞相、都督中外諸軍事、大將軍、錄尚書事、大行臺，增邑三萬戶；以兼侍中、撫軍將軍、河北大使高乾邕爲侍中、司空公；前平北將軍、通直散騎常侍高敖曹爲驃騎大將軍、儀同三司，冀州刺史以終其身；以前刺史元巋爲儀同三司。己酉，尒朱度律、尒朱仲遠、斛斯椿、賀拔勝、賈顯智次於陽平，將抗義師，齊獻武王縱反間構之，遂與尒朱兆相疑，敗散而還。辛亥，齊獻武王大破尒朱兆於廣阿，虜其卒五千餘人。詔將士汎五級，留守者二級。詔征東將軍、吏部尚書封隆之爲使持節、北道大使，隨方處分。

十有一月己巳，詔曰：「王度肇開，彝倫方始，所班官秩，不改舊章。而無識之徒，因茲僥倖，謬增軍級，虛名顯位，皆言前朝所授，理難推抑。自非嚴爲條制，無以防其偽竊。諸有虛增官號，爲人發糾，罪從軍法。若入格檢覈無名者，退爲平民，終身禁錮。」庚辰，齊獻武王率師攻鄴城。

是年，南兗城民王乞德逼前刺史劉世明以州降蕭衍[八]，衍使其將元樹入據譙城。

二年春正月壬午，拔鄴，擒刺史劉誕。詔諸將士汎四級，封侯、增邑九十七人，各有差等。癸未，詔曰：「自中興草昧，典制權輿，郡縣之官，率多行、督。假有正者，風化未均，眷彼周餘，專爲漁獵。朕所以夙興夜寐，有惕於懷。有司明加糾罰，稱朕意焉。」

二月辛亥，上孝莊皇帝諡曰武懷皇帝。甲子，以齊獻武王爲大丞相、柱國大將軍、太師，增封三萬戶，并前爲六萬戶。

三月丙寅，以齊文襄王起家爲驃騎大將軍、儀同三司。丁丑，車駕幸鄴。乙酉，詔文武家屬自信都赴鄴城。丙子，以侍中、車騎大將軍、尚書左僕射孫騰爲驃騎大將軍、儀同三司。

閏月乙未，以安北將軍〔九〕、光祿大夫、博野縣開國伯尉景爲驃騎大將軍、儀同三司。壬寅，尒朱天光、兆、度律、仲遠等屯於洹水之南。癸丑，齊獻武王出頓紫陌。庚申，尒朱兆率輕騎三千夜襲鄴城，叩西門，不剋，退走。壬戌，齊獻武王大破尒朱天光等四胡於韓陵，前廢帝鎮軍將軍賀拔勝、徐州刺史杜德於陳降。尒朱兆走趣并州，仲遠奔東郡，天光、度律將赴洛陽。大都督斛斯椿、賈顯智倍道先還。

夏四月甲子朔，椿等據河橋，懼罪自劾，尋擒天光、度律於河橋。西北大行臺長孫稚、都督賈顯智等率騎入京師，執尒朱世隆、彥伯，斬於都街，囚送天光、度律於齊獻武王。辛未，前廢帝驃騎大將軍、行濟州事侯景據城降，仍除儀同三司、兼尚書僕射、南道大行臺、濟州刺史。甲戌，以車騎將軍、尚書右僕射魏蘭根爲驃騎大將軍、儀同三司。乙亥，以車騎大將軍、儀同三司、中軍大都督高盛兼尚書僕射、北道行臺，隨機處分。尒朱仲遠奔蕭衍。青州刺史尒朱弼爲其部下馮紹隆所殺，傳首京師。丙子，前廢帝安東將軍辛永，右將軍、建州大都督張悅舉城降。

辛巳，車駕至河陽，遂位於別邸。

太昌元年五月，封安定郡王，邑一萬戶。後以罪殂於門下外省，時年二十。永熙二年葬於鄴西南野馬岡。

出帝，諱脩，字孝則，廣平武穆王懷之第三子也，母李氏。性沉厚少言，好武事。始封汝陽縣開國公，拜通直散騎侍郎，轉中書侍郎。建義初，除散騎常侍，尋遷平東將軍、兼太常卿，又爲鎮東將軍、宗正卿。永安三年，封平陽王。普泰初，轉侍中、征東將軍[一〇]、儀同

三司、兼尚書右僕射，又加侍中、尚書左僕射。

中興二年夏四月，安定王自以疏遠，未允四海之心，請遜大位。齊獻武王與百寮會議，僉謂高祖不可無後，乃共奉王。戊子，即帝位於東郭之外，入自東陽、雲龍門，御太極前殿，羣臣朝賀。禮畢，昇閶闔門，詔曰：「否泰相沿，廢興互有，玄天無所隱，精靈弗能諭。大魏統乾，德漸區寓，牢籠九服，旁礴三光。而上天降禍，運踵多難，禮樂崩淪，憲章漂沒。赫赫宗周，翦爲戎寇；蕭蕭清廟，將成茂草。胡羯乘機，肆其昏虐，殺君害王，刳剔海內。競其吞噬之意，不識醉飽之心。自書契以來，未有若斯者已！大丞相勃海王忠存本朝，精貫白日，爰舉義旗，志雪國恥。故廣阿之軍，貔虎奮氣；鄴下之師，金湯失險。近者四胡相率，寔繁有徒，驅天下之兵，盡華戎之銳。桴鼓暫交，一朝盪滅，元兇授首，大憝斯擒。揚斾濟河、掃清伊洛，士民安堵，不失舊章。社稷危而復安，洪基毀而還構。朕以託體宸極，猥當樂推，祗握寶圖，承茲大業。得以眇身，託於王公之上，若涉淵水，罔識攸津。思與兆民同茲嘉慶，可大赦天下。改中興二年爲太昌元年。」詔前御史中尉樊子鵠起復本官，兼尚書左僕射、東南道大行臺、都督儀同三司、徐州刺史杜德討元樹。齊獻武王上言，建義之家枉爲尒朱氏籍沒者，悉皆蠲免。帝以世易，復除齊獻武王爲大丞相、天柱大將軍、太師，世襲定州刺史，增封九萬，并前十五萬戶。庚寅，加齊文襄王侍中、開府儀

同，餘如故。壬辰，齊獻武王還鄴，車駕餞別於乾脯山。

五月丙申，前廢帝廣陵王殂。以太傅、淮陽王欣爲太師，封沛郡王；司徒公、趙郡王諶爲太保；侍中、驃騎大將軍、開府儀同三司、司州牧、南陽王寶炬爲太尉公；侍中、太保、錄尚書事長孫稚爲太傅；侍中、驃騎大將軍、尚書左僕射元羅儀同三司、尚書令、驃騎大將軍、吏部尚書元世儁儀同三司。戊戌，以齊獻武王固讓，聽解天柱大將軍，減封五萬戶，餘悉如故。辛丑，以前司空高乾邕復爲司空公。乙巳，帝幸華林都亭，宴羣臣，班賚有差。羽林隊主唐猛突入稱慶，帝以猛犯禁衞，杖之。猛辭色有忤，斬之階下。

丁未，詔曰：「無侮惸獨，事炳前經；惠此鰥寡，聲留往册。朕以薄德，作民父母，乃眷元元，寤言增歎。今理運惟新，哀矜伊始，如有孤老、疾病、無所依歸者，有司明加隱括，依格賑贍。」又詔曰：「理有一準，則民無覬覦；法啓二門，則吏多威福。前主爲律，後主爲令，歷世永久，寔用滋章。非所以準的庶品，隄防萬物。可令執事之官四品以上，集於都省，取諸條格，議定一途，其不可施用者，當局停記。新定之格，勿與舊制相連。務在約通，無致冗滯。」己酉，以侍中、驃騎大將軍、儀同三師、清河王亶爲司徒公。庚戌，詔曰：「頃西土年飢，百姓流徙，或身倚溝渠，或命懸道路，皆見棄草土，取厭烏鳶。言念於此，有

警夜寐。掩骼之禮，誠所庶幾；行瘞之義，冀亦可勉。其諸有露屍，令所在埋覆。可宣告

天下。」乙卯，詔外內解嚴。

六月癸亥朔，帝於華林園納訟。丙寅，蠕蠕、嚈噠、高麗、契丹、庫莫奚國並遣使朝貢。

丁卯，太尉公、司州牧、南陽王寶炬坐事降爲驃騎大將軍、開府，王如故，歸第，令羽林衛

守。改諡武懷皇帝曰孝莊。癸酉，蠕蠕、嚈噠國遣使朝貢。戊寅，詔內外百司普汎六級。

在京百寮加中興四級，義師將士並加軍汎六級，在鄴百官三級，河北同義之州兩級，河橋

建義者加五級，關西二級。諸受建明、普泰封爵、汎級、優特之階，悉追。己卯，帝臨顯陽

殿納訟。乙酉，高麗、契丹、庫莫奚國遣使朝貢。丙戌，以前驃騎大將軍、開府儀同三司斛

斯椿還爲前官。詔曰：「間者，凶權誕恣，法令變常，遂立夷貊輕賦，冀收天下之意，隨以

箕斂之重，終納十倍之征，掩目捕雀，何能過此。朕屬念蒸黎，無忘寢食，加田桑始事，生

業未滋，若頓依常格，或不周展。今歲租調，且兩收一丐，來年復舊。」辛卯，以使持節、衛

大將軍、儀同三司、尚書左僕射賈顯度爲驃騎大將軍、開府儀同三司。

秋七月乙未，詔曰：「頃永安馭運，載育皇儲，遂錫汎階，以申國慶。近經普泰，便爾

中追。今罪人既殄，舊章斯復。宜述往旨，用卒前恩。皇子汎二級，悉可還授。文穆廟

汎，故宜停寢，若已受者，依例追之。」庚子，以驃騎大將軍、開府、南陽王寶炬爲太尉公。

壬寅，齊獻武王率衆入自滏口，大都督厙干入自井陘，討尒朱兆。乙巳，齊獻武王以尒朱天光、尒朱度律送之京師，斬於都市。己酉，以兼尚書左僕射、東南道大行臺樊子鵠爲儀同三司。庚戌，詔侍中、驃騎將軍、左光禄大夫高隆之爲使持節、驃騎大將軍、儀同三司、兼尚書左僕射、北道行臺，率步騎十萬趨太行，會齊獻武王。隆之解行臺，仍爲大丞相軍司。齊獻武王次於武鄉〔三〕，尒朱兆大掠晉陽，北走秀容。并州平。乙卯，帝臨顯陽殿，親理冤獄。丙辰，以宗師、東萊王貴平爲車騎大將軍、儀同三司。是月，夏州徙民郭遷據宥州反，刺史元巋棄城走〔三〕。詔行臺侯景率齊州刺史尉景、濟州刺史蔡儁等攻討之。城陷，遷奔蕭衍。東南道大行臺樊子鵠大破蕭衍軍於譙城，擒其鄴王元樹及譙州刺史朱文開。

八月壬戌朔，齊文襄王來朝，燕射，班賚部下各有差。丁卯，以西中郎將元寧爲高平王。甲戌，以車騎大將軍、左光禄大夫李琰之爲儀同三司。庚寅，以車騎將軍、左光禄大夫崔秉爲驃騎大將軍、儀同三司。辛卯，以車騎將軍、右光禄大夫高岳爲驃騎大將軍、儀同三司。

九月癸未〔四〕，以侍中、驃騎大將軍、左光禄大夫封津爲儀同三司。庚子，帝幸華林都亭，引見元樹及公卿百寮蕃使督將等，宴射，班賚各有差。癸卯，燕郡開國公賀拔允進爵

為王。乙巳，帝幸都水，南過洛汭，遂至灤澗。己酉，復田于北原。癸丑，以太師、沛王欣

為廣陵王，前廢帝子勃海王子恕改封沛郡王。甲寅，以侍中、驃騎大將軍封隆之〔一五〕任祥

並為儀同三司。以車騎大將軍、河南尹元仲景為驃騎大將軍、儀同三司。乙卯，車駕謁山

陵。丙辰，蠕蠕、高昌國遣使朝貢。庚申，以衛將軍、前吏部尚書李神儁，撫軍將軍、右衛

將軍婁昭並為驃騎大將軍、儀同三司。

冬十月甲子，以使持節、衛將軍、光州刺史高仲密為車騎大將軍、儀同三司。丁卯，以

車騎大將軍、左光祿大夫潘蠻為儀同三司。己卯，以車騎大將軍、左光祿大夫高琛為特

進、驃騎、開府儀同三司。庚寅，以使持節、驃騎將軍、肆州刺史劉貴為驃騎大將軍、儀同

三司。

十有一月甲午，以車騎將軍、揚州刺史斛斯敦為驃騎大將軍、儀同三司。丁酉，日南

至，車駕有事於圓丘。戊戌，朝會百官於太極前殿。甲辰，安定王朗及東海王瞱坐事死。

乙巳，蠕蠕國遣使朝貢。己酉，以前太尉公、汝南王悅為侍中、大司馬、開府。葬靈太后胡

氏。

十有二月丙寅，以驃騎大將軍、領御史中尉綦儁為儀同三司。乙亥，以侍中、廣平王

贊為驃騎大將軍、開府儀同三司。丁亥，殺大司馬、汝南王悅。大赦天下，改太昌為永興

以太宗號，尋改爲永熙元年。

二年春正月庚寅朔，朝饗羣臣于太極前殿。甲午，齊獻武王自晉陽出討尒朱兆。丁酉，大破之於赤洪嶺，兆遁走，自殺。己亥，車駕幸崧高石窟靈巖寺。庚子，又幸，散施各有差。庚戌，儀同三司李琰之薨。丁巳，追尊皇考爲武穆帝，皇太妃馮氏爲武穆后，皇姊李氏爲皇太妃。以驃騎將軍、前滄州刺史高隆爲驃騎大將軍、儀同三司。蕭衍勞州刺史曹鳳、東荊州刺史雷能勝等舉城內屬。

二月庚申，以使持節[一六]、鎮東將軍、行汾州事張瓊爲驃騎大將軍、儀同三司。辛酉，以司空公高乾邕爲使持節、驃騎大將軍、開府儀同三司[一七]，咸陽王坦爲司空公。

三月己丑朔，加驃騎大將軍、滄州刺史賈顯智開府儀同三司。辛卯，詔以前普解諸行臺，今阿至羅相率降款，復以齊獻武王爲大行臺，隨機裁處。甲午，以車騎將軍、蔚州刺史竇泰爲使持節、車騎大將軍、開府儀同三司、相州刺史。使持節、驃騎大將軍、開府儀同三司、徐州刺史高乾邕坐事賜死。太師、魯郡王蕭薨。戊申，以使持節、都督河渭部三州諸軍事[一八]、驃騎大將軍、世襲河州刺史梁景叡爲儀同三司。丁巳，以侍中、太尉公、司州牧、趙郡王諶爲太尉公，加羽葆鼓吹；侍中、太尉公、南陽王寶炬爲太保、開府、尚書令[一九]。

夏四月戊辰,詔諸參佐自三府以下爰及外州,皆不得復加常侍及兼兩員,雖已授者亦悉追之。是月,青州人耿翔襲據膠州,殺刺史裴粲,通於蕭衍。

五月庚寅,詔諸幽枉未申,事經一周已上,悉集華林,將親覽察;脫事已經年,有司不列者,聽其人各自陳訴;若事連州郡,由緣淹歲者,亦仰尚書總集以聞。壬寅,以使持節、驃騎大將軍、儀同三司、齊州刺史侯淵復為開府儀同三司。乙巳,詔曰:「大夫之職,位秩貴顯;員外之官,亦為匪賤。而下及胥吏,帶領非一,高卑渾雜,有損彝章。自今已後,京官樂為稱事小職者,直加散號將軍,願罷卑官者聽為大夫及員外之職,不宜仍前散實參領。其中旨特加者,不在此例。」東徐州城民王早、簡實等殺刺史崔庠[二○],據州入蕭衍。

六月壬申,以驃騎大將軍、開府儀同三司、尚書右僕射樊子鵠為青膠大使,督濟州刺史、大都督蔡儁討耿翔。丁丑,以驃騎大將軍、前行南兗州事念賢為儀同三司。

秋七月辛卯,以使持節、鎮北將軍、大都督、秦州刺史万俟普撥為驃騎大將軍、儀同三司[二一]。壬辰,以太師、司州牧、廣陵王欣為大司馬、侍中,以太尉公、趙郡王諶為太師,並開府。庚戌,以前司徒公、燕郡王賀拔允為太尉公。

八月乙丑,齊文襄王來朝,帝燕於華林都亭,班賚部下各有差。以驃騎大將軍、前南岐州刺史司馬子如為儀同三司。戊辰,車駕餞文襄王於河梁,仍濟河而返。癸酉,齊獻武

王上表固讓王爵，不許；請分邑十萬戶，節降爲品，回授勳義，從之。

九月壬子，以散騎常侍、車騎大將軍、左光祿大夫崔芬爲儀同三司。

冬十月癸未，以衛將軍、瓜州刺史、泰臨縣開國伯、高昌王麴子堅爲儀同三司，進爵郡王〔一〕。

東徐州。

十有一月癸巳，持節、征北將軍、殷州刺史邸珍爲徐州大都督、東道行臺僕射，率將討

十有二月丁巳，車駕狩於嵩陽。己巳，遂幸溫湯。丁丑，車駕還宮。

三年春正月壬辰，齊獻武王討費也頭於河西苦洴河，大破之，獲其帥紇豆陵伊利，遷其部落於內地。

二月，東梁州爲夷民侵逼，詔使持節、車騎大將軍、行東雍州事泉企爲東梁州行臺、都督以討之。己未，蕭衍假節、豫州刺史、南昌王毛香舉城內附，授以持節、安南將軍、信州刺史、義昌王。壬戌，大赦天下。丙子，帝親釋奠禮先師。辛巳，幸洪池陂，遂遊田。壬午，以衛將軍、前徐州刺史元祐爲衛大將軍、儀同三司，以驃騎將軍、左衛將軍元斌之爲潁川王〔二〕。

三月壬寅，以前侍中、車騎大將軍李彧爲驃騎大將軍、儀同三司。

夏四月戊午，契丹國遣使朝貢。辛未，高平王寧坐事降爵爲公。丙子，高麗國遣使朝貢。

五月丙戌，增置勳府庶子，廂別六百人，又增騎官，廂別二百人，依第出身，騎官秩比直齋。

辛卯，詔曰：「大魏得一居宸，乘六馭寓。考風雲之所會，宅日月之所中。自北而南，東征西怨，后來其蘇，無思不偃。而句吳負險，久遺度外。世祖太武皇帝，握金鏡以照耀，擊玉鼓以鏗鏘，神武之所牢籠，威風之所轞轢，莫不雲徹霧卷，瓦解冰消。長江已北，盡爲魏土。頃天步中圮，國綱時屯，凶竪因機，互窺上國，疆場侵噬，州郡淪胥。乃眷東顧，無忘寢食。自非五牛警旆，七萃按部，何以復文武之舊業，拯塗炭於遺黎？朕將親總六軍，徑臨彭汴。一勞永逸，庶保無疆。內外百寮，便可嚴備。出頓之期，更聽後敕。」時帝爲斛斯椿、元毗、王思政、魏光等詔佞間阻，貳於齊獻武王，託討蕭衍，盛暑徵發河南諸州之兵，天下怪惡之。語在斛斯椿傳。丙申，以使持節、侍中、大司馬、開府、司州牧、廣陵王欣爲左軍大都督，太傅、錄尚書事長孫稚爲中軍四面大都督。丁酉，帝幸華林都亭，集京畿都督及軍士三千餘人，慰勉之。庚子，又幸華林都亭納訟。壬寅，又以長孫稚爲後軍大都督。

六月丁卯，大都督源子恭鎮胡陽，汝陽王暹守石濟，儀同三司賈顯智率豫州刺史斛斯壽東趨濟州。庚午，吐谷渾國遣使朝貢。丙子，詔曰：「頃年以來，天步時阻，干戈不載，荊棘斯生。或徇節感恩，奮不顧命。或臨戎對敵，赴難如歸。身首橫分，骸骨不斂。勳誠靡錄，榮贈莫加。寤寐矜之，良有嗟悼。可普告內外，所在言列。若無親近，聽故友陳之。尚書檢實，隨狀科贈。庶粗慰冤魂，少申惻隱。」庚辰，以使持節、車騎大將軍、中軍大都督斛律沙門爲開府儀同三司。

秋七月辛巳朔，以鎮東將軍、前大鴻臚卿、太原王昶特爲車騎大將軍[二四]，儀同三司。己丑，帝親總六軍十餘萬衆次於河橋。以斛斯椿爲前軍大都督，尋詔椿鎮虎牢。又詔荊州刺史賀拔勝赴於行所。勝率所部次於汝水。庚子，以使持節、征西將軍、岐州刺史越肱特爲儀同三司。丁未，帝爲椿等迫脅，遂出於長安。己酉，齊獻武王入洛，賀拔勝走還荊州。

八月甲寅，推司徒公、清河王亶爲大司馬，承制總萬幾，居尚書省。辛酉，齊獻武王西迎車駕。戊辰，制曰：「晦爲明始，亂實治基，爰著天道，又符人事。用能隆此遠年，克茲卜世。故姬祚中微，踐土有勤王之役；劉氏將傾，北軍致左袒之舉。永熙之季，權佞擅朝，羣小是崇，勳賢見害。官緣價以貴賤，獄因貨而死生。宗祐飄若綴旒，民命棄如草莽。大丞相位居晉鄭，任屬桓文，興甲汾川，問罪伊洛。羣姦畏威，擁迫人主，以自蔽衛，遠出

秦方。雖車駕流移，未即返御，然權佞將除，天下延頸。魏邦雖舊，其化惟新，思與兆民，同茲更始。可大赦天下。」行臺侯景討荆州，賀拔勝戰敗，走奔蕭衍。

九月癸巳，以衞大將軍、河南尹元子思爲使持節、行臺僕射，使持節、驃騎大將軍、開府儀同三司、領軍將軍婁昭爲西道大都督，并率左右侍官西迎車駕。己酉，椿黨毛鴻賓守潼關，齊獻武王破擒之〔三五〕。是日，齊獻武王東還於洛。是月，東清河人傅晶殺太守韓子捷，據郡反。會赦，乃降。

冬十月戊辰，使持節、驃騎大將軍、開府儀同三司、行青州事侯淵克東陽，斬刺史東萊王貴平〔三六〕，傳首京師。

閏十二月癸巳，帝爲宇文黑獺所害，時年二十五。

史臣曰：廣陵廢於前，中興廢於後，平陽猜惑，自絶宗廟。普泰雅道居多，永熙悖德爲甚。是俱亡滅，天下所棄歟！

校勘記

〔二〕 就除金紫光祿大夫 「就」原作「執」，據南監本、局本、御覽卷一○四引後魏書改。

〔二〕擒其尚書左僕射儀同三司雲麾將軍徐兗二州刺史劉相如　「劉相如」上疑有脫文。按本書卷九八島夷蕭衍傳敍此事：「擒其雲麾將軍、徐兗二州刺史沈預，斬其宣猛將軍、齊州刺史劉相如。」

〔三〕詔有司不得復稱偽梁　「稱」，原作「租」，據他本改。

〔四〕親理冤訟　「親理」，原作二字空格，據他本補。

〔五〕以侍中太保開府尚書令樂平王尒朱世隆爲儀同三師　「儀同三師」，原作「儀同三司」。按本書卷七五尒朱世隆傳：「前廢帝特置儀同三師之官，次上公之下，以世隆爲之。」又卷一一三官氏志：「普泰初，以尒朱世隆爲儀同三師，位次上公。」此處「司」乃「師」字之訛，今據改。

〔六〕二年春三月齊獻武王敗尒朱天光等於韓陵　「三月」，北史卷五魏本紀五作「閏三月」。按韓陵之戰在閏三月，歷見本卷後廢帝紀、北史卷六齊本紀上。疑此處「三月」上脫「閏」字。

〔七〕昇壇焚燎　「焚」，御覽卷一○四引後魏書作「柴」。

〔八〕南兗城民王乞德　「王乞德」，本書卷五五劉芳傳附劉世明傳、通鑑卷一五五梁紀一一中大通三年末並作「王乞得」。

〔九〕以安北將軍　「以」，原作「爲」，據南監本、北監本、汲本、殿本改。

〔一○〕征東將軍　原作「鎮東將軍」，據本卷前廢帝紀普泰元年三月庚辰改。張森楷云：「上文已書『鎮東』，此不應復爲鎮東，前廢帝紀作『征東』，是也。『鎮』字涉上而誤。」

〔一〕 開府儀同三司清河王亶儀同三師 「儀同三師」、清河王亶爲司徒公」，原作「儀同三司」，據本書卷七五尒朱世隆傳改。下「己酉『儀同三師、清河王亶爲司徒公』條同改。參見本卷校記〔五〕。

〔二〕 齊獻武王次於武鄉 「武鄉」，原作「武卿」，據汲本、殿本、局本、通鑑卷一五五梁紀一一中大通四年七月改。按北史卷六齊本紀上記此事稱高歡「遂自滏口入。尒朱兆大掠晉陽，北保秀容」。自滏口（今河北邯鄲市峰峰礦區）越太行至晉陽，沿途必經上黨（今山西長治）、武鄉（今長治北境武鄉縣），其間不聞有地名「武卿」。

〔三〕 夏州徙民郭遷據宥州反刺史元巋棄城走 「郭遷」，北齊書卷一九蔡儁傳作「胡遷」，或因其爲徙自夏州之胡人，非必此紀誤。「宥州」，疑當作「兗州」。錢大昕考異卷二八云：「宥非州名，通鑑作青州，當從之。」按本書卷一五常山王遵傳附元巋傳、北齊書蔡儁傳，元巋其時爲兗州刺史，動亂亦在兗州，册府卷六九四錄蔡儁事即作「兗州」。

〔四〕 九月癸未 「癸未」，按是月壬辰朔，無癸未。魏紀時誤云：「癸未」上承八月三十日辛卯，下接本月九日庚子，「當係『癸巳』初二日『乙未』初四日之一訛。

〔五〕 封隆之 原作「封陰之」。錢大昕考異卷二八云：「『陰之』當是『隆之』之訛。」按北齊書卷二一封隆之傳，尒朱氏敗亡，「徵爲侍中」，後「進位儀同三司」，與此處記事合，當時任侍中要職者並無「封陰之」其人。錢說是，今據改。

〔六〕 以使持節 「持」字原闕，據他本補。

〔七〕以司空公高乾邕爲使持節驃騎大將軍開府儀同三司　張森楷云：「『儀同三司』下當有『徐州刺史』四字脫去，下文及高乾傳（北齊書卷二一）可證。」

〔八〕以使持節都督河渭部三州諸軍事　「部」，錢大昕考異卷二八云：「『部』非州名，恐是『鄯』字之訛。」

〔九〕侍中太尉公南陽王寶炬爲太保開府尚書令　「太保」，原作「太尉」。按寶炬先已爲太尉，豈有以太尉爲太保之理，且上稱同日太保趙郡王諶爲太尉公，亦無同日拜二太尉之理。北史卷五魏本紀五稱永熙二年寶炬「進位太保、開府、尚書令」，今據改。

〔一〇〕東徐州城民王早簡寶等殺刺史崔庠　「簡寶」，本書卷六七崔光傳附崔庠傳、册府卷九三一、梁書卷三武帝紀下中大通五年六月並作「蘭寶」。

〔一一〕秦州刺史万俟普撥　「秦州」，原作「泰州」。按万俟普撥爲秦州刺史，歷見周書卷一文帝紀上永熙三年二月、卷二文帝紀下大統二年五月、北史卷六齊本紀上天平三年二月、北齊書卷二七万俟傳。其時秦州有二：一治上邽，自永安三年關隴平定，侯莫陳悅、趙貴、李弼、念賢等相繼爲刺史，見周書卷一四、卷一五諸人本傳。一是魏末置於汧城之東秦州，寰宇記卷三二一關西道八隴州歷記其沿革。本書卷九肅宗紀孝昌三年正月記東秦州刺史潘義淵以汧城降變亂軍。關隴平定後，万俟普撥所任當即東秦州刺史。北史卷六齊本紀、北齊書卷二七万俟普傳均稱高歡平夏州後，万俟普撥率衆投奔東魏。與夏州近者即此「秦州」，泰州近在河

東，情事不合。此處「泰」乃「秦」字之訛，今據改。

〔三一〕泰臨縣開國伯高昌王麴子堅爲儀同三司進爵郡王 「麴子堅」，據本書卷一〇一高昌傳、高昌舊王麴嘉死，子堅立，其人非雙名「子堅」，疑此處及北史卷五魏本紀五並衍「子」字。「郡王」，北史卷五魏本紀五、本書高昌傳作「郡公」，指由縣伯進封郡公，非指高昌王號，疑是。

〔三二〕以驃騎將軍左衞將軍元斌之爲潁川王 「潁川」，原作「潁昌」，據北史卷五魏本紀五改。張森楷云：「北史作『潁川』。據本書安樂王傳、北齊書神武紀、周書文帝紀並作『潁川』，則『昌』字誤也。」張説是。

〔三三〕太原王昶特爲車騎大將軍 「特」字疑衍。按本書記升遷無「特爲」之例，「特」或涉下「越肸特」而衍。

〔三四〕己酉椿黨毛鴻賓守潼關齊獻武王破擒之 按北史卷六齊本紀上、高歡攻下潼關在八月，九月庚寅還至洛陽，周書卷一文帝紀上、北史卷九周本紀上也稱高歡襲陷潼關在八月。北史卷五魏本紀五又稱九月己酉孝武帝元脩反攻潼關，克華州，與此條異。疑此處記月日皆有誤。

〔三五〕行青州事侯淵克東陽斬刺史東萊王貴平 「東陽」，原作「東楊州」，他本並作「東揚州」。按本書卷一九下安定王休傳附元貴平傳稱其出帝時「出爲青州刺史」爲侯淵所害。卷八〇侯淵傳敍此事甚詳。貴平乃青州刺史，侯淵所攻取者亦爲青州。據卷一〇六地形志中，青州治東陽。此處本當作「東陽」，「陽」訛「楊」或「揚」，後人又妄增「州」字，今據改。

魏書卷十二

孝靜紀第十二

孝靜皇帝，諱善見，清河文宣王亶之世子也，母曰胡妃。永熙三年，拜通直散騎侍郎，八月，爲驃騎大將軍、開府儀同三司。出帝既入關，齊獻武王奉迎不克，乃與百寮會議，推帝以奉肅宗之後，時年十一。

冬十月丙寅，即位于城東北，大赦天下，改永熙三年爲天平元年。庚午，以太師、趙郡王諶爲大司馬，以司空、咸陽王坦爲太尉，以開府儀同三司高盛爲司徒，以開府儀同三司高昂爲司空。壬申，有事于太廟。

詔曰：「安安能遷，自古之明典；所居靡定，往昔之成規。是以殷遷八城，周卜三地。吉凶有數，隆替無恒。事由於變通，理出於不得已故也。高祖孝文皇帝式觀乾象，俯協人謀，發自武州，來幸嵩縣，魏雖舊國，其命惟新。及正光之季，國步孔棘，喪亂不已，寇賊交

侵,俾我生民,無所措手。今遠遵古式,深驗時事,考龜襲吉,遷宅漳滏。庶克隆洪基,再昌寶曆。主者明為條格,及時發邁。」丙子,車駕北遷于鄴。詔齊獻武王留後部分。改司州為洛州,以衛大將軍、尚書令元弼為驃騎大將軍、儀同三司,洛州刺史,鎮洛陽。詔從遷之戶,百官給復三年,安居人五年。

十有一月,兗州刺史樊子鵠、南青州刺史大野拔據瑕丘反。庚寅,車駕至鄴,居北城相州之廨。改相州刺史為司州牧,魏郡太守為魏尹,徙鄴舊人西徑百里以居新遷之人,分鄴置臨漳縣,以魏郡、林慮、廣平、陽丘、汲郡、黎陽、東濮陽、清河、廣宗等郡為皇畿〔二〕。

十有二月丁卯,燕郡王賀拔允薨。庚午,詔内外解嚴,百司悉依舊章,從容雅服,不得以矛鋋從事〔三〕。丙子,遣侍中封隆之等五人為大使,巡諭天下。丁丑,赦畿内。

閏月,蕭衍以元慶和為鎮北將軍、魏王,入據平瀨鄉。宇文黑獺既害出帝,乃以南陽王寶炬僭尊號。初置四中郎將,於硙石橋置東中,蒲泉置西中,濟北置南中,洺水置北中。

二年春正月,寶炬渭州刺史可朱渾道元擁部來降,齊獻武王迎納之,賑其廩食。己巳,詔以齊獻武王為相國,假黃鉞,劍履上殿,入朝不趨,餘悉如故。王固讓不受。乙亥,

兼尚書右僕射、東南道行臺元晏討元慶和，破走之。

二月壬午，以太尉、咸陽王坦爲太傅，以司州牧、西河王悰爲太尉。己丑，前南青州刺史大野拔斬樊子鵠以降，兗州平。戊戌，蕭衍司州刺史陳慶之寇豫州，刺史堯雄擊走之。

三月辛酉，以司徒高盛爲太尉，以司空高昂爲司徒，濟陰王暉業爲司空。齊獻武王討平山胡劉蠡升，斬之。其子南海王復僭帝號，獻武王進擊，破擒之，及其弟西海王、皇后、夫人已下四百人，并逋逃之人二萬餘戶。辛未，以旱故，詔京邑及諸州郡縣收瘞骸骨。是春，高麗、契丹並遣使朝貢。

夏四月，前青州刺史侯淵反[四]，攻掠青齊。癸未，濟州刺史蔡儁討平之。壬辰，降京師見囚。

五月，大旱，勒城門、殿門及省、府、寺、署、坊門澆人，不簡王公，無限日，得雨乃止。

六月，元慶和寇南頓，豫州刺史堯雄大破之[五]。

秋七月甲戌，封汝南王悦孫綽爲琅邪王。

八月辛卯，司空、濟陰王暉業坐事免。甲午，發衆七萬六千人營新宮。

九月，齊獻武王以治民之官多不奉法，請選朝士清正者，州別遣一人，問疾苦。丁巳，以開府儀同三司、襄城王旭爲司空。

冬十有一月丁未，蕭衍將柳仲禮寇荊州，刺史王元擊破之〔六〕。癸丑，祀圓丘。甲寅，

閶闔門災，龍見并州人家井中。丙寅，詔齊文襄王起家爲散騎常侍、驃騎大將軍、左光禄

大夫、儀同三司、太原郡開國公，食邑三千户。

十有二月壬午，車駕狩于鄴東。甲午，文武百官，量事各給禄。

魏書卷十二

三五〇

三年春正月癸卯朔，饗羣臣於前殿。戊申，詔百官舉士，舉不稱才者兩免之。齊獻武

王襲寶炬西夏州，克之。詔加齊獻武王九錫之禮，侍中元子思敦諭。固讓乃止。

二月丁未〔七〕，蕭衍光州刺史郝樹以州內附。丁酉，詔加齊文襄王使持節、尚書令、大

行臺、大都督，以鮮卑、高車酋庶皆隸之。

三月甲寅，以開府儀同三司、華山王鷙爲大司馬。丁卯，陽夏太守盧公纂據郡南叛，

大都督元整破之。

夏四月丁酉，昌樂王誕薨。

五月癸卯，賜鰥寡孤獨貧窮者衣物各有差。丙辰，以録尚書事、西河王悰爲司州牧。

戊辰，太尉高盛薨。

六月辛巳，趙郡王諶薨。

秋七月庚子，大赦天下。蕭衍夏州刺史田獨鞞、潁川防城都督劉鸞慶並以州內附。

八月，并、肆、涿、建四州隕霜[八]，大飢。

九月壬寅，以定州刺史侯景兼尚書右僕射、南道行臺，節度諸軍南討。丙辰，陽平人路季禮聚衆反。辛酉，御史中尉竇泰討之。

冬十有一月戊申，詔尚書可遣使巡檢河北流移飢人，邢陘、滏口所經之處，若有死屍，即為藏掩。勿使靈臺枯骨，有感於通夢。廣漢露骸，時聞於夜哭。侯景攻克蕭衍楚州，獲刺史桓和。

十有二月，以并州刺史尉景為太保。辛未，遣使者假老人官，百歲已下各有差。壬申，大司馬、清河王亶薨。丁丑，齊獻武王自晉陽西討，次於蒲津，司徒公、大都督高敖曹趨上洛，車騎大將軍竇泰入自潼關。癸未，以太傅、咸陽王坦為太師。乙酉，勿吉國遣使朝貢。

是歲，高麗國遣使朝貢。

四年春正月，禁十五日相偷戲。竇泰失利自殺。丁巳，高敖曹攻上洛，克之，擒竇炬驃騎大將軍、洛州刺史泉企[九]。以汝陽王暹為錄尚書事。

夏四月辛未，遷七帝神主入新廟，大赦天下，内外百官普進一階。先是，滎陽人張儉等聚衆反於大騩山[一〇]，通寶炬。壬辰，武衛將軍高元盛討破之[一一]。

六月己巳，幸華林園理訟。辛未，詔尚書掩骼埋胔，推録囚徒。壬午，閶闔門災。

先是，蕭衍因益州刺史傅和請通好。

秋七月甲辰，遣兼散騎常侍李諧[一二]、兼吏部郎中盧元明、兼通直散騎常侍李鄴使于蕭衍。

八月，寶炬、宇文黑獺寇陝州，城陷，刺史李徽伯爲黑獺所殺。

九月，侍中元子思與其弟子華謀反，並賜死。

閏月乙丑，衛將軍、右光禄大夫蔣天樂謀反，伏誅。禁京師酤酒[一三]。

冬十月，以咸陽王坦爲録尚書事。壬辰，齊獻武王西討，至沙苑，不克而還。己酉，寶炬行臺宮景壽、都督楊白駒寇洛州，大都督韓延大破之[一四]。寶炬又遣其大行臺元季海[一五]、大都督獨孤如願逼洛州，刺史廣陽王湛棄城退還，季海、如願遂據金墉。潁州長史賀若微執刺史田迅西叛[一六]，引寶炬都督梁回據城。寶炬又遣其都督趙繼宗、右丞韋孝寬等攻陷豫州。

十有一月丙子，以驃騎大將軍、儀同三司万俟普爲太尉。

十有二月甲寅，蕭衍遣使朝貢。河間人邢摩納、范陽人盧仲禮等各聚衆反。

是歲，高麗、蠕蠕國並遣使朝貢。

元象元年春正月，有巨象自至碭郡陂中，南兖州獲送于鄴。丁卯，大赦，改元。大都督賀拔仁攻寶炬南汾州，己卯，拔之，擒其刺史韋子粲。行臺任祥率豫州刺史堯雄等與大行臺侯景、司徒高敖曹、大都督万俟受洛干等於北豫相會[七]，俱討潁州。梁回等棄城遁走，潁州平。

二月，豫州刺史堯雄攻揚州，拔之，擒寶炬義州刺史韓顯、揚州長史丘岳，送京師。丙辰，遣兼散騎常侍鄭伯猷使于蕭衍。

三月，齊獻武王固請解大丞相，詔從之。

夏四月庚寅，曲赦畿内。壬辰，齊獻武王還晉陽。是夏，山東大水，蝦蟇鳴于樹上。

六月壬辰，帝幸華林都堂聽訟。

秋七月乙亥[八]，高麗國遣使朝貢。行臺侯景、司徒公高敖曹圍寶炬將獨孤如願於金墉，寶炬、宇文黑獺並來赴救。大都督厙狄干率諸將前驅，齊獻武王總衆繼進。

八月辛卯，戰于河陰，大破之。斬其大都督、儀同三司寇洛生等二十餘人，俘獲數萬。

司徒公高敖曹、大都督李猛、宋顯並戰没。寶炬留其將長孫子彥守金墉。壬辰，齊獻武王濟河，子彥棄城走。

九月，大都督賀拔仁擊邢摩納、盧仲禮等，破平之。

冬十月，蕭衍遣使朝貢。

十有一月庚寅，遣陸操使于蕭衍[一九]。齊獻武王來朝。

十有二月甲辰，還晉陽。

興和元年春正月辛酉，以尚書令孫騰爲司徒。

三月甲寅朔，封常山郡王邵第二子曜爲陳郡王。

夏五月，齊文襄王來朝。甲戌，立皇后高氏。乙亥，大赦天下。是月，高麗國遣使朝貢。

六月乙酉，以尚書左僕射司馬子如爲山東黜陟大使，尋爲東北道大行臺，差選勇士。

庚寅，前潁州刺史奚思業爲河南大使，簡發勇士。丁酉，蕭衍遣使朝貢。戊申，開府儀同三司、汝陽王暹薨。

秋七月丁丑，詔以齊獻武王爲相國、録尚書事、大行臺，固辭相國。

八月壬辰，兼散騎常侍王元景、兼通直散騎常侍魏收使于蕭衍。

九月甲子，發畿內民夫十萬人城鄴城，四十日罷。辛未，曲赦畿內死罪以下各有差。

冬十有一月癸亥，以新宮成，大赦天下，改元。八十以上賜綾帽及杖，七十以上賜帛，及有疾廢者賜粟帛。築城之夫，給復一年。

二年春正月壬申，以太保尉景爲太傅，以驃騎大將軍、開府儀同三司庫狄干爲太保。

丁丑，徙御新宮，大赦，內外百官普進一階，營構主將別優一階。

三月乙卯[二〇]，蕭衍遣使朝貢。

夏五月己酉，西魏行臺宮延和、陝州刺史宮元慶率戶內屬，置之河北。新附賑廩各有差。

壬子，遣兼散騎常侍李象使于蕭衍。

閏月己丑，封皇兄景植爲宜陽王[二一]，皇弟威爲清河王，謙爲潁川王。

六月壬子，大司馬華山王鷙薨[二二]。

冬十月丁未，蕭衍遣使朝貢。

十有二月乙卯，遣兼散騎常侍崔長謙使於蕭衍。

是歲，蠕蠕、高麗、勿吉國並遣使朝貢。

三年春二月甲辰，阿至羅出吐拔那渾大率部來降。

三月乙酉〔三〕，梁州人公孫貴賓聚衆反，自號天王。陽夏鎮將討擒之。

夏四月戊申，阿至羅國主副伏羅越居子去賓來降，封爲高車王。

六月乙丑，蕭衍遣使朝貢。

秋七月，齊文襄王如晉陽。己卯，宜陽王景植薨。

八月甲子，遣兼散騎常侍李騫使于蕭衍。

冬十月癸卯，齊文襄王自晉陽來朝。先是，詔文襄王與羣臣於麟趾閣議定新制，甲寅，班於天下。己巳〔四〕，發夫五萬人築漳濱堰，三十五日罷。癸亥，車駕狩于西山。

十有一月戊寅，還宮。丙戌，以開府儀同三司、彭城王韶爲太尉，以度支尚書胡僧敬爲司空。

是歲，蠕蠕、高麗、勿吉國並遣使朝貢。

四年春正月丙辰〔五〕，蕭衍遣使朝貢。

夏四月丙寅〔六〕，遣兼散騎常侍李繪使于蕭衍。乙酉，以侍中、廣陽王湛爲太尉，以尚

書右僕射高隆之為司徒，以太尉、彭城王韶為錄尚書事。丁亥，太傅尉景坐事降為驃騎大將軍、開府儀同三司。辛卯，以太保厙狄干為太傅，以領軍將軍婁昭為大司馬，封祖裔為尚書右僕射。

五月辛巳，齊獻武王來朝，請令百官月一面敷政事，明揚仄陋，納諫屏邪，親理獄訟，褒黜勤怠；牧守有愆，節級相坐；椒掖之內，進御以序；後園鷹犬，悉皆放棄。

六月，還晉陽。丙申，復前侍中、樂浪王忠爵。丁酉，復陳留王景皓、常山王紹宗、高密王永業爵。

秋八月庚戌，以開府儀同三司、吏部尚書侯景為兼尚書僕射、河南行臺，隨機討防。

冬十月甲寅，蕭衍遣使朝貢。齊獻武王圍寶炬玉壁。

十有一月壬午，班師。驃騎大將軍、開府儀同三司、青州刺史、西河王悰薨。

十有二月辛亥，遣兼散騎常侍陽斐使于蕭衍〔一七〕。

是歲，蠕蠕、高麗、吐谷渾國並遣使朝貢。

武定元年春正月壬戌朔，大赦天下，改元。己巳，車駕蒐于邯鄲之西山；癸酉，還宮。

二月壬申，北豫州刺史高仲密據虎牢西叛。

三月，寶炬遣其子突與宇文黑獺率衆來援仲密。庚子，圍河橋南城。丙午，帝親納訟。戊申，齊獻武王討黑獺，戰於邙山，大破之，擒寶炬兄子臨洮王森，蜀郡王榮宗，江夏王昇，鉅鹿王闡，譙郡王亮，驃騎大將軍、儀同三司、太子詹事趙善，督將參寮等四百餘人，俘斬六萬餘，甲仗牛馬不可勝數。豫洛二州平。齊獻武王追奔至恆農而還。

夏四月，封彭城王韶弟襲爲武安王。

五月壬辰，以克復虎牢，降天下死罪以下囚。乙未，以吏部尚書侯景爲司空。

六月乙亥，蕭衍遣使朝貢。戊寅，封前員外散騎侍郎元長春爲南郡王。壬午，遣兼散騎常侍李渾使于蕭衍。

秋八月乙丑〔二八〕，以汾州刺史斛律金爲大司馬。

是月，齊獻武王召夫五萬於肆州北山築城，西自馬陵戍，東至土隥。四十日罷。

冬十有一月甲午，車駕狩于西山。乙巳，還宮。

是歲，吐谷渾、高麗、蠕蠕國並遣使朝貢。

二年春正月，地豆于國遣使朝貢。

二月丁卯，徐州人劉烏黑聚衆反。遣行臺慕容紹宗討平之。

三月，蕭衍遣使朝貢。以旱故，宥死罪以下囚。丙午，以開府儀同三司孫騰爲太保。

壬子，以齊文襄王爲大將軍，領侍中，其文武職事、賞罰衆典，詢稟之。中書監元弼爲錄尚書，左僕射司馬子如爲尚書令，以今上爲左僕射[二九]。

夏四月，室韋國遣使朝貢。

五月甲午，遣散騎常侍魏季景使于蕭衍。丁酉，太尉、廣陽王湛薨。

秋八月癸酉，尚書令司馬子如坐事免。

九月甲申，以開府儀同三司、濟陰王暉業爲太尉。太師、咸陽王坦坐事免，以王還第。

冬十月丁巳，太保孫騰、大司馬高隆之各爲括戶大使[三〇]，凡獲逃戶六十餘萬。

十有一月，西河地陷，有火出。甲申，以司徒高隆之爲尚書令，以前大司馬婁昭爲司徒。齊文襄王如晉陽。庚子，車駕有事於圓丘。辛丑，蕭衍遣使朝貢。壬寅，齊文襄王從

獻武王討山胡，破之，俘獲一萬餘戶，分配諸州。

是歲，吐谷渾、高麗、蠕蠕、勿吉國並遣使朝貢。

三年春正月丙申，遣兼散騎常侍李獎使于蕭衍。丁未，齊獻武王請於并州置晉陽宮，

以處配没之口。

二月庚申，吐谷渾國奉其從妹以備後庭，納爲容華嬪。

夏五月甲辰，大赦天下。

秋七月庚子，蕭衍遣使朝貢。

冬十月，遣中書舍人尉瑾使于蕭衍。乙未[二]，齊獻武王請邙山之俘，釋其桎梏，配以人間寡婦。

十有二月，以司空侯景爲司徒，以中書令韓軌爲司空。戊子，以太保孫騰爲録尚書事。

是歲，高麗、吐谷渾、蠕蠕國並遣使朝貢。

四年夏五月壬寅，蕭衍遣使朝貢。

六月庚子，以司徒侯景爲河南大行臺，應機討防。

秋七月壬寅，遣兼散騎常侍元廓使于蕭衍。

八月，移洛陽漢魏石經于鄴。齊獻武王自鄴帥衆西伐，文襄王會于晉州。

九月，圍玉壁以挑之，寶炬、黑獺不敢應。

冬十有一月，齊獻武王有疾，班師。文襄王如晉陽。

是歲，室韋、勿吉、地豆于、高麗、蠕蠕國並遣使朝貢。

五年春正月丙午，齊獻武王薨於晉陽，祕不發喪。辛亥，司徒侯景反，潁州刺史司馬世雲以城應之。景入據潁城，誘執豫州刺史高元成、襄州刺史李密、廣州刺史暴顯等。遣司空韓軌、驃騎大將軍、儀同三司賀拔仁[二]、可朱渾道元，左衛將軍劉豐等帥衆討之。景乃遣使降於寶炬，請師救援。寶炬遣其將李景和、王思政帥騎赴之。思政等入據潁川，景乃出走豫州。乙丑，蕭衍遣使朝貢。

二月，侯景復背寶炬，歸於蕭衍。衍署景河南王、大將軍[三]，承制。

夏四月壬申，大將軍齊文襄王來朝。甲午，遣兼散騎常侍李緯使于蕭衍。

五月丁酉朔，大赦天下。戊戌，以尚書右僕射、襄城王旭爲太尉。甲辰，以太原公今上爲尚書令，領中書監，餘如故，詢以政事。以青州刺史尉景爲大司馬，以開府儀同三司庫狄干爲太師，以録尚書事孫騰爲太傅，以汾州刺史賀拔仁爲太保[四]，以司空韓軌爲司徒，以領軍將軍可朱渾道元爲司空，以司徒高隆之録尚書事，以徐州刺史慕容紹宗爲尚書左僕射，高陽王斌爲右僕射。戊午，大司馬尉景薨。

六月，司徒韓軌、司空可朱渾道元等自潁州班師。乙酉，帝爲齊獻武王舉哀於東堂，服緦縗。詔尚書右僕射、高陽王斌兼大鴻臚卿，赴晉陽監護喪事；太尉、襄城王旭兼尚書令，奉詔宣慰。

秋七月戊戌，詔贈王假黃鉞、使持節、相國、都督中外諸軍事、齊王璽綬，輼輬車、黃屋、左纛、前後羽葆、鼓吹、輕車介士，兼備九錫之禮，謚曰獻武王。以齊文襄王爲使持節、大丞相、都督中外諸軍事、錄尚書事、大行臺、勃海王。壬寅，詔王攝理軍國，遣中使敦諭。甲申，葬齊獻武王於鄴城西北，車駕祖於漳濱。

八月，齊文襄王入朝，固辭丞相，詔復授大將軍，餘如故。

九月，齊文襄王還晉陽。辛酉，蕭衍遣其兄子貞陽侯淵明帥衆寇徐州，堰泗水於寒山，灌彭城，以應侯景。

冬十月乙酉，以尚書左僕射慕容紹宗爲東南道行臺，與驃騎大將軍、儀同三司、大都督高岳、潘相樂討淵明。

十有一月，大破之，擒淵明及其二子瑀、道，將帥二百餘人，俘斬五萬級，凍乏赴水死者不可勝數。

十有二月乙亥，蕭淵明至闕，帝御閶闔門讓而宥之。岳等回師討侯景。

是歲，高麗、勿吉國並遣使朝貢。

六年春正月己亥，大都督高岳等於渦陽大破侯景，俘斬五萬餘人，其餘溺死於渦水，水爲之不流。景走淮南。己未，齊文襄王來朝，請以寒山獲士賜百官及督將等，各有差。二月己卯，蕭衍遣使款闕乞和，并修書弔齊文襄王。文襄王還晉陽。三月癸巳，以太尉、襄城王旭爲大司馬，以開府儀同三司高岳爲太尉。辛亥，以冬春亢旱，赦罪人各有差。

夏四月甲子，吏部令史張永和、青州人崔闊等僞人官，事覺，糾檢，首者六萬餘人。秋八月甲戌〔三五〕，以尚書左僕射慕容紹宗爲大行臺，與太尉高岳、司徒韓軌、大都督劉豐等討王思政於潁川，引洧水灌其城。

九月乙酉，蕭衍遣使朝貢。

冬十月戊申，侯景濟江〔三六〕，推蕭衍弟子臨賀王正德爲主，以攻建業。

是歲，高麗、室韋、蠕蠕、吐谷渾國並遣使朝貢。

七年春正月戊辰，蕭衍弟子北徐州刺史、封山侯蕭正表以鍾離内屬〔三七〕，封蘭陵郡開

國公、吳郡王。

三月丁卯，侯景剋建業，還以蕭衍爲主。衍弟子北兗州刺史、定襄侯蕭祗，湘潭侯蕭退來降〔二八〕。衍江北郡國皆內屬。

夏四月，大行臺慕容紹宗，大都督劉豐遇暴風，溺水死。甲辰，詔以齊文襄王爲相國、齊王，綠綟綬，讚拜不名，入朝不趨，劍履上殿，食冀州之勃海、長樂、安德、武邑、瀛州之河間五郡，邑十五萬戶，餘如故。王固讓。是月，侯景殺蕭衍，立子綱爲主。

五月，齊文襄王帥衆自鄴赴潁川。

六月丙申，克潁州，擒寶炬大將軍、尚書左僕射、東道大行臺、太原郡開國公王思政，潁州刺史皇甫僧顯等，及戰士一萬餘人，男女數萬口。齊文襄王遂如洛州。

秋七月，齊文襄王至自南討，請宥思政之罪。

八月辛卯，詔立皇子長仁爲皇太子。齊文襄王薨於第，祕不發喪。癸巳，大赦天下，內外百官並加二級。甲午，齊王如晉陽。

冬十月癸未，以開府儀同三司、咸陽王坦爲太傅。甲午，以開府儀同三司潘相樂爲司空。

十有二月甲辰，吳郡王蕭正表薨。己酉，以并州刺史彭樂爲司徒。

是歲，蠕蠕、地豆于、室韋、高麗、吐谷渾國並遣使朝貢。

八年春正月辛酉，帝爲齊文襄王舉哀於東堂。丁卯，詔贈齊文襄王假黃鉞、使持節、相國、都督中外諸軍事、齊王璽綬、轀輬車、黃屋、左纛、前後部羽葆、鼓吹、輕車介士，備九錫之禮，諡曰文襄王。戊辰，詔齊王爲使持節、丞相、都督中外諸軍事、錄尚書事、大行臺、齊郡王，食邑一萬戶。甲戌，地豆于、契丹國並遣使朝貢。

二月甲申，葬齊文襄王，車駕祖於漳濱。庚寅，以尚書令高隆之爲太保。

三月庚申，進齊郡王爵爲齊王。

夏四月乙巳，蠕蠕遣使朝貢。

五月甲寅，詔齊王爲相國，總百揆，封冀州之勃海、長樂、安德、武邑，瀛州之河間、高陽、章武，定州之中山、常山、博陵十郡，二十萬戶，備九錫之禮；以齊國太妃爲王太后，王妃爲王后。丙辰，詔歸帝位於齊國，即日遜於別宮。

齊天保元年五月己未，封帝爲中山王，邑一萬戶；上書不稱臣，答不稱詔，載天子旌旗，行魏正朔，乘五時副車；封王諸子爲縣公，邑各一千戶；奉絹三萬匹，錢一千萬，粟二萬石，奴婢三百人，水碾一具，田百頃，園一所；於中山國立魏宗廟。二年十二月己酉，中

山王祖，時年二十八。三年二月，奉諡曰孝靜皇帝，葬于漳西山崗。其後發之，陵崩，死者
六十八人。

　　帝好文學，美容儀。力能挾石師子以踰牆，射無不中。嘉辰宴會，多命羣臣賦詩，從
容沉雅，有孝文風。齊文襄王嗣事，甚忌焉，以大將軍中兵參軍崔季舒爲中書黃門侍郎，
令監察動靜，小大皆令季舒知。文襄與季舒書曰：「癡人復何似？癡勢小差未？」帝嘗
與獵於鄴東，馳逐如飛。監衛都督烏那羅受工伐從後呼帝曰：「天子莫走馬，大將軍怒。」
文襄嘗侍飲，大舉觴曰：「臣澄勸陛下酒。」帝不悅，曰：「自古無不亡之國，朕亦何用此
活！」文襄怒曰：「朕！朕！狗腳朕！」文襄使季舒歐帝三拳，奮衣而出。明日，文襄使
季舒勞帝，帝亦謝焉。賜絹，季舒未敢受，以啓文襄，文襄使取一段。帝束百匹以與之，
曰：「亦一段耳！」

　　帝不堪憂辱，詠謝靈運詩曰：「韓亡子房奮，秦帝魯連恥。本自江海人，忠義動君
子。」常侍侍講荀濟知帝意，乃與華山王大器、元瑾密謀，於宮內爲山，而作地道向北城。
至千秋門，門者覺地下響動，以告文襄。文襄勒兵入宮，曰：「陛下何意反邪！臣父子功
存社稷，何負陛下邪！」將殺諸妃嬪。帝正色曰：「王自欲反，何關於我。我尚不惜身，何

況妃嬪！」文襄下牀叩頭，大啼謝罪。於是酖飲，夜久乃出。居三日，幽帝於含章堂，大

器、瑾等皆見烹於市。

及將禪位於文宣，襄城王旭及司徒潘相樂、侍中張亮、黃門郎趙彥琛等求入奏事。帝在昭陽殿見之，旭曰：「五行遞運，有始有終。齊王聖德欽明，萬姓歸仰。臣等昧死聞奏，顧陛下則堯禪舜。」帝便斂容答曰：「此事推挹已久，謹當遜避。」又云：「若爾，須作詔書。」侍郎崔劼、裴讓之奏云：「詔已作訖。」即付楊愔，進於帝，凡十條。書訖，帝曰：「將安朕何所？復若爲而去？」楊愔對曰：「在北城別有館宇，還備法駕，依常仗衞而去。」帝乃下御座，步就東廊，口詠范蔚宗後漢書贊云：「獻生不辰，身播國屯。終我四百，永作虞賓。」所司奏請發，帝曰：「古人念遺簪弊履，欲與六宮別，可乎？」高隆之曰：「今天下猶陛下之天下，況在後宮。」乃與夫人妃嬪已下訣，莫不欷歔掩涕。嬪趙國李氏誦陳思王詩云：「王其愛玉體，俱享黃髮期。」皇后已下皆哭。直長趙德以故犢車一乘候於東上閤，帝上車，德超上車持帝。帝肘之曰：「朕畏天順人，授位相國，何物奴，敢逼人！」趙德尚不下。及出雲龍門，王公百寮衣冠拜辭，帝曰：「今日不減常道鄉公、漢獻帝。」眾皆悲愴，高隆之泣灑。遂入北城下司馬子如南宅。及文宣行幸，常以帝自隨。帝后封太原公主，常爲帝嘗食以護視焉。竟遇酖而崩。

校勘記

〔一〕魏書卷十二 目錄此卷原注「闕」，卷末附宋人校語云：「魏收書孝靜紀亡，後人補以北史，又取高氏小史，修文殿御覽附益之。」殿本刪取前二句入考證。

〔二〕高似孫史略卷二云：「靜帝紀補以高氏小史。」今按，此紀記事較北史卷五魏本紀五爲詳，如載詔書，記高歡父子事，記戰事等，多爲北史所略，紀中稱高歡、高澄爲「獻武王」、「文襄王」，稱高洋爲「今上」、「齊王」，稱西魏及梁爲「寶炬」、「蕭衍」，全同魏收書。當取之源出魏書之高氏小史、修文殿御覽。本書卷九八島夷蕭衍傳記梁、魏戰事，天平以前，都與諸紀相符，天平以後，此紀多不載，當即因此小史本多刪削之故。紀中一些記載亦顯然採自北史。如天平二年「侯淵」訛「侯梁」，顯是承北史譌文。又如本書例稱西魏爲「寶炬」，興和二年忽見「西魏行臺宮永和」，也是採自北史之證。紀末自「齊天保元年五月己未封帝爲中山王」以下至終，與北史幾乎一字不易。所記高澄對孝靜帝元善見之侮慢態度，元善見被迫讓位以及遇酖而死，北史乃取自北齊書卷三○高德政傳及他書，決非魏收書所能記。大抵此紀以高氏小史爲主，參考修文殿御覽及北史，補入一些小史不載之事。

〔三〕以魏郡林慮廣平陽丘汲郡黎陽東濮陽清河廣宗等郡爲皇畿 錢大昕考異卷二八云：「按地形志無『陽丘郡』，當是『陽平』『頓丘』二郡各脫一字耳。志亦無『東濮陽』，『東』下當脫『郡』字。志尚有『北廣平』郡，紀亦脫之。」按錢氏此說又見於考異卷三八，略有不同，以此條

為是。

〔三〕從容雅服不得以矛釸從事 「矛釸」，北史卷五魏本紀五作「務衫」。張森楷云：「一作『絳衫』。」按「釸」乃刀名，作「矛釸」亦通。「務衫」不可考。絳衫爲戎服，上云「從容雅服」，下作「絳衫」義較長。

〔四〕前青州刺史侯淵反 「侯淵」，原作「侯梁」，據本書卷八〇侯淵傳、北齊書卷一九蔡儁傳改。按北史卷五魏本紀五原亦作「侯梁」，乃避唐諱改「淵」作「深」，又訛作「梁」。此條當採自北史，故承其訛。

〔五〕元慶和寇南頓豫州刺史堯雄大破之 「南頓」，原作「南」，據三朝本、南監本、殿本改。按無「頓」字，似慶和所攻爲南豫州、堯雄所任爲南豫州刺史。北齊書卷二〇堯雄傳記其天平初爲豫州刺史，「梁以元慶和爲魏王，侵擾南境。雄率衆討之，大破慶和於南頓」。本書卷一〇五之四天象志四永熙三年下注：「三年十二月，梁人立元慶和爲魏王，屯平瀨。明年正月，東南行臺元晏大破之。六月，豫州刺史堯雄又大破梁師於南頓。」

〔六〕刺史王元擊破之 「王元」，本書卷九八島夷蕭衍傳作「王元軌」，疑是。按北齊書卷二〇王則傳，則字元軌。

〔七〕二月丁未 「丁未」，按是月壬申朔，無丁未，干支有誤。北史卷五魏本紀五同誤。

〔八〕并肆涿州建四州隕霜 「涿」，北監本、汲本、局本、北史卷五魏本紀五作「涿」。按魏無「涿州」

〔九〕擒寶炬驃騎大將軍洛州刺史泉企　「泉企」，原作「梁企」。張森楷云：「『梁』當作『泉』，見周書泉企傳。」檢周書卷四四泉企傳，企乃商洛土豪，自北魏末起長任洛州刺史，後爲東魏將高敖曹所俘，唯傳記其軍號爲車騎大將軍，與此紀作「驃騎大將軍」有異。北齊書卷二一高昂傳亦稱是役昂（字敖曹）「攻克上洛，獲西魏洛州刺史泉企」。張說是，今據改。

〔一〇〕滎陽人張儉等聚衆反於大騧山　「大騧山」，原作「大醜山」，據北史卷五魏本紀五改。按「大騧山」見漢書卷二八上地理志上河南郡密縣下、水經注卷二二溴水。周書卷二文帝紀下大統三年（東魏天平四年）十月記此事，作「密縣人張儉」，即以其聚衆於大騧山，山在密縣，遂以爲密縣。

〔一一〕高元盛　北史卷五魏本紀五作「高元咸」。按本卷下文武定五年正月見「豫州刺史高元咸」，梁書卷五六侯景傳載景上蕭衍書，作「高成」，當即一人。「盛」「咸」疑皆「成」之訛。

〔一二〕遣兼散騎常侍李諧　「李諧」，原作「李楷」，據御覽卷一〇四引後魏書改。按李諧出使梁朝，見本書卷六五平季傳附李諧傳、卷一〇四自序。

〔一三〕禁京師酤酒　「師」字原闕，據北史卷五魏本紀五補。

〔一四〕大都督韓延大破之　「韓延」，北史卷五魏本紀五作「韓賢」，疑是。按韓賢，北齊書卷一九有

或「涿州」，本書卷一〇五之二天象志二稱天平三年「并、肆、汾、建諸州霜儉」，卷一一〇食貨志稱「并、肆、汾、建、晉、泰、陝、東雍、南汾九州霜旱，民饑流散」。「涿」疑爲「汾」字之訛。

傳，稱其天平初爲洛州刺史。此次戰事正是於洛州擊退西魏軍，「韓延」別無所見。

[一五] 寶炬又遣其大行臺元季海 「其」下原衍「子」字，據北史卷五魏本紀五、御覽卷一○四引後魏書刪。按元季海事散見周書紀、傳，北史卷一五魏諸宗室傳有傳，附於昭成帝孫常山王遵傳，爲魏宗室遠支，其父名淑。且據行事，年齡大於西魏文帝元寶炬，決非其子。

[一六] 潁州長史賀若微執刺史田迅西叛 「賀若微」周書卷二文帝紀下作「賀若徽」，北齊書卷一九任延敬傳、卷二○堯雄傳，北史卷五三任祥傳並作「賀若徽」。按賀若統見周書卷二八賀若敦傳，乃敦之父。其人初或別名「徽」，疑此處「微」乃「徽」字之訛。

[一七] 万俟受洛干 「受洛干」原作「受洛于」。按北史卷六齊本紀上、北齊書卷二神武紀下並作「受洛干」，北齊書卷二七万俟普傳亦云「子洛，字受洛干」，今據改。

[一八] 秋七月乙亥 「乙亥」原作「己亥」，據北史卷五魏本紀五改。按是年七月戊午朔，無己亥，乙亥爲十八日。

[一九] 十有一月庚寅遣陸操使于蕭衍 「十有一月」，北史卷五魏本紀五作「十二月」。按本年十一月丙辰朔，無庚寅，十二月丙戌朔，庚寅初五日，似北史是。但此處若作「十二月」，則下文不應又出「十有二月甲辰」。且梁書卷三武帝紀下大同五年（東魏元象元年）記「十一月乙亥，魏遣使來聘」，乙亥二十日。豈有十二月遣使，十一月已抵梁朝之理，則北史作「十二月」亦可疑。

〔一○〕三月乙卯 「乙卯」，原作「己卯」，據北史卷五魏本紀五改。按是月己酉朔，無己卯，乙卯爲
初七日。

〔一一〕封皇兄景植爲宜陽王 「兄」，原作「子」，據北史卷五魏本紀五、通鑑卷一五八梁紀一四大同
六年閏月改。按興和三年元寶建墓誌，景植爲字，名寶建，當是以字行。其人爲清河王亶子，
與孝靜帝元善見爲同母兄弟。

〔一二〕六月壬子大司馬華山王鷙薨 按元鷙附本書卷一四高涼王孤傳，傳稱卒於興和三年，即次
年。興和三年元鷙墓誌亦稱其死於興和三年六月九日。知此紀誤。

〔一三〕三月乙酉 「乙酉」，原作「己酉」，據北史卷五魏本紀五改。按是月癸酉朔，無己酉，乙酉爲
十三日。

〔一四〕己巳 是月己亥朔，無己巳。北史卷五魏本紀五同誤。通鑑卷一五八梁紀一四大同七年十
月繫此日事於「乙巳」。按乙巳初七日，承前「甲寅」十六日事，亦失序。疑通鑑亦因此月無
「己巳」而臆改。

〔一五〕四年春正月丙辰 「丙辰」，按是年正月戊辰朔，無丙辰。北史卷五魏本紀五同誤。

〔一六〕夏四月丙寅 「丙寅」，按四月丙申朔，此「丙寅」及下同月所列「乙酉」、「丁亥」、「辛卯」諸日
並無。北史卷五魏本紀五、通鑑卷一五八梁紀一四大同八年四月同誤。吳玉貴資治通鑑疑
年錄據通鑑此年四月之後即接六月事，云：「或此『四月』爲『五月』之誤。五月丙寅朔，乙酉

為五月二十日，丁亥二十二日，辛卯二十六日。」然本紀下自有「五月辛巳」，其說亦有未安之處。

〔一七〕遣兼散騎常侍陽斐使于蕭衍 「陽斐」，原作「楊斐」。按通鑑卷一五八梁紀一四大同八年十二月亦作「楊斐」，考異云：「典略作『陽斐』，今從魏書紀。」按陽斐，北齊書卷四二有傳，記使梁事。「楊」字訛，今據改。

〔一六〕秋八月乙丑 「乙丑」，原作「乙未」，據三朝本、北監本、殿本、北史卷五魏本紀五改。按是年八月戊午朔，無乙未，乙丑爲初八日。

〔一五〕以今上爲左僕射 「左僕射」，原作「右僕射」，據三朝本、北監本、殿本改。按「今上」指北齊文宣帝高洋。北史卷五魏本紀五稱「以太原公高洋爲左僕射」，北齊書卷四文宣帝紀亦稱高洋於武定二年轉尚書左僕射。承上句司馬子如由左僕射爲尚書令，亦知高洋當爲左僕射。

〔一四〕大司馬高隆之 「大司馬」，通鑑卷一五八梁紀一四大同十年十月作「大司徒」，疑當作「司徒」。按此紀上年八月：「以汾州刺史斛律金爲大司馬。」北齊書卷一七斛律金傳稱金於邙山戰後爲大司馬，武定三年出爲冀州刺史。則本年大司馬仍是斛律金。此紀於興和四年四月記高隆之爲司徒。本年十一月記「以司徒高隆之爲尚書令」，則本年十月高隆之顯然仍是司徒。北魏及東魏、北齊「司徒」例不加「大」，通鑑作「大司徒」亦不確。

〔一三〕乙未 是月丙午朔，無乙未。北史卷五魏本紀五、通鑑卷一五九梁紀一五大同十一年十月同

誤。吳玉貴資治通鑑疑年錄疑「乙未」爲十四日「己未」之訛。按是年閏十月丙子朔，乙未是
二十日，亦可能「乙未」上脱「閏月」二字。

〔三二〕儀同三司賀拔仁 「賀拔仁」，原作「賀拔勝」，據御覽卷一○四賀拔勝傳、周書卷一四賀拔勝傳改。張森楷云：
「『勝』疑是『仁』之訛。」按本書卷八○賀拔勝傳、周書卷一四賀拔勝傳，勝自梁還，即入西魏，大
統十年（東魏武定二年）卒於關中，至本年已死三年，且從未入東魏，豈得爲東魏「討侯景」。

〔三三〕衍署景河南王大將軍 「王」字原闕，據御覽卷一○四引後魏書補。按梁書卷三武帝紀下「太
清元年二月稱「以景爲大將軍，封河南王」。

〔三四〕以汾州刺史賀拔仁爲太保 「賀拔仁」，原作「賀仁」，據北史卷五魏本紀五補。按北齊書卷
四文宣紀武定七年十二月記「太保賀拔仁爲并州刺史」可證。

〔三五〕秋八月甲戌 「甲戌」，按是月己丑朔，無甲戌。北史卷五魏本紀五「甲戌」繫於四月，乃誤刪
「秋八月」所致，不足據。北史卷六齊本紀上作「庚寅」，乃初二日，疑是。

〔三六〕侯景濟江 「濟」，原作「簿」，據他本改。

〔三七〕蕭衍弟子北徐州刺史封山侯蕭正表以鍾離內屬 「封山」，原作「中山」，御覽卷一○四引後
魏書、通鑑卷一六二梁紀一八太清三年正月作「封山」。按梁書卷二二臨川王宏傳附蕭正表
傳、南史卷五一臨川王宏傳附蕭正表傳，均言正表爵「封山侯」，梁書卷五六侯景傳亦見「北
徐州刺史、封山侯正表」。列侯封邑，例取縣名，中山是郡，亦非梁地。封山縣屬交州新昌郡，

見南齊書卷一四州郡志。「中」字訛，今據改。

〔三六〕湘潭侯蕭退 「湘潭侯」，原作「相譚侯」，據三朝本、南監本、北監本、殿本改。按蕭退爵爲湘潭侯，見梁書卷三武帝紀下太清三年二月、卷三二陳慶之傳、卷五六侯景傳，北齊書卷三三蕭退傳亦稱其「在梁，封湘潭侯」。